期货交易者教育系列丛书

棉花期货

中国期货业协会　编

中国财经出版传媒集团

中国财政经济出版社

图书在版编目（CIP）数据

棉花期货 / 中国期货业协会编. --北京：中国财政经济出版社，2023.7
（期货交易者教育系列丛书）
ISBN 978-7-5223-2276-6

Ⅰ.①棉… Ⅱ.①中… Ⅲ.①棉花-期货交易-基本知识 Ⅳ.①F830.93

中国国家版本馆 CIP 数据核字（2023）第 101467 号

责任编辑：翁晓红　　责任校对：胡永立
封面设计：王　颖　　责任印制：刘春年

棉花期货
MIANHUA QIHUO

中国财政经济出版社 出版
URL：http：//www.cfeph.cn
E-mail：cfeph@cfeph.cn
（版权所有　翻印必究）
社址：北京市海淀区阜成路甲 28 号　邮政编码：100142
营销中心电话：010-88191522　编辑部电话：010-88190957
天猫网店：中国财政经济出版社旗舰店
网址：https：//zgczjjcbs.tmall.com
中煤（北京）印务有限公司印刷　各地新华书店经销
成品尺寸：170mm×230mm　16 开　18 印张　281 000 字
2023 年 8 月第 1 版　2023 年 8 月北京第 1 次印刷
定价：48.00 元
ISBN 978-7-5223-2276-6
（图书出现印装问题，本社负责调换，电话：010-88190548）
本社质量投诉电话：010-88190744
打击盗版举报热线：010-88191661　QQ：2242791300

《期货交易者教育系列丛书》编委会

编委会委员：王明伟　陈东升　吴亚军　王　颖
　　　　　　冉　丽　孙明福

执行编委：董文旭　刘方媛

编撰人员：洪润霞　黄尚海　顾振翔　钟　舟

前 言

我国期货市场经过30多年发展，经历了从无到有、从小到大、从乱到治，走出了一条独具特色的道路，取得了令人瞩目的成就。30多年来，期货市场的规则体系不断完善，品种创新有序推进，风险管理工具进一步丰富，对外开放进程明显加快。期货市场的规模稳步扩大，市场交易者结构逐步优化，资产管理和风险管理等创新业务探索取得初步成效。期货市场整体运行质量和效率不断提高，价格发现和风险管理的基础功能得到发挥，在优化资源配置，促进产业升级，助力脱贫攻坚和维护国家经济金融安全等方面发挥着越来越重要的作用。

随着我国期货市场规模的不断发展壮大，新的市场参与者特别是个人交易者规模呈持续上升趋势。交易者是期货市场的重要主体，期货市场的发展离不开交易者的积极参与。中小投资者是我国现阶段资本市场的主要参与群体，但处于信息弱势地位，抗风险能力和自我保护能力较弱，合法权益容易受到侵害。维护中小投资者合法权益是证券期货监管工作的重中之重，关系广大人民群众的切身利益，是资本市场持续健康发展的基础。因此，当前我国期货市场正处于快速发展时期，做好期货交易者教育工作意义深远。

2013年，《国务院办公厅关于进一步加强资本市场中小投资者合法权益保护工作的意见》（以下简称《意见》）发布，指出要强化中小投资者教育，加大普及证券期货知识力度。将投资者教育逐步纳入国民教育体系，有条件的地区可以先行试点。充分发挥媒体的舆论引导和宣传教育功能。证券期货经营机构应当承担各项产品和服务的投资者教育义务，保障费用支出和人员配备，将投资者教育纳入各业务环节。提高投资者风险防范意识。自律组织应当强化投资者教育功能，健全会员投资者教育服务自律规则。中小投资者应当树立理性投资意识，依法行使权利和履行义务，养成良好的投资习惯，不听信传言，不盲目跟风，提高风险防范意识和自我保护能力。2019 年 3 月，中国证监会、教育部联合印发了《关于加强证券期货知识普及教育的合作备忘录》（以下简称《合作备忘录》），旨在学校教育中大力普及证券期货知识，推动全社会树立理性投资意识，提升国民投资理财素质，维护社会和谐稳定。2022 年 8 月 1 日，《期货和衍生品法》正式施行，确立期货交易者权益保护制度，构建交易者保护体系，加大普通交易者保护力度。

随着《意见》的深入贯彻和落实，我国中小投资者保护工作取得了积极成效，围绕期货交易者教育工作，期货市场的监管部门、自律组织与中介机构都深入进行了大量形式多样、内容丰富、卓有成效的工作。由中国期货业协会组织编写的本套《期货交易者教育系列丛书》，就是协会按照中国证监会的统一部署，贯彻落实期货交易者教育工作的重要措施之一，也是协会积极响应《关于加强证券期货知识普及教育的合作备忘录》的要求，推动期货知识进校园、进课堂、纳入国民教育体系的切入点。本丛书是为期货交易者编写的一套普及性读物，以广大普通交易者为服务对象，兼顾了专业机构的需求，采取简单明了的问答式体例，在语言上力争做到深入浅出、通俗易懂、可读性强。衷心地希望本丛书的出版能够为期货交易者了解期货市场、树立风险意识、理性参与期货交易提供有益的帮助。

在此，我们对所有在本丛书编写和出版过程中付出辛勤劳动的朋友表示衷心感谢。由于编写时间紧迫，书中错误和疏漏在所难免，恳请读者批评指正。

中国期货业协会

2023 年 7 月

目 录

第一章

带您了解棉花期货

本章要点

本章简要阐述了棉花的属性和用途等基础知识，对棉花期货市场的历史、现状、特点以及国内外期货市场运行情况、我国棉花期货上市背景和意义进行介绍。

一、棉花有哪些属性和用途？

棉花是离瓣双子叶植物，喜热、好光、耐旱、忌渍，适宜于在疏松深厚土壤中种植。棉花是锦葵科棉属植物的种子纤维，原产于亚热带。植株灌木状，在热带地区栽培可长到 6 米高，一般为 1～2 米。花朵乳白色，开花后不久转成深红色然后凋谢，留下绿色小型的蒴果，称为棉铃。锦铃内有棉籽，棉籽上的茸毛从棉籽表皮长出，塞满棉铃内部。棉铃成熟时裂开，露出柔软的纤维。纤维白色至白中带黄，长 2 ~ 4 厘米，含纤维素 87% ~90%。

棉花是世界上主要的农作物之一，产量最高的国家有印度、中国、美国等。根据纤维的长度和外观，棉花可分成三大类：第一类纤维细长（长度是2.5 ~6.5 厘米），有光泽，包括品质极佳的海岛棉、埃及棉和皮马棉等。这类长绒棉产量低，费工多，价格昂贵，主要用于高级布料、棉纱和针织品。第二类包括中等长度的棉花（长度是 1.3 ~3.3 厘米）。第三类为纤维粗短的棉花（长度是 1 ~2.5 厘米），用来制造地毯、棉毯和价格低廉的织物，或与其他纤维混纺。

棉花的主副产品都有较高的利用价值，正如民间所说："棉花全身都是宝"。它既是最重要的纤维作物，又是重要的油料作物，还是纺织、精细化工原料和重要的战略物资。籽棉经过生产加工得到皮棉、短绒、棉籽。皮棉主要用于纺织工业；短绒根据不同工艺要求可用于造纸、化工领域；棉籽经过加工可得到棉油和棉籽蛋白，棉油可以食用，棉籽蛋白可用作家畜饲料及培养食用菌的基料等，也可以作为肥料（见图 1 -1）。

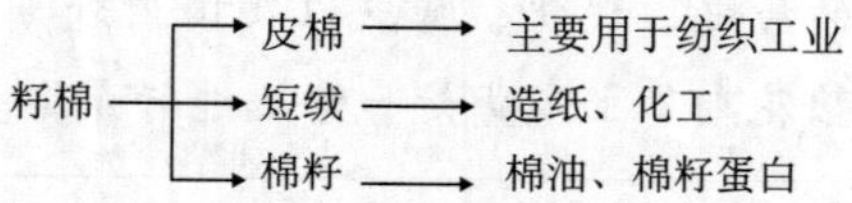

图 1 -1　籽棉的用途

籽棉经过分离加工得到棉花与毛棉籽，棉花再经过加工成为皮棉，而毛棉籽上还有少量的短纤维即短绒，利用价值也相当高。一般情况下，毛棉籽要进入剥绒车间进行剥绒（作为种子用的棉籽除外，另也可用化学方法处理其上面的短绒）。根据工艺要求，剥绒机剥出的棉短绒分Ⅰ道绒、Ⅱ道绒、Ⅲ道绒，Ⅰ道绒主要用于造纸（如钱币用纸），Ⅱ道绒、Ⅲ道绒主要用于化工，用来生产电影胶片、军用无烟火药等。剥完绒后的棉籽叫光籽，含有高蛋白，具有广泛的用途。

二、棉花期货市场是如何诞生的？

为转移现货市场的固有风险，1870 年纽约棉花交易所应运而生，并于当年推出棉花期货交易。在此后的 150 多年里，全球有 15 个商品交易所开展过棉花期货交易。随着棉花期货市场的不断发展，尤其是 20 世纪 60 年代以后，纽约棉花期货价格越来越受到重视，其规避风险、发现价格的功能已得到充分发挥，棉花期货价格在贸易界和管理界极具权威性，成为棉花行业和各产棉国政府不可或缺的价格参考依据。如美国政府依据纽约棉花期货价格对农民进行补贴；墨西哥政府为保护棉农利益，由农业部出面对全国棉花进行套期保值操作；英国的棉花企业和澳大利亚的种棉农场主也都在纽约交易所从事棉花的套期保值交易。

与美国棉花期货市场相比，我国棉花期货市场是在粮食流通体制的改革背景下才开始尝试建立起来的，起步相对较晚，但是近十年来，发展非常迅速，越来越多的实体企业运用期货工具辅助现货经营，基差交易逐渐普及。在我国取消农产品的统购统销政策、放开大多数农产品价格后，市场对农产品生产、流通和消费的调节作用越来越大，农产品价格的大起大落现象时有发生，加之现货价格的不公开以及失真现象，促使有关部门和学界对粮食企业缺乏保值机制等问题进行思考。1990 年 10 月 12 日，郑州粮食批发市场经国务院批准成立，以现货交易为基础，引入期货交易机制，迈出了中国期货市场发展的第一步。而棉花市场在逐渐回归市场化后，现货市场价格和其他农产品一样常出现暴涨暴跌现象，造成涉棉企业成本加大、效率降低，棉花生产企业无法规避季节性的价格波动风险，棉花流通、加工企业也存在不能锁定企业生产成本、利润很难稳定等一系列问题。在借鉴国内外成功经验的情况下，我国在 2004 年 6 月推出棉花期货合约。在广大涉棉企业、投资者、专家、领导的关心、呵护和努力之下，目前我国棉花期货市场蓬勃发展、稳步向前，“郑州价格”已成为全国棉花产业关注和利用的权威价格，棉花期货功能充分发挥，得到了市场参与各方的高度肯定。

三、我国棉花期货上市的背景和意义是什么?

棉花期货上市为现货市场提供避险工具。在1999年之前，我国棉花流通处于统购统销的计划体制下，价格相对稳定。1998年12月，国务院发布《关于深化棉花流通体制改革的决定》后，自1999年9月1日起，棉花的收购和销售价格均由市场形成。政府有关部门只根据棉花供求情况等提出棉花收购指导性价格和指导性种植面积的建议。供销社及其棉花企业、农业部门所属的种棉加工厂和国有农场、经资格认定的纺织企业，都可以直接收购、加工和经营棉花。随着棉花现货市场全面放开，市场化格局基本形成，但是因为没有棉花期货市场的存在，棉花生产企业无法规避季节性的价格波动风险，棉花流通、加工企业也不能锁定企业生产成本，利润很难稳定。棉花现货市场价格的暴涨暴跌造成涉棉企业的成本加大，效率降低。棉花期货的推出，对于郑州商品交易所（简称郑商所）可以说是历史性的发展机遇。期货市场以几十亿元的资金规模管理着上千亿元的农业、工业相关产品的价格风险，发挥着十分积极的作用。同时，期货市场作为管理其他行业风险的特殊行业，如果没有适当的品种推出，就很难发挥其套期保值、发现价格和风险管理的功能。棉花期货的推出，不仅可以打破国内期货市场的品种瓶颈，而且有利于推动棉花市场的健康、有序发展。

我国棉花期货市场具有棉花价格的发言权。中国是棉花生产、消费大国，也是有影响力的棉花进口大国。多年来，中国棉花生产、消费量分别占世界生产、消费量的25%及30%左右。20世纪90年代初，我国棉纺工业发展较快，国内棉花供不应求，需要大量进口棉花。1994年，我国采购棉花的举动曾经导致纽约棉花交易所棉花期货价格出现连续7个涨停板。2004年第一季度，中国进口棉花100多万吨，已接近世界贸易量的20%。生产、消费的优势本可以提高我国在国际棉花市场的地位，但由于我国没有棉花期货市场，很少有企业参与国际期货，往往是在国内棉花供求紧张时公开、大量、分散地购买国际市场的现货棉花，缺乏棉花价格的谈判能力，导致购买大量高价棉花，使涉棉企业受到很大损失。统计显示，棉价上涨1000元/吨，我国纺织行业将提高成本55亿元左右，相当于2002年全行业利润总额的16%。而从历史发展规律看，凡是世界经济强国，尤其还是生产大国和消费大国，都会有自己的国际定价权，这个定价权的重要表现之一就是具备完善的期货市场。棉花期货品种在郑商所上市，涉棉企业可以在国内进行期货交易和套期保值，形成中国棉花权威价格，将对国际市场的棉花价格产生影响，进而争取我国棉花的国际定价权，成为全球棉花的信息中心、交易中心和价格中心，有效维护国家利益。这是市场经济发展的必然要求，也是纺织工业健康发展的机制保证。

棉花期货市场完善了我国棉花市场体系。国内1998年底进行棉花流通体制改革，2001年棉花市场完全放开，但由于棉花生产、经营分散，现货市场不规范，难以形成合理的棉花价格。几年来棉花价格剧烈波动，棉花质量下降，给棉花生产、经营和加工业带来了严重的损失。2003年棉花价格上涨，实质是因为棉花市场不完善、信息不对称、市场配置资源滞后，当时的市场难以实现供给与需求之间的均衡而造成的。开展棉花期货交易，可以充分发挥期货市场功能，完善棉花市场体系。一是为涉棉企业提供一个公正、透明的棉花期货交易市场。在期货市场中，由于信息高度集中，参与交易的人员数量众多，符合充分竞争的条件，所形成的期货价格更能反映出整个社会对棉花的供求关系，为企业的生产提供重要的参考依据。二是涉棉企业可以通过棉花期货市场套期保值，规避现货市场价格剧烈波动的风险。

棉花期货上市近20年的实践证明，期货价格带来的棉花种植结构的优化调整符合棉农的长远利益，长远来看提高了农民收入，也符合企业规避价格风险、稳步健康发展的需求；棉花产业结构不断得到优化，目前“郑州棉花价格”已经成为全球棉花市场重要的参考价格。随着期货市场的不断健全发展，棉花期货将给我国棉纺产业经济的发展带来新的契机和更大的发展空间。

四、我国棉花期货上市以来的运行情况怎样？

2004年6月1日，棉花期货在郑商所上市交易，作为关乎国计民生的大宗农产品，棉花期货的上市为我国棉花产业的健康发展提供了有力保障。实践表明，棉花期货的成功运行为中国在国际上争取棉花话语权提供了有力保障。同时，在支持棉花产业发展、维护我国棉花安全、促进大宗农产品种植结构调整、保障“订单农业”发展、增加农民收入等“三农”方面发挥了较好的促进作用。2023年6月1日，我国棉花期货上市运行19周年，已经得到了包括国际国内市场各个方面的认可，其发现价格、套期保值的市场功能得到了验证。近年来，我国棉花价格常年的巨幅波动在期货市场熨平价格的作用下已渐趋缩小，由低频的大幅波动逐渐化为高频的小幅波动，现货市场价格在国际国内多种复杂因素的影响下，并没有出现往年那样的巨大市场风险。郑州棉花期货市场已成为国内棉花市场的重要定价平台。

（一）期货交易情况

中国期货业协会2022年1月28日发布的《2021年度中国期货市场发展综述》报告显示，2021年中国期货市场成交量创历史新高，连续3年大幅增长。在全球场内衍生品市场中，中国4家期货交易所的成交量排名稳中有升。数据显示，2021年，中国期货市场成交75.14亿手（单边，下同）和581.2万亿元，同比分别增长22.13%和32.84%。全球期货市场成交625.84亿手，中国期货市场成交量占全球期货市场总成交量的12%，较2020年占比13.2%下降了1.2个百分点。在农产品、金属和能源三类品种的全球成交量排名中，中国期货品种包揽农产品前11名，在金属品种前10强中占9席，在能源品种前20强中占7席。2021年郑商所的棉花期货成交量为11352.36万手，相比2020年增长了518.52万手，同比增长4.79%。

（二）企业开户情况

棉花期货推出后，现货企业积极参与。截至2021年年底，涉棉企业开户数超过4000户，有实力的棉花企业均通过期货市场进行套期保值交易。棉花期货发现价格和套期保值的功能得到有效发挥，为现货企业规避经营风险保驾护航。

（三）仓单注册情况

从2004年11月（第一个上市合约为CF0411）到2021年年底，棉花期货共注册仓单近300万张（每张仓单40吨，下同），折合12000万吨，交割率（交割量/成交量）大约为2%。在仓单注册中，消费企业和贸易企业的数量逐年增加，2006年为390家，2007年增至514家，2008年达到699家，现阶段增至接近4000家。

综上所述，我国棉花期货上市18年来取得了显著成绩，已步入良性发展轨道，为涉棉企业和棉农发现价格、规避风险以及保证棉花行业的可持续发展作出了重要贡献。但与发达国家相比，我国棉花期货市场尚存在诸多问题，目前参与棉花交易的交易商较多，但是纺织下游企业和投资人仍然较少，纺织企业交易头寸更少，行业自身也应加强自律，市场则需培育出理性的期货投资商，通过多方共同努力积极推进棉花期货市场的发展，使其在解决"三农"问题中发挥更加显著的作用。

五、我国棉花期货上市以来功能发挥情况如何?

棉花期货上市后，在广大涉棉企业的积极参与下，期货市场套期保值、发现价格的功能开始初步发挥。棉花期货交易有一定的社会认可度，已经成为我国棉花市场体系不可或缺的一部分，棉花期货价格在服务国家宏观调控、引导生产消费等方面发挥着越来越大的作用，广大涉棉企业通过期货市场的保值运作回避了市场风险。

（一）价格发现功能初步发挥

棉花期货价格自上市以来一直通过路透社、彭博资讯、易盛信息、世华财经10余个信息系统向国内外同步发送，成为世界棉花的参考价格之一，也成为国内外关注我国农产品市场供需形势的窗口之一。根据郑商所棉花期货价格以及中国棉花信息网的进口棉花完税价格测算，2021年国内期货、现货价格相关性达0.98，国内外期货价格相关性达0.97，郑州期货价格与进口棉花完税价相关性达0.91。研究机构对郑商所和洲际交易所（ICE）的棉花期货价格进行协整检验的结果表明，两者之间存在相互影响、相互牵制平稳关系的概率达73.34%；因果检验结果表明，2021年郑州棉花期货价格对国内现货价格的引领概率为71.02%。价格发现功能的发挥，为涉棉企业有效利用期货市场奠定了基础。

（二）套期保值帮助棉企做大做强

2001年棉花市场放开以后，价格波动幅度增加，2003年国内棉价波幅达6000元/吨，相当于每吨价格的50%以上。如此大的价格波动使许多棉花企业破产或濒临倒闭，企业普遍尝到了无法转移价格波动风险的苦头。棉花期货的推出为企业回避价格风险提供了平台和管理工具。大部分参与期货交易的涉棉企业认为，有了转移价格风险的工具，企业才有胆量做大做强。以湖北银丰棉花股份有限公司（简称银丰公司）为例，棉花期货上市前，该公司每年经营量在2万吨以下，利用期货市场规避风险以来，年经营量和收益都有了较大幅度的提高。银丰公司管理层介绍，自从参与了棉花期货套期保值交易，公司的经营量连年上台阶，2005年公司的经营量为5万吨，2006年9万吨，2007年10万吨，2008年12万吨，4年时间经营量翻了一番还多。由于参与了套期保值，因此，企业现货经营压力大为减轻。到2011年，公司的经营量将达到25万吨。棉花期货为现货经营企业插上了“隐形的翅膀”。

（三）棉花期货市场在解决“三农”问题方面开始发挥积极作用

期货市场在解决“三农”问题方面的积极作用主要体现在：一是调整

种植结构，稳定产销关系；二是涉棉企业通过期货市场敢于把经营规模做大做强；三是在做大做强以后，能够利用规模优势反哺农村，支持农业建设，促进农民收入增加；四是涉棉企业在参与期货套期保值中能够不断增强自身的资信水平和借贷能力，为企业更进一步的发展壮大创造了宽松的资金环境；五是在龙头企业的带动下，通过“公司 + 合作社 + 农户”的形式，农民的素质和组织化程度都有效提高，实现了“小生产”和“大市场”的对接。

棉花期货上市前，棉农往往根据上一年度的籽棉收购价格来决定种植面积，造成我国棉花种植面积时多时少，供给大幅度波动，进而导致价格不稳定、农民收入波动较大、增产不增收。棉花期货上市后，由于期货价格的引领作用，一方面，一些政府部门或行业组织根据棉花期货价格指导调整棉花种植面积；另一方面，一些龙头企业根据期货预期价格与农民签订棉花订单，在稳定增加农民收入的同时，也稳定了棉花生产。近年来，我国棉花种植面积一直稳定在3028万亩、产量在650万吨左右，这和棉花期货的预期价格指导作用有一定的关系，也表明期货在熨平现货价格大幅波动方面开始发挥积极作用。

在郑商所推出棉花期货以前，国内现货市场棉花价格波动很大，供求关系的突然失衡会造成价格的剧烈波动并严重冲击棉花的生产和贸易。如今，棉花期货价格越来越受到重视，其规避风险和发现价格的功能充分发挥出来，交割月期货价格与现货价格走势趋于一致。现在棉花期货价格已成为政府制定有关棉花政策的主要参考依据，期货市场是棉农和涉棉企业套期保值的主要场所。

延伸阅读

郑州商品交易所

郑州商品交易所（简称郑商所）成立于1990年10月12日，是经国务院批准的首家期货市场试点单位，在现货远期交易成功运行两年以后，于1993年5月28日正式推出期货交易。1998年8月，郑商所被国务院确定为全国三家期货交易所之一，隶属于中国证监会垂直管理。郑商所是为期货合约集中竞价交易提供场所、设施及相关服务，并履行《期货交易管理暂行条例》和《期货交易所管理办法》规定职能，不以营利为目的，按照《郑州商品交易所章程》实行自律性管理的法人。曾先后推出小麦、绿豆、芝麻、棉纱、花生仁等期货交易品种，目前经中国证监会批准交易的品种有小麦、棉花、白糖、精对苯二甲酸（PTA）、菜籽油、早籼稻等期货品种，其中小麦包括优质强筋小麦和硬冬（新国标普通）小麦。目前，郑州棉花期货已纳入全球报价体系，在发现未来价格、套期保值等方面发挥了积极作用，“郑州价格”已成为全球棉花价格的重要指标。

郑商所实行保证金制、每日涨跌停板制、每日无负债结算制，通过指定的结算银行对会员每天的交易进行集中清算。郑商所实行实物交割制度，未平仓合约到期须在规定的期限内履约，交易所指定交割仓库为交割双方提供相关服务。郑商所利用交易风险实时监控系统和风险预警系统，对市场的资金、交易、持仓以及价格趋势进行定量分析预测，及时控制和化解市场风险。

郑商所期货即时行情通过路透社、彭博咨询、易盛信息等10余条报价系统向国内外发布。通过郑商所因特网会员服务系统等媒介，交易者可以方便快捷地查询交易行情及交割信息。因特网会员服务系统还为会员提供申请客户交易编码、查询每日订单、成交、持仓、资金等网上信息服务。

六、国际棉花期货市场情况怎样？

纽约期货交易所（The New York Board Of Trade，NYBOT）是一家拥有棉花期货和期权交易的交易所，是全球影响最大的棉花市场。最近几年棉花期货年成交量相当于美国棉花总产量的17~20倍。其450家棉花会员分别来自自营商、经纪商、棉商、棉纺厂和棉花合作社。参与棉花期货交易的涉棉企业很多，套期保值的比例较高，一般为35%~40%。

NYBOT 棉花期权合约的成交量呈现高速增长的态势。1990 年，棉花期权合约的成交量还不足 42 万张；2003 年，NYBOT 交易了将近 216 万张棉花期权合约，棉花期权的成交量增长了 50 倍。1990 ~ 2003 年，棉花期权成交量的平均增长率为 88%。

NYBOT 上市交易的棉花期权合约还有一个显著的特点：棉花期权成交量与棉花期货成交量的比率不断提高。NYBOT 棉花期货的成交量基本上保持稳定增长的趋势。由于棉花期权的成交量增长速度高于棉花期货的成交量增长速度，导致棉花期权成交量与棉花期货成交量之间的比值不断创出新高。1991 ~ 2003 年，棉花期权与棉花期货两者的成交量之比均高于 20% 的水平。1997 年，该比值最低，为 23%；2003 年，该比值最高，为 71%。棉花期权与棉花期货的成交量之比的平均值为 38%。这表明棉花期权合约正逐步成为投资者惯用的风险管理工具。近年来纽约棉花期货价格越来越受到重视，其规避风险和发现价格的功能充分发挥出来，交割月期货价格与孟菲斯地区［在美国被称为棉花之都（Cotton Capital）］的现货价格走势趋于一致。

延伸阅读

纽约期货交易所

纽约期货交易所成立于 1998 年，由纽约棉花交易所（New York Cotton Exchange）和咖啡、糖、可可交易所（Coffee Sugar Cocoa Exchange）合并而来。新成立的纽约期货交易所实行会员制，其会员来自原来两家交易所的会员，其中棉花会员 450 家，咖啡、糖、可可会员 500 家。纽约期货交易所的原址在世贸中心的一个配楼上，“9·11”事件后，搬到了一个临时的交易场所。这个交易场所比世贸中心的交易场所小得多，各品种只能分时交易，棉花的交易时间是每天上午 10 点到次日凌晨 2 点，受交易时间缩短的影响，棉花期货成交量略有下降。2007 年 1 月，纽约期货交易所被洲际交易所（Intercontinental Exchange，ICE，网址 https://www.theice.com）合并。在看外棉评论时，常常会看到“ICE 棉花期货价格”，事实上，它就是纽约期货交易所的棉花期价。

七、如何获取信息、看行情?

如何准确获得期货市场行情?下面将具体介绍,希望对投资者有所帮助。

(一)如何获取棉花信息

目前,国际棉花咨询委员会(ICAC)、美国农业部(USDA)、英国考特鲁克公司(COTLOOK)是从事棉花国际形势分析和展望的主要机构,它们各自拥有独立的统计和预测数字,并且不断修正、定期公布。其中,国际棉花咨询委员会是一个由43个棉花生产和消费国的政府组成(不含中国大陆)的组织,其发布的世界棉花生产、供应、需求及价格等信息对市场起到了极其重要的指导作用;美国农业部下设专门机构,每月公布棉花全球产、销、存预测报告,每周公布棉花出口销售报告,是棉花交易的主要参考来源;英国考特鲁克公司每日编制国际通行的棉花现货价格COTLOOK A、B指数,每周发布世界棉花展望报告。

国内的棉花专业网站也很多,比较著名的有:中国棉花信息网、中国棉花网、中国棉花工业信息网、中国纺织信息网、西部棉花信息网等。

另外,还可以到纽约期货交易所、郑商所、期货日报等单位网站了解棉花期货有关信息。

(二)如何获取期货行情

目前,各期货公司免费提供博易大师、富远行情软件、文华财经等期货行情分析系统。投资者可在各期货公司网站上免费下载、安装相关软件。期货行情中主要显示当天期货的开盘价、最高价、最低价、最后成交价、涨跌幅度、成交量、持仓变化。当天行情的动态、人气强弱、高低起伏都显示在行情表上(见图1-2),从中不仅可以了解当天市场的多空力量,更重要的是可以通过持仓动态来进一步判断未来行情的走势。

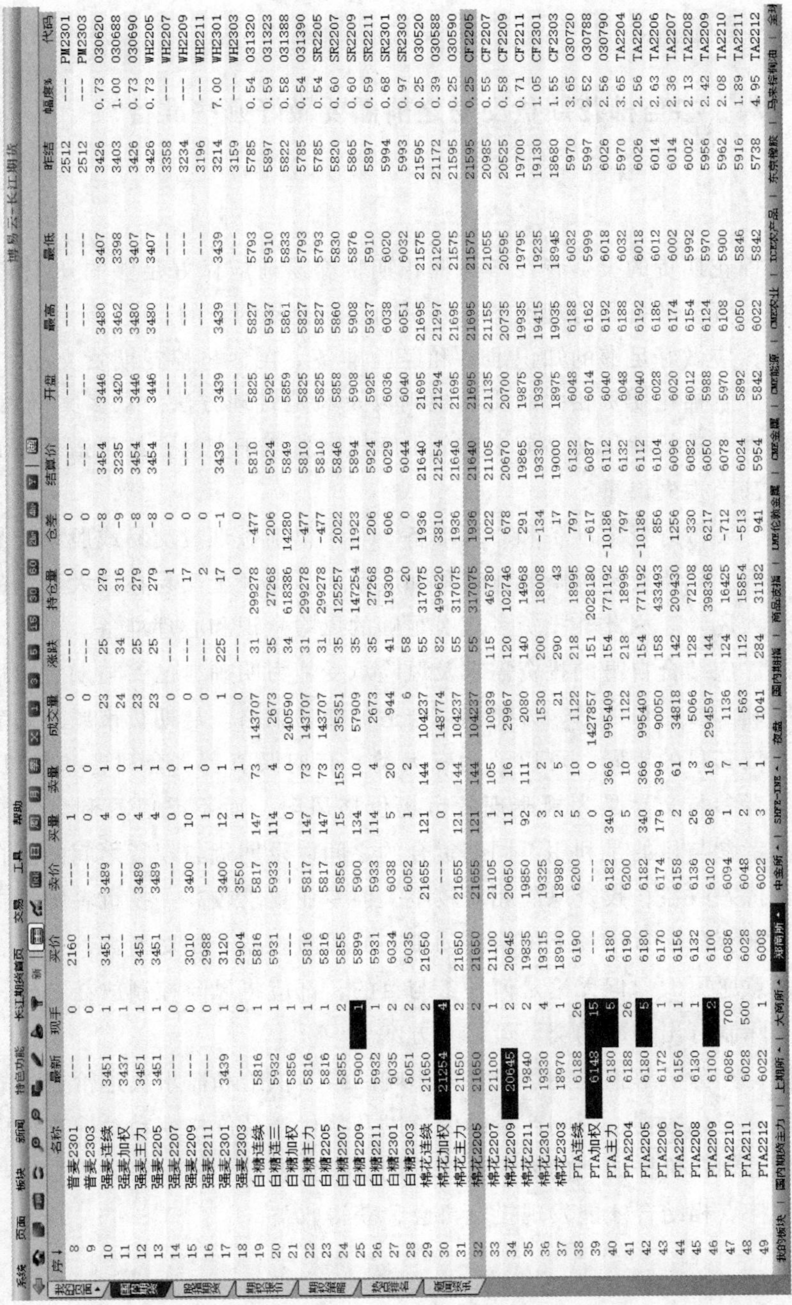

图 1-2 期货交易软件显示的行情报价界面

八、参与棉花期货交易之前需要做好哪些准备？

参与棉花期货的投资者在参与棉花期货交易前应做好足够的知识准备、经验准备、资金准备和心理准备，并明确参与交易的目的。

首先，应做好足够的知识准备和经验准备。在参与棉花期货交易之前，需要充分了解棉花期货相关的交易规则以及风险管理方法。众多案例表明，不少投资者在进行期货交易前未充分了解规则就急于交易，结果遭受不必要的损失，甚至损失惨重。

其次，要做好资金准备和心理准备。对于以前做现货交易或股票交易的投资者而言，期货交易风险要比现货和股票大，保证金交易在放大利润的同时也在放大风险。因此，投资者应有足够的风险意识和心理准备。

再次，应结合自身的投资需求及风险承受能力明确自己参与期货市场的目的，明确了参与目的后，方能制订合适的交易策略。从期货市场上的参与者来看，依其目的不同，可以分为三大类：套期保值者、套利者和投机者。套期保值者参与交易是为规避现货市场价格风险，而不是以盈利为主要目的。套利者参与目的是利用不同期货合约之间以及期货与现货之间的不合理价差获得价差收益，投资风险相对较小，但专业要求较高。投机者则是主动承担风险来获取期货市场上价格波动带来的风险收益。相对而言，投机者承担风险的意愿更大。但无论是何种参与目的，都应将风险控制放在首位，结合自身实际制订出相应的交易策略和方案。

最后，充分了解棉花期货价格的影响因素。供给和需求决定价格，故棉花产量库存变化数据、影响产量的因素以及替代产品价格变动对棉花价格的影响等都是棉花价格波动的因素。棉花期货投资者需要将常用分析方法与棉花期货的特点相结合才能发现投资机会，获得收益。

自测题

一、填空题

1. 在借鉴国内外成功经验的情况下，我国在______（时间）推出棉花期货合约。

2. 期货市场是______的市场，所以它能形成最合理的均衡价格。

3. 郑商所实行保证金制、每日涨跌停板制、每日无负债结算制，通过指定的结算银行对会员每天的交易进行______清算。

4. 目前______是世界上唯一一家拥有棉花期货和期权交易的交易所，是全球影响最大的棉花市场，近几年棉花期货年成交量相当于美国棉花总产量的50倍左右。

5. 期货投资者应结合自身的投资需求及风险承受能力明确自己参与期货市场的目的，明确了参与目的后，方能制订合适的______。

6. 套期保值是在现货市场上买进或卖出一定数量的现货商品，同时在期货市场上卖出或买进与现货品种相同、数量相当、但方向相反的______，以一个市场的盈利来弥补另一个市场的亏损，达到规避价格风险目的的交易方式。

7. 价格发现功能需要有众多的投机者参与，集中大量的市场信息和充沛的流动性，而套期保值交易方式的存在又为______提供了工具和手段。

8. 由于期货合约价格的波动起伏，交易者可以利用______交易赚取风险利润。

9. 美国农业部下设专门机构为______，每月公布棉花全球产、销、存预测报告，每周公布棉花出口销售报告，是棉花交易数据的主要参考来源。

二、选择题

1. 为转移现货市场固有风险，（　　）年纽约棉花交易所应运而生，并于当年推出棉花期货交易。

A. 1853　　B. 1870

C. 1873　　D. 1879

2. 统计显示，棉价上涨1000元/吨，我国纺织行业将提高成本55亿元左右，相当于2002年全行业利润总额的（　　）倍。

A. 14　　B. 15

C. 16　　D. 17

3. 棉花期货价格信息具有（　　）的特点，有利于增加市场透明度，提高资源配置效率。

A. 连续性　　B. 公开性

C. 随意性　　D. 预期性

4. 2009年，郑州棉花期货成交量在全球棉花品种成交量排名中稳居第（　　）位，并大有取代纽约期货的趋势。

A. 1　　B. 2

C. 3　　D. 4

5. 某投资者在2009年9月初看好棉花期货，于是以13200元/吨的价格买入2手棉花期货1001合约；10月19日，以14520元/吨的价格再把棉花期货卖出来，相当于盈利1320元/吨，2手盈利13200元。正常情况下，按10%的保证金计算，2手所需要的投资额为（　　）元人民币。在不到两个月的时间里，棉花期价上涨了10%，该投资者盈利率达到了（　　）。

A. 10800　50%　　B. 14600　160%

C. 12600　80%　　D. 13200　100%

6. 在美国，参与棉花期货交易的涉棉企业很多，套期保值的比例较高，一般在（　　）。

A. 35%～40%　　B. 80%～90%

C. 60%～70%　　D. 40%～50%

7. （　　）年6月1日，棉花期货在郑商所上市交易，作为关乎国计民生的大宗农产品，棉花期货的上市为我国棉花产业的健康发展提供了有力保障。

A. 2003　　B. 2004

C. 2005　　D. 2006

8. 为（　　），1870年纽约棉花交易所应运而生，并于当年推出棉花期货交易。

A. 追求价差　　B. 转移现货市场的固有风险

C. 套利　　D. 追求收益最大化

9. 棉花产量最高的国家有中国、美国、（　　）等。

A. 日本　　B. 新加坡

C. 墨西哥　　D. 印度

参考答案

一、填空题

1. 2004年6月　2. 高度竞争　3. 集中　4. NYBOT
5. 交易策略　6. 期货合约　7. 规避风险　8. 价差
9. USDA

二、选择题

1. B　2. C　3. ABD　4. B　5. A
6. D　7. B　8. B　9. D

第二章

棉花期货的标准合约

本章要点

本章主要介绍了郑州商品交易所（简称郑商所）的棉花期货标准合约，包括合约设计特点以及制度特点，并深入讲解棉花期货交易保证金和盈亏的计算，揭示郑商所棉花和美棉的价格联动情况以及期现的价格联动情况，为投资者深入了解棉花期货合约提供帮助。

一、棉花期货合约的内容是什么？

众所周知，期货合约是由期货交易所统一制定的、规定在将来某一特定的时间和地点交割一定数量标的物的标准化合约。

（一）郑商所的棉花期货标准合约

我国棉花期货合约是由郑商所制定的挂牌上市的品种之一。最初，郑商所推出了两种棉花期货合约，一种是用于内地棉花交易的一号棉，另一种是用于新疆棉交易的二号棉。2020 年进行了修订，将原来“郑州商品期货交易所一号棉花期货合约”名称修订为“郑州商品期货交易所棉花期货合约”，以新疆为基准交割地，在交易单位、报价单位、最小变动价位、每日价格最大波动幅度、交易时间、最后交易日、交割日、最低交易保证金、交易手续费、交割方式等方面与棉花期货合约（见表 2-1）均相同。

表 2-1　郑商所棉花期货标准合约

项目	合约内容
交易单位	5 吨/手（公定重量）
报价单位	元（人民币）/吨
最小变动价位	5 元/吨
每日价格最大波动限制	不超过上一交易日结算价 ±6%
合约交割月份	1 月、3 月、5 月、7 月、9 月、11 月
交易时间	星期一至星期五白天：9:00~11:30，13:30~15:00 夜晚：21:00~23:00（法定节假日除外）
最后交易日	合约交割月份的第 10 个交易日
交割日	合约交割月份的第 13 个交易日
交割品级	基准交割品：符合 GB1103.1-2012《棉花 第 1 部分：锯齿加工细绒棉》规定的 3128B 级，且长度整齐度为 U3 档，断裂比强度为 S3 档。轧工质量为 P2 档的国产棉花。替代品详见《郑州商品交易所棉花期货业务细则》，替代品升贴水由交易所另行制定并公告
交割地点	交易所指定棉花交割仓库
最低交易保证金	合约价值的 5%
交割方式	实物交割
交易代码	CF
上市交易所	郑商所

期货合约的交易是有期限的，到合约最后交易日后就要交割。主力合约是成交量和持仓量最大的合约，因此，期货合约就有主力合约与非主力合约

之分。主力合约有规律可循，以农产品来讲，与种植收获季节相关。目前，棉花期货主力合约主要集中在 1、5、9 三个合约，如 CF2101、CF2205、CF2209。

期货市场是基于现货市场存在的，是对现货价格的预期。实物交割是促使期货价格和现货价格趋向一致的制度保证，虽然最终进行实物交割的期货合约的比例较少，但正是实物交割将期货市场与现货市场联系起来，为期货市场功能的发挥提供了重要的前提条件。期货合约作为一种标准化合约，这个交割的时间通常也被标准化了。如郑州商品交易所棉花期货 2022 年 5 月合约代码为 CF2205，表示该合约的最后交易日和最后交割日在 2022 年 5 月的第 10 个交易日和第 13 个交易日。

（二）纽约期货交易所棉花期货标准合约

纽约期货交易所棉花期货价格是全球涉棉企业套期保值、规避风险的场所，也是各国政府制定棉花政策时参考的主要依据。通过表 2－2，我们可以看到在纽约期货交易所挂牌上市的棉花期货合约的设计情况。

表 2－2　纽约期货交易所棉花期货标准合约

项目	合约内容
交易单位	净重 50000 磅，约合 100 包（约合 22.68 吨）
交易时间	白天 9：00～夜晚 2：20（夏令时间） 白天 10：00～夜晚 3：20（冬令时间）
报价单位	美分/磅
合约月份	3 月、5 月、7 月、10 月和 12 月合约，挂牌远期三年的合约
交易代码	CT
最小变动价位	0.01 美分/磅（1 个“点”），相当于每份合约 5.00 美元
最后交易日	最后交割日前倒数第 10 个交易日
第一通知日	第一交割日前倒数第 5 个交易日
每日价格波动限制	不高于或低于上一交易日结算价 3 美分/磅，除即月合约外，若随后 5 个合约月份中有两张或者以上触及波幅限制，下一交易日波幅限制将会按序扩大至 3.5 美分及 5 美分，与上一交易日收市价相差 3 美分，在某些情况下停板价会扩大

续表

项目	合约内容
持仓限制	交割月份：300 张合约 其他月份：5000 张合约 所有月份持仓总和：5000 张合约
交割等级	色泽品级中低等白色棉（41），叶屑等级 4，纤维长度$\frac{1}{16}$～1 英寸（34），马克隆值 3.5～4.7，强度每纤度克数 25.0 克/特克斯或更高
交割地点	得克萨斯州（TX）：加尔威斯顿、休斯敦、达拉斯/沃斯堡 田纳西州（TN）：孟菲斯、新达拉斯沃斯堡 南卡罗莱纳州（SC）：格林威尔/斯帕坦堡

（三）中、美棉花期货合约的对比

中、美棉花期货标准合约在设计思路及模式上是一致的，但基于两国计算单位、产品品种及地理位置等存在差别，在具体条款设计方面有所不同：(1）合约品种不同；（2）交易单位不同；（3）最小变动价位不同；（4）每日价格最大波动限制不同；（5）最低交易保证金比例不同；（6）合约交割月份不同；（7）最后交易日不同；（8）交割地点不同；（9）交易手续费不同。

二、棉花期货合约的设计有哪些特点?

我国棉花期货合约有如下几个特点，了解这几个特点有助于我们认识棉花期货的基本属性，以便顺利完成期货交易。

（一）合约时间贴水

郑商所设计的棉花期货合约规定：当年产（是指本年度生产的棉花）

棉花标准仓单从次年 8 月合约交割起，8 月第一个自然日开始，贴水 4 元/吨/天，也就是每个月贴水 120 元/吨，以后贴水每月递增 120 元/吨，直到年底仓单退出为止。时间贴水概念在国内原有交易的期货品种中还没有出现过，是国内期货制度的一个创新。由于时间越长，贴水额越大，因此，仓单持有者就会考虑，尽量不要把快到期的注册仓单放在仓库里承担时间贴水的损失。时间贴水制度能够有效地促使棉花尽快地流出期货市场，减轻到期仓单集中注销带来的冲击。

（二）仓单公检

2010 年 8 月 11 日，郑商所向各会员单位、指定棉花交割库，转发了中国纤维检验局发布的《期货交割棉公证检验实施办法》。该实施办法共 49 条，分别就期货交割棉质量和数量的公证检验流程、中国纤维检验局及地方专业纤维检验机构（承检机构）的职责范围、仓库在进行公证检验时需配合的工作、“公证检验证书”的流转程序，以及仓库或货主对交割棉入库公证检验结果有异议的处理流程等作了详细规定。进入指定交割仓库的棉花由中国纤维检验局负责质量检验，并出具具有法律效力的质检证书，符合交割标的的棉花质检费由国家财政承担。

2017 年 9 月 1 日，中国纤维检验局已对《期货交割棉公证检验实施办法（暂行）》进行了修订，自 2019 年 9 月 1 日起，对期货交割棉公证检验相关规定做出以下调整：《期货交割棉公证检验实施办法（暂行）》第二十九条“在库机构按照检验规程要求，逐包扦取品质检验样品”，按照“在库机构按照不低于该批棉花实际包数 50% 的比例，扦取品质检验样品（检验机构可在必要时根据检验规程提高抽样比例）”执行。第四十二条“入库复检只对留样进行，不再重新取样。出库复检由复检机构在仓库协助下重新取样”，按照“入库复检只对留样进行，不再重新取样。出库复检由复检机构在仓库协助下重新取样，抽样比例应与入库公证检验时的抽样比例相同”执行。《期货交割棉公证检验实施办法（暂行）》第十六条第二款“入新疆其他监管仓库的棉花可移库至内地交割仓库申请交割棉检验”，按照“按新疆自治区有关规定完成入库公证检验进入监管仓库的棉花，未申请更换期货交割棉公证检验证书的，可移库至内地交割仓库申报期货交割棉公证检验”执行。第二十三条第（八）项“棉批中含有已在交割仓库经过公证检验的棉包的”，按照“棉花批次已在交割仓库进行公证检验并出具期货交割棉公证检验证书的”执行。

（三）交割地点设计

交割仓库的设置充分体现了大品种、大流通和放开交割的思想。棉花交割仓库无论是内地还是新疆均设置在主产区或集散地。内地分布在京广、陇海、京九等主要铁路干线上；新疆主要地域设置了交割仓库，分布在南疆库尔勒、喀什巴楚县、阿拉尔，北疆奎屯、石河子；设置了仓库升贴水；库点分布相对集中，库容比较大。

三、棉花期货保证金制度是怎样规定的？

期货市场最显著的特点之一是实行保证金交易，正是这一特点体现了期货市场运行的高效率，但同时也注定了期货交易的高风险。保证金交易本身就是一个两难命题的产物，所以保证金制度的制定就需要在市场效率和市场风险管理之间进行平衡，保证金制度也就成为期货公司进行市场风险管理的核心内容。

在期货交易中，为确保履约提供的财力担保，任何一个交易者必须按照其所买卖期货合约价值的一定比例（通常为5%～10%）在其账户上缴纳少量资金，作为其履行期货合约的财力担保，然后才能参与期货合约的买卖。简单地说，“保证金”就是“定金”，但与现货交易不同的是，买卖双方均需要缴保证金。然而正是保证金制度，期货交易才有了“杠杆效应”，在放大收益的同时也放大了风险。

按照交易所规则，期货合约的交易保证金标准按照该期货合约上市交易的“一般月份”（交割月前一个月份以前的月份）、“交割月前一个月份”、“交割月份”三个期间依次管理。一般月份棉花期货合约按持仓量的不同采取不同的交易保证金比例，具体见表 2 - 3。

表 2 - 3　　一般月份棉花交易保证金比例

项目	内容
双边持仓量（N 万手）	N≤3030 < N≤4040 < N≤50N > 50
交易保证金标准	5%、7%、10%、12%

交割月前一个月份期货合约按上旬、中旬和下旬的不同，分别适用不同的交易保证金标准，具体见表 2 - 4。

表 2 - 4　　交割月前一个月棉花交易保证金比例

时间	上旬、中旬、下旬
比例	8%、15%、25%

交割月份所有品种的期货合约交易保证金标准均为 30%。

（一）保证金的计算

交易保证金是指会员在交易所专用结算账户中确保期货合约履行的资金，是已被期货合约占用的保证金，它又可分为初始保证金和追加保证金两类。初始保证金是交易者新开仓时所需交纳的资金，是根据交易额和保证金比例确定的，即初始保证金等于交易金额乘以保证金比例。我国现行的最低保证金比例为交易金额的 5%，国际上一般在 3% ~ 8%。假设郑商所的棉花保证金比例为 10%，如果某客户以 13500 元/吨的价格买入 1 手棉花期货合约（每手 5 吨），那么，必须向交易所支付 6750（= 13500 × 5 × 10%）元的初始保证金。

案例 2 - 1

如何计算棉花期货交易中的保证金

某月某日长江期货一投资者账户内存有 50 万元资金，次日，他以 15000 元/吨价格卖出 20 手棉花期货合约（每手 5 吨）。假定交易所期货合约的保证金比例为 10%，交易手续费是每手 10 元。试问：该投资者的保证金是否足额？当结算价下跌至 13500 元/吨，投资者账户还有多少资金余额？

1. 该投资者的保证金是否足额，计算过程如下：

交易手续费 $=10\times20=200$（元）

保证金 $=15000\times5\times20\times10\%=150000$（元）

此时，账面剩余：$500000-150000-200=349800$（元）

所以，此时保证金充足。

2. 当结算价下跌至13500元/吨，投资者账户资金余额的计算过程为：

不考虑交易费用：1吨棉花盈利 $=15000-13500=1500$（元）

投资者盈利总额 $=1500\times20\times5=150000$（元）

平仓后账面剩余资金 = 保证金 + 账面剩余 + 盈利总额 $=150000+349800+150000=649800$（元）

（二）保证金的追加

交易者在持仓过程中，会因市场行情的不断变化而产生浮动盈亏（结算价与成交价之差），因而保证金账户中实际可用来弥补亏损和提供担保的资金随时可能发生增减。浮动盈利将增加保证金账户余额，浮动亏损将减少保证金账户余额。保证金账户中必须维持的最低余额称为维持保证金。

我国的期货公司通常将维持保证金比例设为0.75。

当保证金账面余额低于维持保证金时，交易者必须在规定时间内补充保证金，使保证金账户的余额大于结算价乘以持仓量再乘以保证金比例，否则在下一交易日，交易所或代理机构有权实施强行平仓。这部分需要新补充的保证金就称为追加保证金。

案例2-2

追加保证金的计算

仍按上例，假设客户以13500元/吨的价格买入5吨棉花后的第三天，棉花结算价下跌至13000元/吨。由于价格下跌，客户的浮动亏损为2500［$=(13500-13000)\times5$］元，客户保证金账户余额为4250（$=6750-2500$）元，由于这一余额小于维持保证金5062.5（$=13500\times5\times10\%\times0.75$）元，客户需将保证金补足至6750（$=13500\times5\times10\%$）元，需补充的保证金2500（$=6750-4250$）元，即为追加的保证金。

四、如何计算浮动和实际盈亏?

(一) 计算浮动盈亏

结算机构根据当日交易的结算价，计算出期货经纪公司未平仓合约的浮动盈亏，确定未平仓合约应付保证金数额。浮动盈亏的计算方法是：浮动盈亏=（当天结算价-开仓价格）×持仓量×合约单位-手续费。如果是正值，则表现为多头浮动盈利或空头浮动亏损，即多头建仓后价格上涨表明多头浮动盈利，或者空头建仓后价格上涨表明空头浮动亏损。如果是负值，则表明多头浮动亏损或空头浮动盈利，即多头建仓后价格下跌表明多头浮动亏损，或者空头建仓后价格下跌表明空头浮动盈利。如果保证金数额不足以维持未平仓合约，结算机构便通知期货经纪公司在第二天开市之前补足差额，即追加保证金，否则将予以强制平仓。如果浮动盈利，期货经纪公司不能提取该盈利部分，除非将未平仓合约予以平仓，变浮动盈利为实际盈利。

(二) 计算实际盈亏

平仓实现的盈亏称为实际盈亏。期货交易中绝大部分合约是通过平仓方式了结的。多头实际盈亏的计算方法是：

盈/亏=（平仓价-买入价）×持仓量×合约单位-手续费

空头盈亏的计算方法是：

盈/亏=（卖出价-平仓价）×持仓量×合约单位-手续费

当期货市场出现风险，某些期货经纪公司因交易亏损过大，出现交易保证金不足或透支情况时，结算系统处理风险的流程如下：

（1）通知期货经纪公司追加保证金；

（2）如果保证金追加不到位，首先停止该期货经纪公司开新仓，并对该期货经纪公司未平仓合约进行强制平仓；

（3）如果全部平仓后该期货经纪公司保证金余额不足以弥补亏损，则动用该期货经纪公司在交易所的结算准备金弥补亏损；

（4）如果仍不足以弥补亏损，则以转让该期货经纪公司的期货经纪公司资格费和席位费弥补；

（5）如果仍不足以弥补亏损，则动用交易所风险准备金，同时向该期货经纪公司进行追索。

五、纽约棉花期货合约与郑州棉花期货合约的关系怎样?

与国内郑州棉花期货合约相比，纽约棉花期货标的、交易单位、最小变动价位、波动幅度、保证金比例、最后交易日等方面都存在不同。由于标的物品质不同，根据郑商所相关规定，进口棉不能注册期货仓单。

尽管中、美棉花期货在很多地方不一样，但由于用途相同，且近年来中国进口需求扩大，中、美棉花期价关系越来越紧密。选取 Wind 资讯提供的 2021 年 1 月 1 日 ~12 月 31 日郑商所的棉花期货主力合约价格和 NYBOT 的棉花期货主力合约价格进行统计分析。

根据图 2－1，可以得出：相关性和协整检验都能说明中、美两个棉花期货市场价格之间的稳定关系。而表 2－5 中的格兰杰因果检验则说明：（1）美国棉花期货价格是中国棉花期货价格的格兰杰原因；（2）中国棉花期货价格不是美国棉花期货价格的格兰杰原因。

图 2-1 中、美棉花期货市场走势关系分析

表 2-5 格兰杰因果关系检验

零假设	F 统计量	P 值
CT 不是 CF 的 Granger 原因	78.5307	0.0000
CF 不是 CT 的 Granger 原因	0.5331	0.4660

自测题

一、填空题

1. 凡未能按时交纳交易保证金者，交易所有权对其持有的合约______。

2. 若连续三个交易日出现同方向单边市，交易所可以暂停交易______。

3. 限仓制度是交易所为了防止市场风险过度集中于少数交易者，以及为了防范操纵市场行为，对投资者的______进行限制的制度。

4. ______是指交易所规定期货公司或投资者可以持有的、按单边计算的某一合约投机持仓的最大数量。

5. 国内棉花期货的交易单位是______。

6. 我国棉花期货的上市交易场所是______。

7. 郑州棉花期货合约最小变动价位是______。

二、选择题

1. 郑州棉花期货单边1月合约2万持仓，3月0.3万持仓，5月30万持仓，7月5万持仓，9月10万持仓，11月1.5万持仓，主力合约是（　　）。

A. 1月　　B. 5月

C. 11月　　D. 9月

2. 交割月前一个月第16个日历日至交割月前一个月最后一个日历日期间交易日的保证金收取比率为（　　）。

A. 8%　　B. 10%

C. 25%　　D. 30%

3. 当某一棉花期货合约在某一交易日收盘前（　　）分钟内出现只有停板价位的买入（卖出）申报、没有停板价位的卖出（买入）申报，或者一有卖出（买入）申报就成交、但未打开停板价位的情况，称为涨（跌）停板单方无报价。

A. 1　　B. 2

C. 3　　D. 5

4. 棉花期货交易规则中，若某一交易日出现单边市，则当日结算时该期货合约交易保证金比例提高（　　）。第二个交易日的价幅在原价幅基础上自动扩大（　　）（只向停板方向扩大）。

A. 50%，50%　　B. 50%，0

C. 0，50%　　D. 50%，25%

5. 某月某日某投资者账户内存有50万元资金，次日，他以15000元/吨价格卖出20手棉花期货合约（每手5吨）。假定交易所期货合约的保证金比例为10%，交易手续费是每手10元，当其结算价下跌至13500元/吨，投资者账户还有（　　）元资金余额。

A. 659800　　B. 549800

C. 649800　　D. 669800

6. 郑商所的棉花保证金比例为10%，如果某客户以13500元/吨的价格买入1手棉花期货合约（每手5吨），那么，他必须向交易所支付6750元（即13500×5×10%）的（　　）。

A. 维持保证金　　B. 初始保证金

C. 手续费　　D. 权利金

7. 假设客户以13500元/吨的价格买入5吨棉花后的第三天，棉花结算价下跌至13000元/吨。由于价格下跌，客户的浮动亏损为2500元[<（13500-13000）×5]，客户保证金账户余额为4250（=6750-2500）元，由于这一余额小于维持保证金=13500×5×10%×0.75=5062.5元，客户需将保证金补足至6750元，即13500×5×10%，需补充的保证金2500（=6750-4250）元，就是（　　）。

A. 平仓保证金　　B. 追加保证金

C. 亏损金额　　D. 盈利金额

8. 棉花期货实行集中交割，采用三日交割法。交割日，交易所收取买方期货经纪公司全额货款，并于当日将全额货款的（　　）划转给卖方期货经纪公司，同时将卖方期货经纪公司仓单交付买方期货经纪公司。余款在买方期货经纪公司确认收到卖方期货经纪公司转交的增值税专用发票时结清。发票的传递、余款的结算，期货经纪公司均应当盖章和签字确认。

A. 80%　　B. 75%

C. 60%　　D. 90%

9. 平仓实现的盈亏称为（　　）。

A. 实际盈亏　　B. 浮动盈亏

C. 虚拟盈亏　　D. 平仓盈亏

参考答案

一、填空题

1. 强行平仓　　2. 一天　　3. 持仓量　　4. 限仓

5. 5吨/手（公定重量）　　6. 郑州商品交易所

7.5 元/吨

二、选择题

1. B　2. B　3. D　4. A　5. C

6. B　7. B　8. A　9. A

第三章

棉花的生产

本章要点

本章主要介绍棉花的生产情况，对国内棉花生产的历史、现状以及国内外棉花生长阶段作出介绍。同时，通过对影响棉花产量的因素以及棉花产销情况的介绍，帮助棉花期货投资者了解棉花的生产基本情况。

一、在棉花特性、品质方面投资者需关注的知识有哪些？

从物理形态上棉花可以分为籽棉与皮棉，从棉颗上摘下来的棉花称为籽棉，而经过加工去籽后就称为皮棉，棉花的产量一般是指皮棉的产量。根据棉花加工所用机械的不同，可分为锯齿棉和皮辊棉。根据棉花纤维特性的不同，可分为细绒棉、粗绒棉和长绒棉。另外，根据棉花颜色的不同，可分为白棉、黄棉、灰棉及彩色棉；根据棉花等级的不同，可分为高等棉花与低等棉花。而郑商所棉花期货的基准交割品为3128B级国产锯齿加工细绒棉。

（一）我国主产的棉花类型和国标棉花质量主要考核指标

从长度来分，棉花分为长绒棉和细绒棉，细绒棉的长度一般为25～31毫米，长绒棉的长度在33毫米以上。我国所产原棉约99%为细绒棉。正常成熟的细绒棉，色精白、洁白或乳白，纤维柔软有丝光，长度为23～33毫米，单纤维强力为3～4.5克，细度为5000～6500米/克，棉籽肥大，着生有灰白色短绒。

国标中棉花质量的主要考核指标有颜色、品级、长度、马克隆值、回潮率、含杂率和危害性杂物。

（二）中、美棉花在品级和长度上规定的差异

美国的棉花标准在世界上有着重要的影响，并为24个国家和地区所使用，其标准也被称为万国棉花标准。在棉花品级和长度上与我国现行标准有很大的差异，主要区别如下：

1. 美棉标准没有“品级”这一标准，颜色由“色泽级”来决定

按颜色由高到低，美棉分为白棉、淡点污棉、点污棉、淡黄染棉、黄染棉5个颜色等级。我国企业一般只进口白棉中的中高等级。在白棉中，棉花又分为7个等级。据有关部门推算，这7个等级基本上和我国的1～7级大致相对应（见表3－1和表3－2）。

表3－1　“美国白棉标准”和“中国国棉标准”简明对照

美国棉花标准			中国国棉标准
全称	简称	美国农业部代码	等级
GoodMiddling	G. M	11	1
StrictMiddling	S. M.	21	2
Middling	Mid	31	3
StrictLowMiddling	S. L. M	41	4
LowMiddling	L. M	51	5
StrictGoodOrdinary	S. G. O	61	6
GoodOrdinary	G. O	71	7

表 3-2　　国内棉花等级分类

级别	类型			
	白棉	淡点污棉	淡黄染棉	黄染棉
1 级	11	12	13	14
2 级	21	22	23	24
3 级	31	32	33	
4 级	41			
5 级	51			

2. 长度划分等级具有差异

美国棉花长度是以 1/32 英寸（0.794 毫米）为级距，分为 19 个级。我国是按 1 毫米为级距，分为 7 个长度级。美棉棉花长度的表示方法采用的是上半部平均长度，我国以棉花的主体长度表示。但两种表示方法的结果具有极高的相关性（相关系数 0.99）。表 3-3 是 1/32 英寸的计量单位换算为公制长度的对照表。

表 3-3　　美棉长度划分等级表准

美棉代码	长度（1/32 英寸）	长度（毫米）	美棉代码	长度（1/32 英寸）	长度（毫米）
24	13/16 以下	19.05	26	13/16	20.64
28	7/8	22.23	29	29/32	23.02
30	15/16	23.81	31	31/32	24.61
32	1	25.40	33	1~1/32	26.19
34	1~1/16	26.99	35	1~3/32	27.78
36	1~1/8	28.58	37	1~5/32	29.37
38	1~3/12	30.16	39	1~7/32	30.96
40	1~1/4	31.75	41	1~9/32	32.54
42	1~5/16	33.34	43	1~11/32	34.13
44	1~3/8	34.93 及以上			

二、我国棉花生产的历史和现状是怎样的?

中国棉花生产有着悠久的历史，在种植方面已积累了丰富的经验。近代科学技术突飞猛进，育苗技术和种植工艺的革命又极大地推动了中国棉花生产。对棉花期货市场参与者而言，了解中国棉花种植的历史和现状，对作出正确的投资建议具有重要参考意义。

（一）我国棉花生产的历史

我国是世界上种植棉花历史最悠久的国家之一。据公元前 2 世纪的《尚书》记载，海南岛上的居民在当时就已经种植棉花了。到公元前 1 世纪，海南岛居民已经可以织广幅布。这是关于棉花生产和利用的最早的文字记载。

宋代之前，长江流域和黄河流域没有大量种植棉花。宋末元初，棉花从南、北两路传入内地。元世祖用强制办法要求农民种棉花，并用棉布实物交税，棉花开始得到大规模种植。到明代，长江流域和黄河流域已经普遍种棉，并取代丝麻成为百姓衣着的主要来源。清末，中国又陆续从美国引进了陆地棉良种，替代了质量不好、产量不高的非洲棉和亚洲棉。20 世纪 40 年代，美国细绒棉已大量在中国种植。新中国成立后，政府组织大规模更换棉种活动，淘汰了亚洲棉。20 世纪 50 年代，新疆引进了长绒棉。

（二）我国棉花生产的现状

新中国成立后的 70 多年来，棉花生产布局发生过几次变化。我国棉花生产相对集中，2011 年之前，内地产量大于新疆，内地产量在 400 万吨，占总产量的 62%，新疆产量在 250 万吨，占总产量的 38%。之后经过国家收储政策改革，采取目标价格补贴，而且只对新疆进行目标价格补贴，内地棉花种植大幅萎缩，新疆种植崛起，形成“东退西进”局面，棉花主产区变为新疆，其占全国总棉花产量的86%，其次是河南、山东、河北、江苏、湖北，其产量约占全国总产量的14%。种植面积的增减呈现出棉花价格高了农民就多种、低了就少种的局面，而且这种面积的调整有一定的幅度，这也增加了年度之间的价格波动幅度。1949年后的70多年中，有45年棉花生产变化大于10%，其中22年超过20%，大多波动在10%以上。棉花的产量和质量直接决定了棉花现货和棉花期货标准仓单的供应量，是影响棉价的重要因素。

1980~2011年，中国棉花生产发展迅速，棉花产量连年增长，一跃成为世界第一产棉大国。伴随着世界经济全球化的深入发展，中国农业经济不可避免地融合到世界经济发展之中，成为世界农业经济的一个重要组成部分。与此同时，与竞争激烈的国际棉花市场相比，我国棉花生产所面临的国际挑战越来越严峻。因此，不容忽视的问题还很多：我国棉花品种品质不优，不能适应国际市场的需要，我国除新疆棉区有少量的长绒棉外，黄河、长江流域均种植的是绒长28~29毫米的普通陆地棉，纤维强力较低。我国棉花产量很低，棉农植棉效益低下，除新疆棉区及长江流域极少地区亩产达100千克以外，还有相当部分棉花亩产仅在60千克以下。棉农种棉不如种粮，有的将棉田改为粮田。我国棉花生产机械化程度低，生产效率低、成本高，我国棉农生产棉花基本靠传统原始的人工耕种、采摘，机械化程度较低，生产效率低下，成本攀高，处于保本微利，在棉花市场低迷的情况下，甚至出现亏本等。我国棉花加工质量低下，浪费了大量棉花资源。商品棉异型纤维含量高，原棉产品一致性差，同级棉不同批次、不同棉包产品等级有差异，难以满足现代棉纺织工业的要求。但是，2011~2022年的10多年时间内，中国棉花生产崛起，以新疆为主产区，缩小内地种植面积，发展新疆种植区。新疆独有的特性，使单块棉田辽阔，有利于机械化开启，并且使用滴灌带灌溉和地膜保温除草，规避了因天气干旱而引起的减产，引进了优良的棉种，单产大幅提升，单产达到400~500公斤/亩。目前新疆机械化生产和收割覆盖率达到80%，而且棉花品质得到大幅提升。

三、世界主要产棉区的分布情况是怎样的？

棉花是世界上最主要的农作物之一，产量多、生产成本低，具有较好的经济效益，也是增加农民收入的有效途径之一。棉花是纺织工业的主要原料，是出口创汇的重要商品，也是广大人民群众不可缺少的生活必需品；此外，棉花在国防、医药、汽车工业等方面也有重要的用途。可以说，棉花的生产、流通、加工和消费都与一国经济的发展息息相关，因此很多国家对棉花生产都非常重视。

（一）世界棉花主产区分布情况概述

从世界范围看，棉花产地主要分布于亚洲、非洲、北美洲、南美洲和欧洲等热带及其他温暖地区，是种植较广而集中度相对较高的大田经济作物。全球有100多个国家种植棉花，亚洲和北美洲占全球种植面积的80%左右。亚洲是全球最大的产棉洲，产量占全球的60%左右。主产国有中国、印度、巴基斯坦、土耳其和乌兹别克斯坦，产量占比超过全球的一半，占亚洲的90%以上。北美洲是全球的第二大产棉洲，是世界最大的出口区，但所占比例不断下降，产量占全球的15%左右，主产棉国有美国和墨西哥。南美洲是全球第三大产棉洲，产量占全球的10%左右，主产棉国有巴西和阿根廷。非洲是全球第四大产棉洲，产量占全球的10%以下，虽然产棉国（地）多达近50个，但各国的产量均不大，最大的是西非的马里和贝宁，产量均约为300万吨，其次是科特迪瓦和布基纳法索。大洋洲只有澳大利亚种植棉花，产量约占全球的5%左右，但大部分都出口。

（二）我国棉花主产区分布的区域与省份

我国宜棉区域广阔，根据棉花对生态条件的要求，结合棉花生产特点，以及棉区分布状况、社会经济条件和植棉历史，全国可划分为三大棉区：长江中下游棉区（包括上海、浙江、江苏、湖北、安徽、四川、江西、湖南等地），黄河中下游棉区（包括河南、河北、山东、山西、陕西等地）和西北内陆棉区（包括新疆和甘肃等地）。我国棉花产量排在前5名的省、自治区分别是新疆、河北、山东、湖北、湖南，其中新疆产量占全国90%左右，河北、山东、湖北、湖南4个省共计占全国10%左右。

四、棉花生长周期一般可以分为哪几个阶段？

（一）我国棉花生长的周期划分

棉花从播种出苗到第一个棉铃成熟吐絮约需120天。我国棉花生产一般分为播种期、苗期、蕾期、花铃期和吐絮期（见图3－1）五个阶段，具体划分情况见表3－4。

播种出苗期是指从棉籽播种到有50%的子叶出土并展开。一般在4月中、下旬播种，经7～15天出苗。苗期是从出苗到棉田有50%棉株出现第一个幼蕾，早熟品种25～30天，中熟品种40～50天。时间为4月底、5月初至6月上、中旬。蕾期从现蕾到50%棉株开第一朵花，一般是25～30天。蕾期一般处于当地的6月上、中旬至7月上旬。花铃期是从开花到有50%棉株第一个棉铃吐絮，需50～60天。花铃期多处于7月上旬到8月中旬的气候环境中，是营养生长与生殖生长两旺时期，有70%以上的干物质在花铃期形成。这段时期是决定棉花产量高低的关键时期，也是棉田管理的重点时期。吐絮期从开始吐絮到收花结束，约70天。一般在8月中、下旬开始吐絮，9月为吐絮盛期，10月中、下旬到11月初基本收花完毕。棉铃积累的干物质约占此期积累量的90%以上，此期所需肥水显著减少。

苗期、蕾期

花铃期、吐絮期

籽棉、皮棉

图 3－1　棉花生长阶段

表 3－4　　我国棉花的生长阶段

时期	生长阶段
播种出苗期	从棉籽播种到有 50% 的子叶出土并展开。一般在 4 月中、下旬播种，经 7～15 天出苗
苗期	从出苗到棉田有 50% 棉株出现第一个幼蕾，早熟品种 25～30 天，中熟品种 40～50 天。时间为 4 月底、5 月初至 6 月上、中旬
蕾期	从现蕾到 50% 棉株开第一朵花，一般是 25～30 天。蕾期一般处于当地的 6 月上、中旬至 7 月上旬

续表

时期	生长阶段
花铃期	从开花到有50%棉株第一个棉铃吐絮，需50~60天。花铃期多处于7月上旬到8月中旬的气候环境中，是营养生长与生殖生长两旺时期，有70%以上的干物质在花铃期形成。这是决定棉花产量高低的关键时期，也是棉田管理的重点时期
吐絮期	从开始吐絮到收花结束，约70天，一般在8月中、下旬开始吐絮，9月为吐絮盛期，10月中、下旬到11月初基本收花完毕。棉铃积累的干物质约占此期积累量的90%以上，此期所需肥水显著减少

（二）世界其他主要产棉区棉花生长周期的划分

气候条件对农业生产有重要影响，受地理纬度、海陆分布、地形和洋流等因素影响，全球各地区棉花生长周期有很大不同。世界主要棉花生产国棉花的生长期见表3-5。

表3-5　世界棉花主产国棉花生长期表

地区	播种（月份）	采摘（月份）	地区	播种（月份）	采摘（月份）
贝宁	6~7	10~12	印度	4~7	10~3
布基纳法索	6~7	10~12	巴基斯坦	5~6	10~12
喀麦隆	6~7	10~12	塔吉克斯坦	4~7	9~12
乍得	6~7	10~12	土库曼斯坦	4~7	9~12
埃及	2~3	9~12	乌兹别克斯坦	4~7	11~2
几内亚科纳克里	6~7	10~12	希腊	4~5	10~12
象牙海岸	6~7	10~12	西班牙	3~4	9~11
马里	6~7	10~12	土耳其	4~5	9~11
尼日利亚	5~6	11~2	以色列	3~4	9~11
坦桑尼亚	10~12	6~7	美国	4~5	10~12
多哥	6~7	10~12	巴拉圭	10~11	3~5
乌干达	4~7	11~2	阿根廷	10~12	3~7

五、我国棉花生产受哪些自然因素影响?

棉花的生长育期较长，且有着自身的生长规律，掌握这些规律并为棉花生长提供好的环境，对提高棉花产量和质量具有重要意义。

（一）自然因素对棉花种植的影响

在种植面积一定的情况下，影响棉花产量和质量的因素主要有：

1. 土壤条件

棉花是深根作物，需要深厚的活土层，耐旱而忌渍涝，轻度耐碱。为了更好地满足棉花对土壤条件的要求，一方面要加深耕层、改良土壤，做好高产稳产农田基本建设；另一方面还要采取松土、施肥、排渍、灌水等耕作措施，随时调节土壤的水、肥、气、热等状况，以改善棉花根系活动的环境。

2. 需肥规律

棉花在不同生长时期对氮、磷、钾的需求量也不同，所以，植棉者应严格按照棉花在不同的生长时期对肥料的需求，科学施肥。

3. 需水规律

棉花的生命活动是和水紧密联系在一起的，缺水干旱固然不行，但水涝的害处更大。棉花在各生长阶段对土壤水分条件的要求不同，必须掌握棉花各生长阶段的田间耗水量以及适宜的田间持水量，以便适时采取灌水、排水、松土保墒、晒土放墒等措施，使棉田保持最佳供水状态，免除旱、涝灾害。

4. 空气条件

棉花的生长需要大量的氧气和二氧化碳，必须为棉田创造良好的通风条件，以促进棉花根部及上部的生长，防止落铃、烂根。

5. 温度条件

棉花在生长、发育的各阶段都有其需要的适宜温度条件，过高或过低都对棉花产量带来很大影响。

6. 日照条件

阳光既是光合作用的动力，又是地面上的热量来源。合理密植，改善棉田的光照条件，对棉花的生长发育极为重要。

7. 病虫害

棉花生育期比较长，且具有无限生长的习性。在棉花的生长过程中，常会遭受多种病虫害的侵袭。我国已发现的棉花病害有40多种，危害最严重的是棉花枯萎病和黄萎病，其次是棉花的苗期病害。我国棉区分布辽阔，自然条件差异大，棉花害虫种类繁多。据记载，我国棉花害虫已知的有300多种，其中主要的有二三十种，最常见的有15种之多。所以，加强棉花田间管理、防止或减少棉花病虫害的发生，对棉花的优质、高产有着重要的作用。

8. 冰雹等天气灾害

棉花在整个生长期及收获期，如遇冰雹、台风等灾害，产量将受严重影响，甚至绝产。

此外，棉种的选择及植棉者的管理生产经验也将影响棉花的产量。

延伸阅读

花铃期是夺取棉花高产、优质的关键

花铃期是夺取棉花高产、优质的关键。从开花至吐絮这一段时间，一般从7月上旬到8月底、9月初。花铃期处于经济产量形成过程中，处于决定性位置，是营养生长与生殖生长两旺时期，有70%以上的干物质在花铃期形成，是决定产量和品质的关键时期。此阶段根据其生育特性，又可分为初花期和盛花结铃期。花铃期是棉花一生中需水最多的时期，棉株对水反应敏感，如水分失调，则代谢过程受阻，大量蕾铃脱落，并引起早衰，严重影响棉花生育进程。因此，花铃期是夺取棉花高产、优质的关键期。这一阶段也常常是天气炒作的阶段。

（二）天气影响棉花生产的程度分析

2003年新棉上市后棉价之所以大涨，很重要的一个因素是天气恶劣，在收获期雨量过多。在种植面积一定的情况下，2004~2005年度我国棉花产量取决于棉花亩产量，因此，从历年的情况来看，8～10月份的天气情况是决定棉花产量和质量的关键因素，也是投资棉花期货要关注的首要因素。

棉花是陆续开花、结铃，陆续成熟、吐絮的作物。吐絮期是指开始吐絮到枯霜来临、生育结束的一段较长的时间。一般在8月中、下旬开始吐絮，持续约70天，是棉纤维生长发育的主要阶段。阴雨连绵加重棉花烂铃，冷秋年份使棉花贪青迟熟、纤维发育不良等。在开始吐絮时，伏桃正在逐渐成熟，秋桃正在形成、长大，棉株的营养生长已衰退，生殖生长逐渐缓慢，根系吸收能力日渐下降，这时需要有充足的日照、较高的温度和较低的湿度，以加速碳水化合物的转化，促进脂肪和纤维素的形成，并加速铃壳干燥，有利于棉铃开裂、吐絮。10月中下旬是初霜，按照历史记录，霜期每提前或退后一天会影响产量一个百分点。8～10月份天气晴好或阴雨连绵，都会影响棉花的产量、质量，进而影响可供交割量，影响价格。

案例3－1

天气对产量和价格的影响

2003年9月天气阴雨连绵，气温下降，对棉花后期生长不太有利，新棉上市继续推迟，单产和品级都明显下降。主产区中，仅新疆、河北、山东部分地区率先在9月初开始采摘和零星收购，直到下旬前后，其他地区才陆续开秤。哄抬价格、争抢资源的情况屡见不鲜，加上棉农惜售，导致收购价格高开且呈稳步上扬态势，市场秩序较为混乱。当月内地新棉收购主体品级为3～4级，平均长度为28毫米，平均衣分为36%～37%；标准级皮棉平均收购价格在640元/担左右；新疆收购主体品级为1～2级，平均长度29毫米，平均衣分39%～40%，129级皮棉平均收购价格在620元/担左右，远高于农发行规定的收购贷款上限。

2003年10月，尽管仍不时受不利天气困扰，主产棉区仍相继进入大规模采摘、收购阶段，收购价格一路上扬。上旬，国内大部分地区再次遭遇低温阴雨，尤其是长江流域的新棉采摘被迫推迟。进入中、下旬后，随着天气的好转，长江流域地区全面采摘，新疆及黄河流域棉区籽棉采摘渐入尾声。争抢资源、哄抬价格、惜售等情况在当月表现仍较为突出。当月内地新棉收购主体品级为3～4级，平均长度28～29毫米，平均衣分35%～38%；标准级皮棉平均收购价格为850元/担左右，较9月上涨210元/担；新疆收购主体品级为2~3级，平均长度29毫米，平均衣分37%~39%，皮棉平均收购价为794元/担，较9月上涨174元/担。

六、我国棉花单产及产量情况如何？

棉花是人民生活的必需品，也是重要的工业原料和军用物资，在国民经济发展中起着重要的作用，国际国内需求量很大。因此，稳步提高棉花单产与总产量水平对保证国内供给稳定事关重大。此外，在农业生产中，棉花种植效益比较高，可以说种植棉花是农民发家致富的好途径。通过分析单产与产量水平，有助于我们在了解我国棉花生产现状的基础上为棉农生产提供指导性建议。

（一）我国棉花产量情况分析

20世纪80年代以前，由于生产条件落后，我国棉花单产水平较低，总产量基本在250万吨以下。20世纪80年代以后，由于实行联产承包责任制，农民种植棉花的积极性被调动起来，产量迅速提高。1984年，我国棉花产量创历史之最，达626万吨。20世纪90年代以后，我国棉花生产比较稳定，年产量基本在500万吨左右。21世纪以来，我国棉花产量维持在600万吨左右（见图3-2）。2021年，农业农村部印发《“十四五”全国种植业发展规划》，提出：“十四五”期间，着力建设西北内陆、黄河流域、长江流域三大优势棉区，巩固提升棉花生产保护区综合生产能力，稳定种植面积，调整优化品种结构，推广集中成熟、轻简高效栽培技术模式，大力提升棉花品质，提高机械化采收水平和质量。到2025年，全国棉花播种面积稳定在4800万亩左右，产量590万吨左右，高品质棉占比达到45%左右。稳定西北内陆棉区，新疆棉花面积稳定在3600万亩左右，扩大甘肃适宜区棉花种植面积。适度恢复黄河流域和长江流域棉区，力争恢复到1100万亩以上。建设高品质棉花种植带。在华北地区、长江中下游地区，引导沿河沿海滩涂盐碱地等适宜地区适当扩大棉花种植；在江汉平原、洞庭湖、鄱阳湖等沿江沿湖地区开展高品质棉花种植。《“十四五”全国种植业发展规划》还单辟出一节“提升棉糖等重要农产品保障水平”的内容，提出建设棉花生产保护区，稳定棉花种植面积；扩大优质棉花有效供给，提升棉花产需适配性；推动规模化生产经营，引导生产提质增效，加快推进全程机械化。

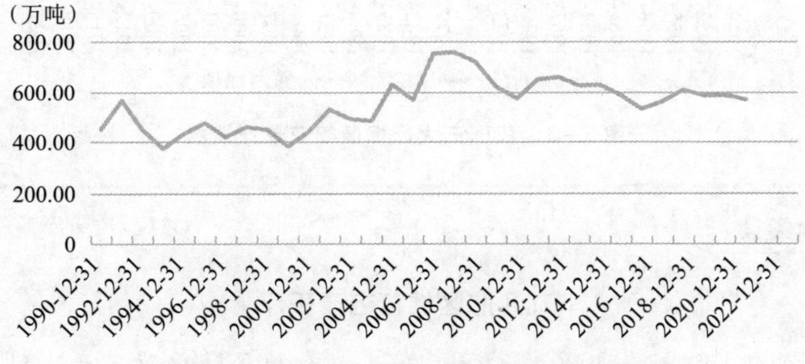

图 3-2 1990~2022 年我国棉花产量走势图

（二）我国棉花单产情况分析

我国的棉花单产由于地域、气候等原因存在小幅差异，其中西北地区尤其以新疆棉花的单产较高，而黄河流域则较低。总体上我国的单产在不断提高。尤其近些年，由于政策扶持和科技力度加强，我国棉花单产水平提升较快。据统计，近 30 年来，我国棉花单产从 1985 年的 53 公斤提高到 2005 年的 75 公斤，年均增长 20%；2006 年主产区棉花平均单产 85.1 公斤，比 2005 年提高 10.1 公斤，增幅 13.8%；2008 年三大棉区棉花单产达到 90.07 公斤/亩，同比提高 1.37%；2010 年受天气影响，我国棉花单产及总产量出现了小幅下滑。但是到了 2011~2021 年，随着收储政策改革、新疆实施直补政策后，新疆在种植技术和品种方面进行了大幅提升，加之机械化的普及，棉花单产由原来的 300 公斤/亩提升到 400~500 公斤/亩。我国三大产棉区棉花单产情况见图 3-3。

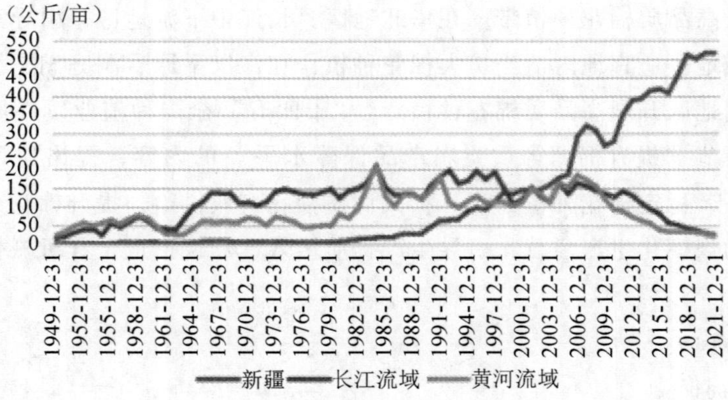

图 3－3　我国三大产棉区棉花单产情况

延伸阅读

九江地区棉花亩产千斤

据媒体报道，在 2006 年我国已有大部分地区的棉花单产达到 81 公斤/亩；可喜的是 2009 年 10 月 30 日，九江市政府网站报告该市湖口县武山镇连片 111.9 亩棉花通过中国棉花研究所组织的专家现场测产，测定亩平均成铃 92193 个，实测亩平均单产 1014.12 斤，创造了长江流域、黄河流域两大棉区百亩棉花种植籽棉亩产超千斤的最新纪录。该试验结果，让人们看到了长江、黄河流域籽棉单产提高的巨大潜力。

七、新中国成立以来我国棉花产量情况发生了怎样的变化?

20 世纪 80 年代以前，由于生产条件落后，棉花单产水平较低，总产量基本在 250 万吨以下（1973 年产量为 256.2 万吨）。由于产量较小，国内市场供不应求，年进口棉花量较大，1979 年棉花进口量曾达 91.89 万吨。

1980 年以后，由于实行联产承包责任制，农民棉花生产的积极性被调动起来，产量迅速提高。到1984年，棉花产量创历史之最，达到626万吨，而当时的消费能力只有300万吨左右，市场出现了相对过剩。1985年以后，我国棉纺工业发展很快，到1989年，年棉花消费量达到400万吨左右，而同时棉花生产出现滑坡，1989年棉花产量只有379万吨，当年棉花进口量达到40万吨。

20世纪90年代初，我国棉纺工业发展较快，国内棉花供不应求，曾经大量进口棉花。1994年，我国采购棉花的举动曾经导致纽约棉花交易所棉花期货价格连续7个涨停板。1995年以后，棉花年产量比较稳定，受东南亚金融危机的影响，棉纺织品出口量下降，国内纺织用棉减少，因此进口量下降。20世纪90年代以后，我国棉花生产比较稳定，年产量基本在500万吨左右。

21世纪初，纺织品出口形势好转，纺织用棉量增加，但由于国内棉花产量较大，库存较多，因此进口量并未大幅增加。从2005年开始，我国纺织企业出口加速增长，棉花需求量稳步提升，虽然期间棉花产量得到提升，但依然无法满足国内需求，棉花进口量稳步增加。2007年爆发的美国次贷危机给我国纺织企业出口带来巨大冲击，但在棉花生产量同步下降的背景下，依然需从国际市场进口以弥补国内供求缺口，每年进口棉花89.4万吨以上。2018~2022年，棉花进口量达到200万吨以上。2011~2022年的10年时间，中国棉花生产崛起，以新疆为主产区，缩小内地种植面积，发展新疆棉花生产。新疆独有的特性，使单块棉田辽阔，有利于机械化开启，并且使用滴灌带灌溉和地膜保温除草，规避了因天气干旱而引起的减产，引进了优良的棉种，单产大幅提升，单产达到400~500公斤/亩。目前新疆机械化生产和收割覆盖率达到80%，而且棉花品质得到大幅提升。全国产量稳定在600万吨。

自测题

一、填空题

1. ______是以全国200余家大中型纺织企业的棉花实际到厂价为计算

基础，反映发布日前3日的国内328级棉花到国内纺织企业的综合平均价格水平。

2. 棉花从播种出苗到第一个棉铃成熟吐絮约需______天。棉花生产一般分为播种期、苗期、蕾期、花铃期和吐絮期五个阶段。

3. ______是指开始吐絮到枯霜来临、生育结束的一段较长的时间。一般在8月中、下旬、9月初开始吐絮，持续约70天，是棉纤维生长发育的主要阶段。

4. ______处于经济产量形成过程中，处于决定性位置，是营养生长与生殖生长两旺时期，有70%以上的干物质在此时期形成，是决定产量和品质的关键时期。

5. 棉花的______和______直接决定了棉花现货和棉花期货标准仓单的供应量，是影响棉价的重要因素。

6. 我国的棉花单产由于地域、气候等原因存在小幅差异，其中西北地区尤其是______棉花的单产较高。

7. 一般在8月下旬、9月初开始吐絮，持续七八十天，是______生长发育的主要阶段。

8. 棉花从播种出苗到第一个棉铃成熟吐絮约需______天。

9. 美棉标准没有______这一标准，颜色由"色泽级"来决定。

10. 亚洲是全球最大的产棉洲，产量占全球的______。

二、选择题

1. 在种植面积一定的情况下，影响棉花产量和质量的因素主要有（　　）。

A. 气象灾害，如雨涝、冰雹、干旱等

B. 病虫害，如棉花枯黄萎病、棉花铃病、各种虫害等

C. 购买能力，如棉价与收入水平比较等

D. 经济周期，如经济复苏周期等

2. 我国宜棉区域广阔，根据棉花对生态条件的要求，结合棉花生产特点，以及棉区分布状况、社会经济条件和植棉历史，将全国划分为三大棉区（　　）。

A. 长江中下游棉区（包括上海、浙江、江苏、湖北、安徽、四川、江西、湖南等地）

B. 黄河中下游棉区（包括河南、河北、山东、山西、陕西等地）

C. 西北内陆棉区（包括新疆和甘肃等地）

D. 两广地区（包括广东、广西及福建部分地区）

3. 国际棉花贸易的定价方法主要有（　　）。

A. 固定价格　　　　B. 过夜实盘定价

C. 买方选择定价　　　　D. 卖方选择定价

4. 世界棉花出口量排在前5位的国家分别是（　　）和叙利亚，占全球棉花出口总量的65.1%。

A. 美国、乌兹别克斯坦、澳大利亚、希腊

B. 美国、乌兹别克斯坦、澳大利亚、赞比亚

C. 美国、乌兹别克斯坦、中国、赞比亚

D. 美国、印度、澳大利亚、赞比亚

参考答案

一、填空题

1. 中国棉花信息网的CC Index棉花指数　2. 120　3. 吐絮期

4. 花铃期　5. 产量，质量　6. 新疆　7. 棉纤维　8. 120

9. 品级　10. 60%

二、选择题

1. AB　2. ABC　3. ABCD　4. A

第四章

棉花的贸易

本章要点

贸易是棉花产业链上重要的一环，在棉花产业链中占有重要的地位。本章在介绍我国棉花对外贸易、进出口变动以及我国棉花贸易政策等基本情况的基础上，对全球棉花进出口国家分布、棉花国际贸易定价方法等内容也进行了简要阐述，可以帮助投资者熟悉棉花贸易环节，为其分析棉花市场动态提供参考。

一、我国棉花的进出口状况如何？

我国是世界上最大的棉花生产和消费国，也是世界上最大的纺织品和服装生产国，更是世界纺织品和服装第一出口大国，约占全球纺织品服装出口总额的35%。基于这样的国情，棉花进出口贸易在我国对外贸易中一直占据重要地位，备受关注。认清我国棉花外贸状况，对帮助投资者分析棉花供求状况、预测未来价格走势有重要意义。

（一）我国棉花进口状况

我国籽棉产量、单产水平很高，植棉面积也很大，但我国棉纺织行业对棉花的需求量亦非常巨大，以至于多数年份供不应求，从而需要进出口贸易来加以弥补。

2000～2002年我国棉花进口量较小，这时期我国棉花对外贸易主要体现在出口方面。从2003年开始，随着我国加入世贸组织及国内棉花消费需求的增长，我国棉花外贸方向发生逆转，棉花进口量急剧增加，2003年达到95.4万吨，较2002年增长358.7%。2005年我国棉花进口数量达到历史峰值约390万吨，约为2004年的2倍。2006年由于国内棉花供给量增加、新滑准税率提高外棉价格等原因，进口量较2005年下降了41.5%。2008年受美国次贷危机引发的全球金融海啸影响，我国纺织企业受到较大冲击，棉花需求减少，棉花进口也相应回落至最近几年的相对低位水平。之后，随着经济复苏的加快及外贸环境的整体改善，棉花进口再次出现稳步上升态势，2016年，我国进口棉花保持在100万吨以上。到2018年，随着储备库的棉花见底，进口棉花达到200万吨以上，进口需求越来越大（见图4－1）。

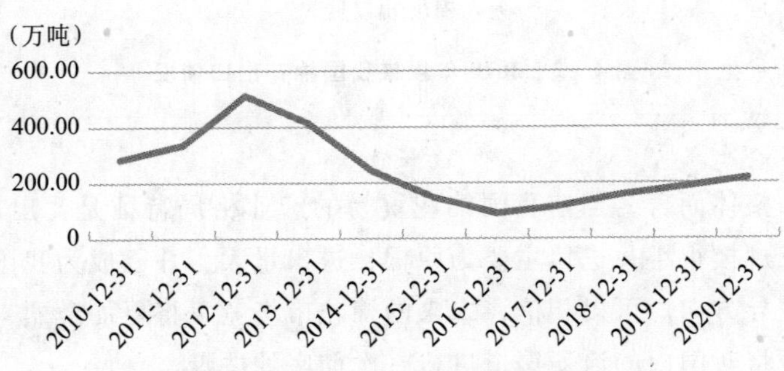

图4－1　2010年以来我国棉花年度进口量

资料来源：Wind。

（二）我国棉花出口状况

棉花出口贸易曾经在我国棉花对外贸易中占据主导地位，但自2003年我国加入世贸组织以后，我国棉花外贸方向就发生了逆转。

2000年以前，虽然我国纺织工业迅猛发展，但是总体产能有限，而且棉花产量高企，出口量较大。2000年以后，随着国内纺织产能的快速增长，我国的棉花出口量逐年回落，至2004年已经下降至10万吨以内。2011年以来，随着内地种植面积的大幅下滑，国内棉花产量下降，我国甚至需要大量进口棉花补充国内产销缺口。最近几年，我国棉花出口都维持在50万吨以内，影响有限（见图4－2）。

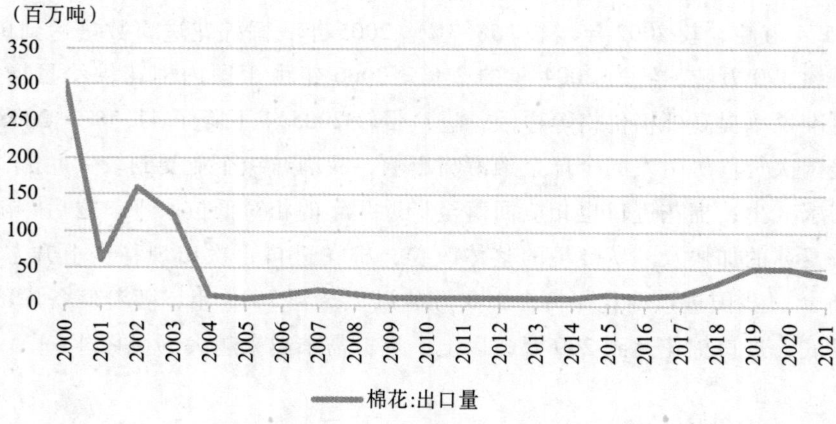

图4－2　2010年以来我国棉花出口情况

资料来源：Wind。

因此，整体而言，当前我国棉花贸易的产业格局特征是：出口以原棉、废棉为主，规模很小；进口主要为原棉，进口量大，并已成为我国棉花对外贸易中的主导方向。可以相信，未来的棉花市场竞争将更加激烈，优胜劣汰的市场竞争将对国内的流通渠道进行一次彻底的洗盘。

二、我国棉花贸易伙伴国都分布在哪些地域？

棉花是纺织品的重要原料之一，中国棉花消耗量约占世界的1/3，在中国是仅次于油籽的第二大经济作物。作为世界第二大棉花生产国、最大的消费国和进口国，中国的产棉量约占世界总产量的24%。尽管如此，国内棉花生产仍无法满足国内纺织业发展的巨大需求，必须要从国外进口来弥补产需缺口。

自从加入世贸组织以来，我国棉花贸易伙伴国数量增加，进口趋于分散，相对而言，美国、巴西及印度是我国棉花进口三个最大的来源国。与此同时，布基纳法索、贝宁及澳大利亚等国在我国棉花进口中也占有一定比例。

自2010年以来的大部分年份，我国从美国进口的棉花一直占据我国棉花进口总量的30%以上，其中2020年更是达到约45%的峰值，2019年，该比重相对出现较大幅度回落，但依然占据我国棉花进口的20%（见图4-3）。2010年以来，澳棉也是中国进口的主要来源，到了2019年，随着中美贸易关税壁垒，巴西扩大种植，产量显著提升，中国开始大量进口巴西棉。

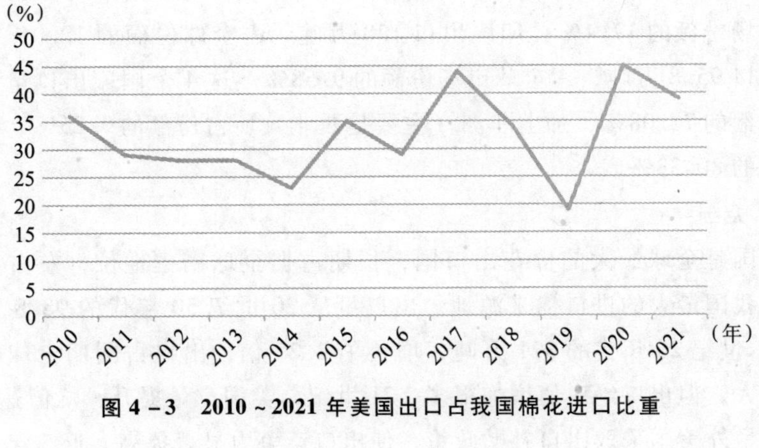

图4-3　2010~2021年美国出口占我国棉花进口比重

整体而言，基于国内棉花供给缺口的存在，近些年中国棉花出口量较少，其对我国棉花贸易的影响也较小。

三、世界主要棉花进、出口国的分布情况如何？

棉花是纺织工业的主要原料。全球棉花贸易量从20世纪50年代的295.4万吨增加到21世纪头10年的739.9万吨，增长了1.5倍。回顾棉花贸易走过的历程，可以很明显地发现，全球棉花贸易及其生产、消费格局与结构调整、市场变化紧密相关。下面具体阐述全球棉花进出口国分布及变化情况。

（一）世界棉花出口国分布

20世纪60年代以来，全球棉花出口国家和地区从20世纪50年代的31个增加到2010年的84个，主要出口原产地是美国、中亚、非洲、澳大利亚、印度和巴西等。除非洲作为传统出口市场外，其2021年出口量达到1000万吨，棉花出口国逐渐向美国、巴西、印度、澳大利亚集中。最近5年，美国出口321万吨，占全球市场份额的32.1%；巴西出口174万吨，占全球市场份额的17.4%；印度出口120万吨，占全球份额的12.0%；澳大利亚出口95.8万吨，占全球市场份额的9.58%。这4个国家出口量占全球市场份额的71.08%，加上非洲（主要是西非）所占份额的9.25%，共占全球份额的80.33%。

1. 美国

美国是全球最大的棉花出口国，长期占据全球霸主地位，左右全球市场，是我国最大的进口棉来源地。出口量从20世纪50年代的98.8万吨增加到21世纪20年代的321万吨，增长了2.25倍；出口占同期全球的比重变化不大，但出口绝对值增加很多。21世纪，美国产量提升，峰值达到460万吨，另外美国采取出口补贴政策，使出口竞争力显著提高，近5年，美国出口321万吨。

2. 中亚

中亚是全球第二大出口地，20世纪50年代出口量为31.3万吨，占全球市场份额的10.6%；20世纪70年代达到最高的223.5万吨，增长6.1倍，占全球出口量的39.2%；20世纪80年代出口量略下降，为218.8万吨，占全球份额的34.5%。最近20年出口200万吨，占全球份额提高到20%。

3. 非洲

非洲的自用棉比例低，出口比重高。从最近60年看，自用率最低为20世纪80年代的10.8%，最高为20世纪50年代的20.6%。出口量最少为20世纪50年代的63.1万吨，最高为21世纪头10年的116.3万吨。出口量占本地产量的比例20世纪50年代最高为84.1%，20世纪80年代最低为56.2%，20世纪90年代上升到62.1%，21世纪头10年为76.0%。非洲的棉花出口国主要位于西非和北非地区的埃及，埃及曾经是全球产棉和棉花出口大国之一。

4. 印度

20世纪90年代以来，印度棉花出口跃升至10万吨级，达10.5万吨；2000~2010年出口55.3万吨，占全球市场份额的7.5%，同比增长5.8个百分点，出口增长4.3倍。近5年出口更是跃升百万吨级，平均出口120万吨，占全球份额的12%，为全球仅次于美国、巴西的第三大出口国，也是中国主要进口来源地。印度棉花出口的迅速增加，主要源自科技兴棉，引进美国转基因抗虫棉品种，增加投入，单产水平得以大幅度提高，种植面积进一步扩大。

5. 巴西

巴西出口不稳定。20世纪60年代受益于经济高速增长，出口最高达24.5万吨，仅次于美国和埃及，然而在20世纪80年代到20世纪90年代，经济发展停滞不前，出口也大幅下滑。进入21世纪，虽然遭到美国补贴的打压，但近几年生产恢复加快，出口48万吨，占全球份额的7.3%。在2018年中美贸易摩擦发生后，巴西种植面积大增，产量峰值达到280万吨，出口174万吨，是全球第二大出口国。

（二）世界棉花进口国分布

从棉花进口地看，全球棉花进口目的地从20世纪50年代的42个增加到2000~2010年的98个，其中20世纪90年代多达106个，表明纺织业在全球扩张，从事纺织业的国家和地区增多，也有部分地缘政治因素。全球棉花进口大致分为两个阶段：前30年以欧洲为主，进口量占全球份额从67.5%下降到47.4%，那时欧洲是全球棉花的进口和纺织消费中心；后30年以亚洲为主，进口量占全球的份额从51.8%增加到71.4%，现在亚洲已成为全球棉花的进口、纺织和消费中心。

1. 亚洲

从20世纪50年代到21世纪头10年，亚洲进口量从86.8万吨增加到507万吨，占同期的全球份额也由29.4%上升到71.4%，增加了42个百分点。同时，亚洲还是全球棉花的集中产区，拥有中国、印度、巴基斯坦和乌兹别克斯坦等生产和出口大国，是全球棉花消费中心。自20世纪80年代起，全球纺织业逐步向亚洲转移，近10年亚洲因此成为全球最大的纺织服装生产基地，亚洲原棉消费量占全球75%。亚洲内部，20世纪80年代日本、韩国、中国台湾、中国香港等国家和地区进口量大，是当时的纺织新兴产业地。日本21世纪头10年比20世纪50年代进口量下降69.9%，进口占全球份额从17.3%下降至2.1%。韩国2000~2010年保持较高进口量，为26.5万吨，但所占份额出现较大回落，占全球份额降为3.5%。2000~2010年纺织工业快速发展，棉花进口量占全球30.3%，消费量占全球40.1%，加工量占全球35.3%，纺织品服装出口占全球的30.3%，均位居全球首位。同时，人口众多的埃及、巴基斯坦、印度尼西亚、孟加拉国、土耳其等国，凭借劳动力资源和低成本优势也在大力发展纺织行业，因而亚洲成为全球原棉进口最大地区。

2. 欧洲

从20世纪50年代到21世纪头10年，欧洲原棉进口量从199.4万吨降至104万吨，减幅47.8%，占同期的全球市场份额也由67.5%下降到14.6%，减少53个百分点。与20世纪50年代相比，2000~2010年主要进口国德国、法国、英国进口量分别下降了76.8%、96.5%和81.7%，进口占全球的份额德国为1.1%、法国为0.7%、英国为0.1%。在欧洲国家中唯有意大利保持较高、稳定的进口量和市场份额。

四、世界主要棉花出口国棉花质量情况如何?

世界棉花出口量排在前4位的国家分别是美国、巴西、印度、澳大利亚，占全球棉花出口总量的71.08%。

美国棉花分四个棉区：西部棉区、西南棉区、中南棉区、东南棉区。从质量上看，西部棉区质量最好，中南棉区次之，东南棉区的棉花又好于西南棉区。棉纤维长度基本在33~38（代码）之间，以34、35、36（分别折合26.99毫米、27.78毫米、28.57毫米）居多。机采棉占绝大部分，颜色洁白，有自己的国家标准（美国陆地棉国际通用标准，简称美棉国际通用标准）。近年来，美国棉花自用量逐年减少，绝大部分用于出口。

巴西棉色泽亮白，品质优良，成熟度高。由于巴西产棉区具有明显的雨季和旱季之分，而棉花的生产种植往往是随雨季播种、旱季收获，使棉花产量高潜力大；棉区旱、雨两季分明，所以不仅无须人工灌溉，而且棉区的光照充足，积温高，加上该地区终年无霜的特点，使其所产棉花成熟度较好。采用这种棉花制作出来的纱线棉结与杂质较少；巴西多用机器采摘棉花，无"三丝"，纤维长度长，强力高，整齐度好，通过国家进出口贸易检测的最高标准。

印度至今还没有统一的棉花分级标准。籽棉检验：先按品种，再按长度分级。成包皮棉检验：大一点的企业有HVI检验室，小的则是人工分级。一是农户手工生产制作，质量得到很大的保证，天然优质棉花非常舒适；二是种植品种多且古老，印度是目前世界上棉花种子种类最多的国家；三是世界棉花大国中单产最低、提高幅度最大的国家；四是转基因抗虫棉迅速推广，增产潜力巨大。

澳大利亚棉花机械化水平高，种植面积广。由于光热充足，因此棉花品质好；由于农场规模大，因此劳动力成本高。澳大利亚棉花生产的全过程，从整地、播种、浇水、施肥、喷药，到采收、运输、加工、包装都实现了机械化，人力投入少，生产效率高。其棉区气候适宜，终年没有霜冻，光热资源丰富，适宜棉花生产发育，是澳大利亚棉花高产的重要原因之一，如昆士兰棉区棉花适宜生长期300天以上。棉花平均单产在1500～1600公斤/公顷（100公斤/亩以上）。由于大面积种植同一个品种，采用同一种生产模式，因此质量稳定、一致性很强，适合纺织工业需要，具有很强的市场竞争力。

五、“一般贸易”情况下进口棉花是怎样定价的？

在“一般贸易”情况下，根据“棉商”报的某个品种CNF价格（CNF价格是成本加上运费后形成的价格）确定。进口棉花价格换算成人民币成本计算如下：

（一）海运保险费

按目前的水平，海运保险费一般为CNF价的2‰～4‰。

（二）进口关税

报关发票金额的1%。

（三）增值税

关税完税后的13%。

（四）港口费用

包括港建、港杂费，海关“三检”费，掏箱费，还箱费，商检费等。虽然各个港口水平会有些差异，但基本上每吨成本不会超过200元人民币。

（五）进口代理费

根据国家有关规定，一般贸易必须通过指定公司，如中纺棉花进出口公司对外订购并换领进口许可证，进口企业需支付1%的代理费。

（六）内运费

依棉花使用地和港口的距离而不同。进口企业应根据实际铁路运费或公路运费计算。

案例4－1

“一般贸易”情况下进口棉花的定价

某日，美棉SJV GM 1－1/8′的棉花价格为60美分/磅（CNF中国主港），粗略换算成人民币价格为：

票面金额：0.60×2204.62＝1322.77（美元/吨）（1吨＝2204.62磅）

海运保险费：1322.77×0.002＝2.65（美元/吨）

进口关税：1322.77×0.01＝13.22（美元/吨）

增值税：（1322.77＋13.32）×0.13＝173.69（美元/吨）

港口费用：200元人民币/吨

进口代理费：1322.77×0.01＝13.23（美元/吨）

合计人民币价格（汇率按1美元＝6.21元人民币）为：（1322.77＋2.65＋13.22＋173.69＋13.23）×6.21＋200＝9673.73元/吨。

六、国际棉花贸易的定价方法有哪些？

国际棉花贸易的定价方法主要有四种：固定价格、过夜实盘定价、买方选择定价、卖方选择定价。下面分别对这四种定价方式进行阐述。

（一）固定价格

固定价格指的是棉花进口户或棉农根据棉商报价，双方经协商在当日确定一个固定的价格作为成交价格，这种形式是最简单的价格确定方式，也是中国进出口企业最常用的贸易定价方式。

（二）过夜实盘定价

理论上，棉商所报棉花价格都是在期货市场上进行了套期保值，并以最近日的纽约期货收盘价为基础计算出来的。如果棉花进口用户提出的理想进口价位低于棉商报价，在这种情况下，进口用户可以给棉商一个过夜有效实盘买价（Overnight Firm Bid），由于纽约期货交易的时间在北京时间的夜间，棉商可利用期货交易中的价格波动做到一个更好的价格。同样的道理，棉农也可以给棉商一个过夜有效的实盘卖价，从而卖出一个更好的价格。通常来讲，棉商一般都非常欢迎这种做法，因为这种做法可以帮助棉商避免第二天期货市场出现突然的暴涨暴跌所带来的损失。而对于进口用户和棉农，这种做法有机会使他们获得一个更好的价格，当然也可能因期货出现暴涨暴跌从而丧失了前一天低价或高价的机会。

（三）买方选择定价

买方选择定价是指买方根据棉商的当日报价，只和棉商确定某一个品种的棉花现货价格和纽约期货市场相对应的交易月份期货价格的价差。这种合同只确定了价差，并确定了除价格外的所有其他条款，对双方有法律约束力，只是没有完成合同价格的最终确定。因此，一般在交货月份前一个月以前的任一天，买方都有权根据当日期货价确定现货合同的最终价格（方法为期货价 + 价差）。因为是买方根据期货价确定最终现货价格，因此，这种做法称为买方选择定价。

对于买方选择定价，一般是大家对期货市场看跌的时候采纳。买方不愿按照目前高价成交，但担心市场真的跌下来以后，所需品种的棉花不随着期货下跌的幅度而下跌（即现货的跌幅小于期货）；或者是该品种棉花因期货下跌而停止报价，所以买不到。如某品种棉花在某日报价为 60 美分/磅，当日期货收盘价为 55 美分；两个月以后，期货价格下跌到 40 美分（下跌了 15 美分），该品种现货由于农民惜售，价格为 50 美分（只下跌了 10 美分）。在这种情况下，用棉企业采用“买方选择定价”方法是有利的。按照刚才的例子，如果买家采用此法，即确认按比期货高5美分的价差成交，当期货跌到40美分时，买家定价为45美分。另一种情况，即在市场下跌的情况下停止报价的现象也是非常普遍的，最直接的例子就是中国棉花的出口。由于中国棉花的出口成本是固定的（例如60美分），当期货下跌后，中国棉花的报价就会在市场上撤出。如果一家工厂既需要用中国棉花，但又对市场看跌，则该工厂就可以向棉商以“买方选择定价”的方法购买：棉商在市场高价时向中国出口公司购买，然后在期货市场套期保值，并按合理价差卖给用户；期货下跌后，用户确认价格，棉商平掉期货合同。这种做法对棉商没有任何损失，用户也得到了实惠。

（四）卖方选择定价

卖方选择定价在原理上和买方选择定价没有区别，只不过是定价的最终决定人由买家变成卖家。这种做法更适合于棉农售棉时大家普遍对市场看涨的情况。

七、我国棉花现行贸易政策有哪些？

加入世贸组织之前，我国棉花进出口由国家统一安排，由国家核准企业经营，国家鼓励纺织企业使用国产棉加工和生产，对加工贸易管理严格。这个时期棉花进出口业务主要由中纺棉花进出口公司、新疆棉麻公司、新疆农垦进出口股份有限公司来经营。为适应市场化的要求，我国1999年对棉花进行了新一轮流通体制改革，棉花购销价格开始由市场形成，棉花贸易方式发生了很大的改变：一是供需双方自由棉花贸易往来；二是棉花进口贸易大幅增加；三是出现中远期棉花现货贸易方式以及棉花期货的交易；四是国家储备机制日益健全。棉花进出口体制改革取得一定成效，但与棉花生产和贸易的需求相比，还存在着一定的差距，包括与世界贸易组织《农业协议》中存在不相适应之处。

（一）关税政策

中国和美国关于中国加入世界贸易组织的双边协议主要内容有：棉花进口实行配额管理，配额内的进口税为1%，超过配额部分的税率由2000年的76%减至2004年的40%。每年配额中有67%给予有权进行交易的非国有贸易公司。协议中还规定中国要取消棉花出口补贴，对国内棉花生产流通中的补贴也要逐步取消。2003棉花年度开始（2003年9月1日起），国家又增加年度配额50万吨，2004年2月国家又新增配额100万吨（见表4－1）。

表4－1 棉花关税及配额一览表

年度	关税配额数量（万吨）	配额内关税（%）	国有企业比例（%）	私有企业比例（%）	配额外关税（%）
2002	81.85	1	33	67	54.4
2003	85.625	1	33	67	47.2
2004	89.4	1	33	67	40.0

注：根据《中美关于中国加入WTO的协议》的相关内容整理得出。

棉花进口配额的发放由国家发改委负责，分为两类管理：加工贸易和一般贸易。规定以加工贸易配额方式进口的棉花不能再交易，只能用于企业的生产加工；以一般贸易进口的棉花要申请配额。原国家计委公布申请棉花进口配额（一般贸易）的单位条件如下：（1）国有贸易企业；（2）具有国家储备职能的中央企业；（3）有一般贸易进口实绩的企业；（4）纺纱设备5万锭以上的棉纺企业。国内目前具有进口资格的国有贸易企业：中纺进出口总公司、中华棉进出口公司、北京纺织品进出口公司、天津纺织品进出口公司、上海纺织品进出口公司和中储棉总公司。

（二）滑准税政策

为满足国内需求，同时考虑国情，从2004年开始，我国对关税内配额外进口的一定数量棉花，适用滑准税形式暂定关税。经过市场的不断检验后，目前对关税内配额外进口的一定数量棉花以滑准税方式确定暂定关税税率，税率滑动范围为5%～40%。通过滑准税政策可保持滑准税下的商品价格在国内市场保持相对稳定，尽可能减少国际市场价格波动的影响。

八、如何确定滑准税下的进口棉价？

随着我国的棉花需求加大，配额下的棉花难以满足国内需求。根据国家相关规定，关税配额外的进口棉花按“有数量限制的暂定关税生产率”征收进口关税。而滑准税的征收方式，国家相关部门每年都将公布一次。

下面列举 2008 ~ 2021 年的滑准税征收方式。

（一）2008 年滑准税政策

对配额外进口的一定数量棉花实行 5% ~ 40% 的滑准税，对滑准税率低于 5% 的进口棉花按 570 元/吨从量税计征。具体方案如下：

1. 当进口棉花完税价格高于或等于 11397 元/吨时，按 570 元/吨计征从量税；

2. 当进口棉花完税价格低于 11397 元/吨时，暂定关税税率按下式计算：

$R_i = 8.686/P_i + 2.526\% \times P_i - 1$ （$R_i \leqslant 40\%$）

对上式计算结果四舍五入保留 3 位小数。其中，R_i 为暂定关税税率，当 R_i 按上式计算值高于 40% 时，取值 40%；P_i 为关税完税价格，单位为“元/吨”。

从近几年的政策来看，2008 ~ 2011 年的滑准税基准价、汇率及计算方法与 2008 年、2009 年和 2010 年相同。

案例 4 - 2

滑准税下进口棉价的计算

若某日美国 EMOT M 报价为 150 美分/磅，2011 年 1 月棉花进口汇率为 6.65。

首先计算它的完税价格：

$150 \times 6.65 \times 2204.62 \times 0.01 = 21991$ （元/吨）

在1%关税下的价格应为：

21991×（1+1%）×（1+13%）=25098（元/吨）

在滑准税下，由于21991>11397，因此加上关税、增值税和港口费用相当于：

（21991+570）×（1+13%）=25494（元/吨）

若2011年某日美国EMOT报价为74美分/磅，按滑准税计算方式，首先计算它的完税价格：74×6.8280×2204.62×0.01=11139元/吨，在1%关税下的价格应为：11139×（1+1%）×（1+13%）=12713元/吨；在滑准税下，由于11139<11397，则先计算其滑准税税率（取3位小数）8686/11139+2.526%×11139/1000−1=0.061=6.1%，因此加上关税、增值税和港口费用相当于：11139×（1+6.1%）×（1+13%）=13355元/吨，则74美分/磅的到岸价折合为13555元/吨（以上计算未加上港口费用）。

（二）2012年滑准税政策

财政部宣布自2012年1月1日起，我国对关税配额外进口一定数量的棉花继续实施滑准税，并适当调整了滑准税计税公式，具体方式如下：

1. 当进口棉花完税价格高于或等于14元/千克时，暂定从量税率为0.570元/千克；

2. 当进口棉花完税价格低于14元/千克时，暂定关税税率按下式计算：

$R_i=8.23/P_i+3.235\%\times P_i-1$（$R_i\leqslant 40\%$）

其中，R_i是暂定关税税率，对上式计算结果小数点后第4位四舍五入保留前3位，且当R_i按上式计算值高于0.4时，取值0.4；Pi是关税完税价格，单位为元/千克。

具体计算方法如下（以下人民币价格单位均为元/吨）：

1. 进口棉花关税为1%时按此公式折算：

到岸价（元/吨）=完税价格×（1+1%）（1+13%）+200

其中13%为增值税税率，200为港口费用。

2. 临时滑准税下的报价折算分两种情况：

(1) 当进口完税价格高于或等于14000元/吨时，按570元/吨计征从量税；

到岸价（元/吨）=（完税价格+570）（1+13%）+200

(2) 当进口完税价格低于 14000 元/吨时，暂定关税税率按下式计算：

滑准税税率 = 8230/完税价格 + 3.235% × 完税价格/1000 - 1

上式计算结果四舍五入保留 3 位小数

其中滑准税税率按上式计算值高于 40% 时，取值 40%；

到岸价（元/吨）= 完税价格 ×（1 + 滑准税税率）（1 + 13%）+ 200

（三）2020 年滑准税政策

1. 当进口棉花完税价格高于或等于 15.000 元/千克时，按 0.300 元/千克计征从量税；

2. 当进口棉花完税价格低于 15.000 元/千克时，暂定从价税率按下式计算：$R_i = 9.45/P_i + 2.6\% \times P_i - 1$。对上式计算结果四舍五入保留 3 位小数。其中 R_i 为暂定从价税率，当按上式计算值高于 40% 时，R_i 取值 40%；P_i 为关税完税价格，单位为元/千克。

（四）2021 年滑准税政策

1. 当进口棉花完税价格高于或等于 14.000 元/千克时，按 0.280 元/千克计征从量税；

2. 当进口棉花完税价格低于 14.000 元/千克时，暂定从价税率按下式计算：

$R_i = 9.0/P_i + 2.69\% \times P_i - 1$

对上式计算结果四舍五入保留 3 位小数。其中 R_i 为暂定从价税率，当按上式计算值高于 40% 时，R_i 取值 40%；P_i 为关税完税价格，单位为元/千克。

自测题

一、填空题

1. 中国和美国关于中国加入世界贸易组织的双边协议主要内容介绍：棉花进口实行配额管理，配额内的进口税为______，超过额部分的税率由

2000 年的 76% 减至 2004 年的 40%。每年配额中有 67% 给予有权进行交易的非国有贸易公司。

2. ______选择定价在原理上和买方选择定价没有区别，只不过是定价的最终决定人由买家变成卖家。这种做法更适合于棉农售棉时大家普遍对市场看涨的情况。

3. 中国棉花交易市场的棉花撮合交易价格，是棉花现货的______价格。

4. 理论上，棉商所报棉花价格都是经期货市场上进行了______，并以最近日的纽约期货收盘价为基础计算出来的。

5. 澳大利亚棉花机械化水平高，种植面积广，由于光热充足，因此棉花品质好；由于农场规模大，因此劳动力成本高。澳大利亚棉花生产的全过程，从整地、播种、浇水、施肥、喷药，到采收、运输、加工、包装都实现了______，人力投入少、生产效率高。

6. 巴西棉色泽亮白，品质优良，成熟度高；由于巴西产棉区具有明显的雨季和旱季之分，棉区的光照充足，积温高，加上该地区终年无霜的特点，使其所产棉花成熟度较好，采用这种棉花制作出来的纱线棉结与杂质较少；巴西多用机器采摘棉花，无“三丝”，整齐度好，通过的最高标准是______。

7. 从 2004 年开始，我国对关税内配额外进口的一定数量棉花，适用______形式暂定关税。

8. 美国棉花分四个棉区，西部棉区、西南棉区、中南棉区、______棉区。

9. 我国是世界上最大的棉花生产和消费国，也是世界最大纺织品和服装生产国，更是世界纺织品和服装第一出口大国，其中纺织品出口约占全球纺织品服装出口总额的______左右。

二、选择题

1. 世界棉花出口量排在前 5 位的国家分别是美国、巴西、印度、澳大利亚，占全球棉花出口总量的（　　）。

A. 35.50%　　　　B. 55.16%

C. 62.30%　　　　D. 71.08%

2. 美国棉花分为四个棉区。从质量上看，（　　）最好，（　　）次之，（　　）的棉花又好于（　　）。

A. 西部棉区　　B. 中南棉区

C. 东南棉区　　D. 西南棉区

3. 棉花生长靠灌溉，生产的棉花有两类，即长绒棉和细绒棉，但以（　　）为主。品级以中级居多，长度在34～35（代码）居多。没有国家标准，在出口贸易中，习惯性做法是凭样品成交。

A. 长绒棉　　B. 细绒棉

C. 两者均是　　D. 两者均不是

4. 我国棉花进口配额的发放由（　　）负责，分为两类管理：加工贸易和一般贸易。规定以加工贸易配额方式进口的棉花不能再交易，只能用于企业的生产加工。

A. 纺织协会　　B. 财政部

C. 国家发改委　　D. 中国商务部

5. 国际棉花贸易的定价方法主要有（　　）。

A. 固定价格　　B. 过夜实盘定价

C. 买方选择定价　　D. 卖方选择定价

6. 某日美棉SJVGM1－1/8′的棉花价格为60美分/磅（CNF中国主港），粗略换算成人民币价格为（　　）。

A. 9700元/吨　　B. 108000元/吨

C. 12800元/吨　　D. 14600元/吨

参考答案

一、填空题

1. 1%　2. 卖方　3. 远期交易　4. 套期保值　5. 机械化

6. 国家进出口贸易检测　7. 滑准税　8. 东南　9. 30%

二、选择题

1. D　2. ABCD　3. B　4. C　5. ABCD　6. A

第五章

棉花的消费

本章要点

本章主要对棉花消费的有关知识进行介绍，包括以下内容：棉花消费的领域和区域分布，如何分析棉花的消费需求，如何从纺织业的发展来看待棉花消费，我国棉花消费的历史和现状以及全球棉花消费趋势。投资者可以通过阅读本章了解到国内外棉花消费的基本情况和特点。

一、如何分析中国棉花的消费需求？

按棉花年消费量排序，世界年消费量在100万吨以上的国家依次有：中国、印度、巴基斯坦、孟加拉国、越南、土耳其。其中，中国棉花年消费量占世界棉花年消费总量的30%以上。在分析棉花的消费需求时，一般是从棉花的消费量、出口量和期末库存三个方面入手。

（一）国内消费量分析

我国棉花95%用于纺纱，江苏、山东、河南、湖北、新疆是棉花的主要消费省份。国内的棉花消费量并不是一个常数，经常处于变动状态，并受多种因素影响，这些因素包括消费者购买力的变化、人口增长及消费结构的变化、政府收入与就业政策等。通过国内棉花消费量的分析，可以掌握棉花下游产业，如纺织服装行业的状况，获得国内纺纱量数据和棉布生产数据等重要信息。

（二）出口量分析

出口量的多少在某种程度上能够反映出国内棉花需求的情况。出口量越少，往往意味着更多的棉花被国内需求消耗掉，国外需求量占整个对国内棉花需求量的比重就越小。中国是世界上最大的棉花进口国，棉花出口量很少，2019～2020年度和2020～2021年度中国棉花出口量为1万包和8万包。从2011～2021年棉花出口走势（见图5－1）来看，棉花出口量对国内棉花需求量的影响越来越小。

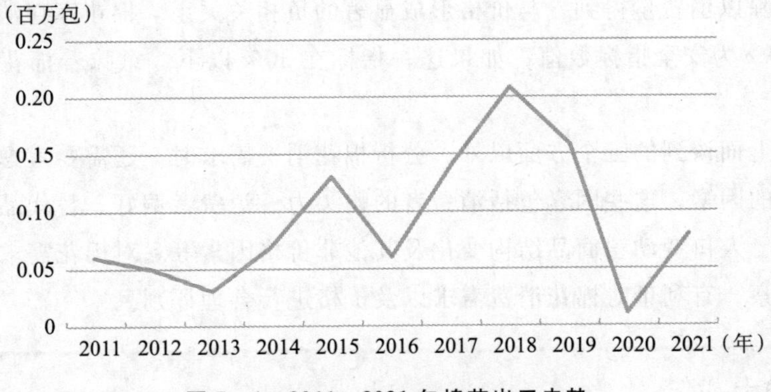

图5－1　2011～2021年棉花出口走势

（三）期末库存分析

从棉花期末库存数量的变化也可以获得棉花消费需求的重要信息。期末库存在很大程度上能够反映供求双方力量的对比。当供过于求的时候，期末库存增加，价格就下跌；当供不应求的时候，期末库存就会减少，价格出现上涨。从国内棉花期末库存数量走势（见图5－2）来看，自2011年1月至2021年4月，我国棉花期末库存量是一个先上升再下降然后保持稳定的走势，这反映出供给相对于需求来讲，有一个先充足再紧张然后相对平衡的过程。

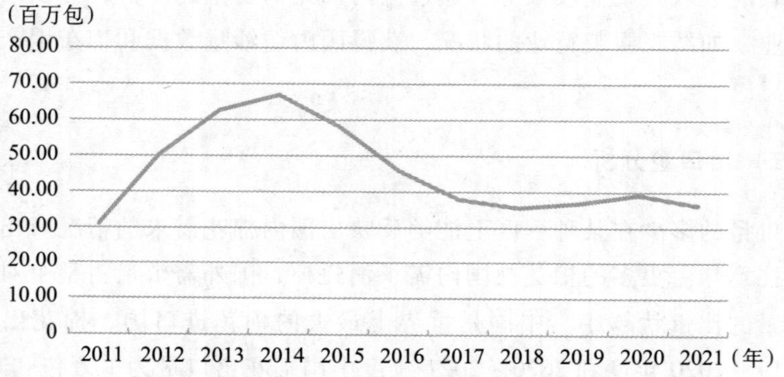

图5－2 棉花期末库存变化量

库存消费比是分析棉花消费需求的一项重要指标。库存消费比通过期末库存量除以消费量得到，与价格形成显著的负相关关系。棉花库存消费比一般以30%为安全指标数值，如果这一指标在30%以下，意味着棉花供给比较紧缺。

除上面谈到的三个方面以外，分析棉花消费需求时，还需要考虑影响棉花需求的因素。这些因素包括消费者的购买力、消费者偏好、替代品的供求及价格、人口变动、商品结构变化及其他非价格因素等。对棉花需求影响因素的考察，有利于对棉花消费需求以及价格进行合理评判。

小贴士

前期库存量——是构成总供给量的重要组成部分，前期库存量的多少体现着前期供应量的紧张程度，供应紧张则价格上涨，供应充裕则价格下降。

进出口量——在生产量和前期库存量一定的情况下，进出口量的多少直接决定了供给量的多少。进口量越大，国内可供量就越大，则国内市场价格可能会下跌；出口量越大，国内可供量就越小，国内市场价格就可能回升。因此投资者应密切关注实际进口量的变化，尽可能及时了解和掌握国际棉花形势、价格水平、进口政策的变化等情况。由于中国是第一大进口国，因此国际市场棉花价格的走势会直接影响国内棉花的价格。

期末结存量——这是分析棉花期货价格变化趋势最重要的数据之一。如果当年年底存货增加，则表示当年供应量大于需求量，期货价格就可能会下跌；反之，则上升。

二、我国棉花的消费领域有哪些？

从我国棉花消费领域来看，棉花需求由三部分组成：纺织用棉、军需民用絮棉与其他用棉。根据全国供销总社棉麻局提供的有关数据，纺织用棉与军需民用絮棉年均消费量从 20 世纪 80 年代占比 85% 上升到 20 世纪 90 年代的 90%，目前水平超过 95%。从以往用棉结构的数据来看，纺织用棉需求是决定棉花需求总量的首要因素。

近 20 年来，棉纺织行业在经历了快速发展、结构调整、重组兼并之后，通过技术改造、产品创新、信息化建设以及国际合作等多项途径，产业活力不断显现，竞争力持续增强，在稳定纺织工业基础发展、提高出口创汇、解决社会就业等方面发挥着重要的作用。棉纺织行业也在不断调整中，重新找到了市场空间，并越来越显示出基础产业的竞争优势。

棉纺织业在发展的同时也表现出让人担忧的一面，特别是与国外先进企业对比，差距明显。技术装备差距、信息化和快速反应技术差距、创新能力的差距凸现，加上粗放型扩张、市场竞争局面混乱等问题，大大阻碍了行业的发展。因此，加强产业升级，提高棉纺织科学技术进步，调整产业结构，进行创新能力培养是当务之急。

三、如何从我国纺织业的发展来看待棉花消费?

我国纺织业由棉纺、印染、毛纺、丝绢纺织、针织、器材、机械、化学纤维等行业组成，棉纺织业的棉花消耗量最大。中国的棉纺织业生产能力和产量都位居世界前列。1995 年“两纱”（棉纱、涤棉混纺纱）产量达到 542.2 万吨，“两布”（棉坯布、涤棉混纺坯布）产量 260.2 亿米，2000 年棉和棉混纺纱线产量达到 657 万吨，棉及棉混纺布 277 亿米。2000 年以前，纱、棉纱、布、棉布为下游产业，为针织、色织、家用纺织品等提供重要原料，产量上一直保持着稳定上升的趋势。在加入世贸组织以后，纺织品全球配额取消，棉及棉混纺纱线产量也增加到 1412.4 万吨，棉及棉混纺布 455.7 亿米，产量翻了一番。

棉纺织工业是加入世贸组织后能充分发挥我国比较优势、尽快提高综合竞争力的产业之一，其在纺织工业中的基础性地位将进一步加强。依照图 5－3 的状况来看，2009 年，纺织工业总产值由 2005 年的 12671 亿元提高到 22971 亿元左右，年均增长 10% 以上。2018 年美国加征棉纺织品进口关税，对中国棉纺织出口打击较大，加上新疆棉禁令，产能向东南亚转移，中国出口订单减少，棉纺织主营业务收入出现大幅下滑。

从近些年纺织用棉需求的变化看，其表现出以下几大特点：

第一，2000～2010 年随着纱产量的增长，纺织用棉消耗量持续增长，但是数据显示，2010～2022 年纺纱用棉量逐渐下滑。

第二，随着化学纤维及其他纤维的开发应用，棉纺业的原料逐步丰富，促进了棉纺织产品结构的调整和品种开发，棉花在棉纺原料中的使用比例总体呈逐步降低趋势。1980 年棉纺业用棉比重约为 80%，1990 年降至 75%，

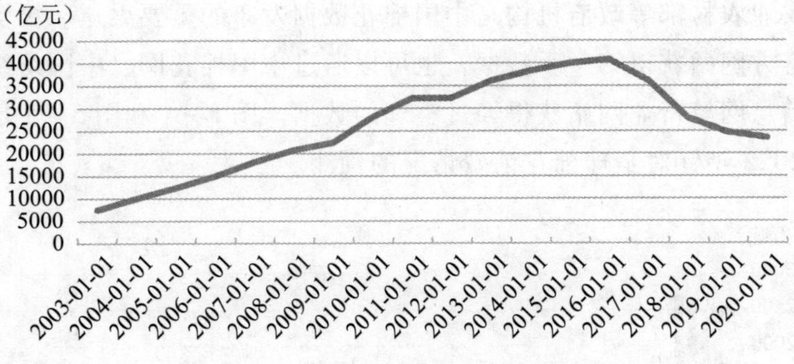

图 5－3　2003～2020 年纺织工业总产值

资料来源：钢联数据：中国规模以上工业企业主营业务收入——纺织业。

2010 年降至 64%，2022 年这一比重为 55.1% 左右。

第三，随着纱产量的增长，纱支结构进一步改善，细支纱和特细纱比重逐步提高，对纺织用棉品质的要求随之提高。据测算，2001 年细支纱和特细纱占纱总产量的比重为 46.4%，比 1995 年提高了 4 个百分点。平均纱支不断提高，1990 年平均纱支为 28.8 支，1995 年为 30.2 支，2001 年提高到 33.2 支，2010 年接近 36 支；2010～2022 年，十几年的时间，逐步发展有 40 支、60 支、100 支、200 支纱线。

棉纺织是我国纺织工业的基础性行业，在我国纺织工业的发展进程中有着特殊的地位，占到棉纺织行业生产成本 70% 的棉花是影响纺织经济的关键因素，棉市的稳定发展是纺织工业持续稳定发展的基础，反过来纺织工业的发展程度会影响棉花市场的消费需求和发展。纺织用棉需求的快速增长，会拉动棉花需求的快速增加。

四、如何获取棉花消费数据？

美国农业部（USDA）和国际棉花咨询委员会（ICAC）每个月定期发布棉花产业各方面的统计和预测数据。中国棉花协会、国家发改委、国家统计局、农业农村部等政府机构是中国棉花数据发布的重要渠道。投资者可以从这些官方网站获得第一手数据，也可以通过中国棉花网、中国纺织网、中国棉花信息网等行业网站获得经过整理的数据。图 5－4 和图 5－5 是美国农业部在 2022 年针对全球棉花消费情况的预测。

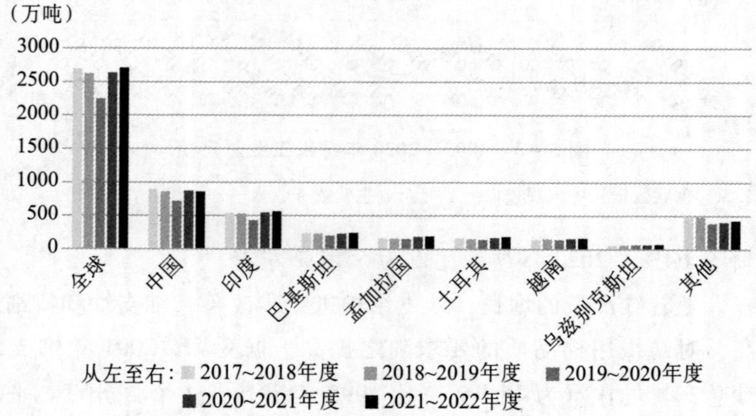

图 5－4　美国农业部 2022 年全球消费预测

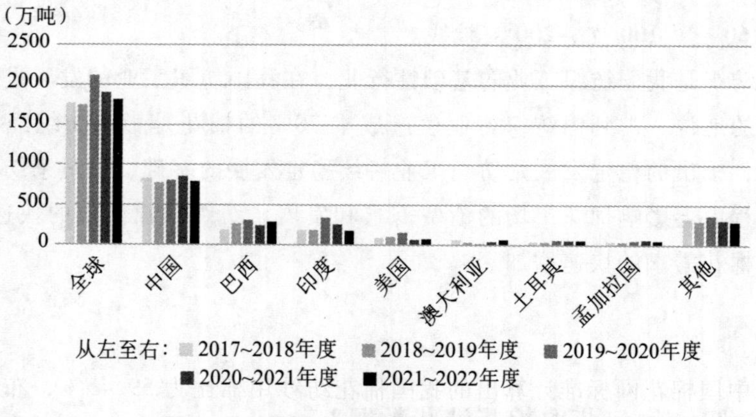

图 5－5　美国农业部 2022 年全球库存量

受上涨的棉花价格刺激，国际棉花咨询委员会预计 2022～2023 年度世界棉花产量反弹 16%，达 2500 万吨。全球棉纱用量也将持续增长，但是将会大大慢于 2009～2010 年度的增长态势。鉴于棉花供需将大体平衡，所以在 2010～2011 年度世界棉花最终储备量并未大幅增加。加上巴基斯坦洪水导致的棉花减产、中国及印度棉花收获的延迟，棉花价格坚挺必将持续。表 5－1 是国际棉花咨询委员会 2022 年 3 月全球棉花供需预测平衡表。

表 5－1　国际棉花咨询委员会 2022 年 3 月全球棉花供需预测平衡表

全球项目	2019～2020 年度		2020～2021 年度		2021～2022 年度	
	最新预测（万吨）	较上月调整（%）	最新预测（万吨）	较上月调整（%）	最新预测（万吨）	较上月调整（%）
期初库存	1746.8	0.1	2113.0	－0.4	1901.8	1.0
产量	2634.9	不变	2434.4	－0.02	2617.0	0.3
供应总量	2634.9	不变	2434.4	－0.02	2617.0	0
消费量	2258.6	0.4	2634.6	不变	2701.4	－0.4
出口量	894.3	－0.2	1056.5	－0.3	997.9	－1.0
期末库存	2113.0	－0.4	1901.8	－1.5	1815.3	1.0

国际棉花咨询委员会价格模型预测 2020～2021 年度 CotlookA 指数平均为 85 美分/磅，比上一年高出 30%。95% 置信度的价格区间为 78～106 美分/磅。也就是说，根据这个预测，棉花价格将在现有基础上还有一定的上涨空间，但是并不排除全球经济形势、国际贸易等其他因素对棉价的影响。该预测与现实基本是吻合的。

五、我国棉花消费的历史和现状是怎样的？

以中国棉花网标准计算出的我国棉花纺纱用棉比为 59.45%，布用棉比为 65.3%，以此标准计算的 2000～2020 年的棉花消费量见图 5－6。由于纺织业生产技术存在差异，导致通过棉混纺纱线和布的用棉比例计算出的棉花消费量与实际消费量之间可能存在一定的误差。

中国在 1981～2020 年棉花消费量保持稳定增长态势，20 世纪 80 年代棉花消费量增长相对缓慢，1987 年较 1981 年增长 29%，达到 420.7 万吨，

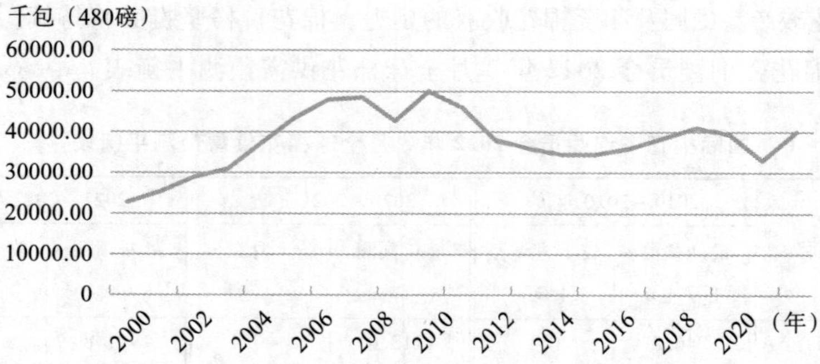

图 5-6 2000 年以后中国棉花消费变迁图

1989~1991 年棉花消费出现小幅下降。1992 年之后棉花消费增长较快，2000 年突破 600 万吨，加入 WTO 之后棉花消费更是快速增长，2005 年达到 1167.2 万吨，较 2001 年增长 73.9%，2010 年调整后的消费量达到 1023 万吨，2020 年棉花消费为 900 万吨，日益扩大的棉花需求所产生的供求缺口主要靠进口贸易来弥补。

通过对棉花消费的发展历程及现状进行分析，可以得出我国棉花消费发展的五个阶段：

第一阶段：1981~1991 年，我国纺织业刚起步发展，机械设备陈旧，产品单一，在国际上不具备竞争优势，对棉花的需求处于相对较少的阶段，1984 年棉花产量 625.8 万吨，超过棉花需求量 314.9 万吨。国内生产的棉花除满足对内需求外，多余部分对外出口。

第二阶段：1992~2010 年。随着国内纺织业产业升级，纺织品出口量飞速增长，国内对棉花的需求也突飞猛进，国内的棉花供给已经无法满足国内市场巨大的需求，供需缺口的扩大促使棉花价格上扬。

第三阶段：由于内外价差倒挂 5000~6000 元，中国收储托底，外纱比内纱有较大竞争优势，化纤对棉花的替代占据很大的比例。2011~2015 年，棉花的消费呈现逐步下滑的态势，年消费量为 700~800 万吨。

第四阶段：中国自 2016 年开始抛储，2016~2019 年，内外价差逐步缩小，几乎到 0，中国纱线呈现出竞争优势，消费量触底回升至 900 万吨。

第五阶段：2018 年中美贸易摩擦，2020 年新疆棉禁令，出口受到一定影响，棉花消费量有所回落。

目前纺织业净创汇在各行业中仍位居前列，在实现贸易顺差和促进经济增长方面有着不可忽略的贡献，中国纺织业的增长仍有潜力。

六、我国棉花消费趋势如何？

近年来，我国棉花消费呈现快速增长态势。1990～2000年的10年里，我国的棉花消费基本维持在400万～500万吨，国内棉花产量基本能够满足需求。2001年以来我国棉花消费开始稳步增加，2003年我国棉花产量比1999年增长了27%，但棉花消费增长了51%。其中2000年突破500万吨，2001年为570万吨，2002年为640万吨，2003年为680万吨，2004年约为700万吨。随着2005年中国纺织品配额的取消，中国的棉花需求更是呈逐年增长态势，到2010年已接近950万吨。经济越发展，大宗纺织品消费水平越高。随着生活水平的提高，我国人均纤维消费量也呈迅速上升趋势。1980年我国人均纤维消费量仅4.1公斤，2010年增加到14.6公斤，其中“十一五”期间的增加量超过了之前增加量的50%。据专家估计，过去3年中国的人均用棉量持续保持15%以上的增长速度。目前国内年均棉花消费大约为800万～900万吨。

2015～2020年，随着我国经济社会步入结构升级的全面发展新阶段，居民收入快速增长，2020年人均GDP达到40000元，农村居民可支配收入增加，生活水平、消费水平、消费结构升级，必将增加纺织品的消费需求。

七、全球棉花消费趋势如何？

美国棉花公司和国际棉花协会关于全球消费的调查显示：各国人均服装

消费持续增加，意大利以人均440美元位居首位，英国439美元，德国399美元，日本319美元，中国252美元，美国229美元。其主要调查结果表明，全球范围内，62%的消费者喜欢棉布服装，大约25%的消费者不愿意使用化纤作为服装替代面料，棉花以其柔软、传统、透气性良好等性能赢得全球消费者的青睐。对棉花青睐度最高的是欧洲国家，92%的意大利消费者认为棉花透气性好，87%的法国消费者因为传统性而选择棉花纤维，87%的土耳其消费者偏好棉花的柔软和舒适。除此之外，棉花、丝绸和羊毛等天然纤维显然比人造纤维更有利于保护环境。

长期来看，世界与国内棉花消费量的增速与经济发展速度及人口增速存在比较明显的正相关，即随着人口增加和经济的发展，世界及国内棉花消费均在增加。

与中国棉花消费相似，近10年来，世界棉花消费保持着快速增加的势头。中国棉花信息网消息显示，1999年之前，世界棉花消费基本无大的变化，每年维持在1850万吨左右。1999~2002年，全球棉花消费连续4年增长，全球棉花消费量增加200万吨，增长率达3%，其中发展中国家的增长占据65%，发达国家占据25%，另外10%的增长发生在中欧、东欧及原苏联国家。2004~2009年，世界棉花消费保持着高速的增长，2007年世界棉花消费达到了历史最高水平，近2800万吨。尽管受金融危机影响，2008年棉花消费下滑较为严重，但依然维持2400万吨的较高水准。

2020年，因全球受到疫情的影响，美联储释放前所未有的货币流动性，经济复苏，导致世界棉纺厂对棉花的消费量将上升2.6%，中国和巴基斯坦棉花消费量将会降低。随着2021~2022年度印度纺织厂棉花消费量的增加，中国、巴基斯坦和印度三国棉花总消费量所占全球比例将在71%以上。

自测题

一、填空题

1. 目前国内年均棉花消费大约在______万吨。

2. ______通常由国内消费量、出口量及期末结存量三部分组成。

3. 中国棉花消费量约占全球的______。

4. 目前，世界最大的棉花进口国是______。

5. 我国棉花消费量最大的省份是______。

6. 长期来看，国内外棉花消费量的增速与经济发展速度及人口增速______。

7. 美国、英国、印度、澳大利亚等国的植棉农场主往往是按照当年______来制定自己的植棉面积，从事棉花套期保值交易。许多国家的棉商、棉纺厂和棉花合作社，都在NYBOT从事棉花套期保值交易，回避现货市场的风险。

8. 按棉花年消费量排序，世界年消费量在100万吨以上的国家依次有：中国、印度、巴基斯坦、孟加拉国、越南、土耳其。其中，中国棉花年消费量占世界棉花年消费总量的______以上。

二、选择题

1. 棉花最主要的消费群体是棉纺织企业，纺织用棉占全国用棉量的（　　）。棉纺织工业是我国纺织行业重要的基础性行业，在纺织工业的发展进程中有着重要和特殊的地位。棉纺织工业的稳定发展直接影响2亿棉农的稳定，同时棉纱、坯布的质量又直接作用到针织面料、梭织面料以及与此相关联的家纺、服装和纺机纺器等行业，在这条产业链上，棉纺织行业牵一发而动全局，影响重大。

A. 70% ~75%　　　　B. 80%左右

C. 85% ~95%　　　　D. 95%以上

2. 某国际棉业公司于2000年5月与意大利某纺织企业签订了500万磅的棉花出口合同，价格为60美分/磅，当年12月交货。为了回避这种价格风险，该棉商决定通过期货交易来进行套期保值，当时纽约棉花期货交易所棉花12月合约期货价在50美分/磅，该棉商在期货市场上以50美分/磅的价格在12月合约上买进500万磅的期货合约。进入12月份，棉花现货价格涨至65美分/磅，期货价也涨至65美分/磅，期货现货盈亏相抵后，该棉商不仅没有因为现货价大涨受损失，反而盈利（　　）万美元，从而成功地回避了因现货价格波动所带来的市场风险，锁定了自己的销售利润。

A. 50　　B. 60

C. 70　　D. 80

3. 影响棉花需求的数据包括国内棉纺织消费量、纺织品出口量及棉花期末结存量等，影响棉花需求的因素很多，包括（　　）。

A. 消费者的购买力与偏好　　B. 人口变动

C. 替代品的供求及价格　　D. 商品结构变化及其他非价格因素等

4. 研究棉花消费数据的信息来源，包括（　　）。投资者可以从这些官方网站获得第一手数据，也可以通过中国棉花网、中国纺织网等行业网站获得经过整理的数据。

A. 美国农业部（USDA）

B. 国际棉花咨询委员会（ICAC）

C. 中国棉花协会

D. 国家发改委、国家统计局、农业农村部等政府机构

5. 某企业通过观察，发现当时现货市场 328 级棉花价格为 13500～13700 元/吨，而郑棉期货价格在 13300 元/吨左右并呈下跌趋势，认为期货价格已经超跌，存在较好的期现套利机会。该厂遂于 2005 年 6、7、8 月份在期货市场 13100～13400 元价格区间逐步建立多头头寸（买入），最终共持有 10000 多吨的多头头寸。随着 9 月份期现货价格上涨到 14200 元/吨，该厂对其中 6000 吨进行了期转现，4000 吨在合适的价格获利平仓。通过这次操作，比直接从现货市场采购棉花降低成本近（　　）万元。

A. 1000　　B. 2000

C. 3000　　D. 5000

6.（　　）是世界最大的棉花出口国，占全球出口量的 1/2 左右。

A. 美国　　B. 印度

C. 中国　　D. 刚果

7. 2004～2009 年世界棉花消费保持着高速增长，（　　）年世界棉花消费达到了历史最高水平近 2800 万吨。尽管受金融危机影响，2008 年棉花消费下滑较为严重，但依然维持 2400 万吨的较高水准。

A. 2005　　B. 2006

C. 2007　　D. 2009

参考答案

一、填空题

1. 800～900　2. 消费需求　3. 35%左右　4. 中国　5. 江苏省
6. 存在比较明显的正相关　7. 期货价格　8. 30%

二、选择题

1. D　2. A　3. ABCD　4. ABCD　5. A　6. A　7. C

第六章

棉花期货的价格分析

本章要点

了解影响棉花期货价格的主要因素是参与棉花期货投资必不可少的重要环节。本章主要对该问题进行系统分析，并着重阐述如何利用基本面和技术面的信号对棉花期货价格走势进行预测。通过对系列案例的分析，包括库存消费比，经济周期，市场参与者心态，天气病虫害的炒作，棉花产业链上、下游的承受能力以及国家政策等，多方面地对价格运行进行判断，目的在于“抛砖引玉”，给投资者提供分析棉花价格走势的正确思路。

一、影响棉花价格波动的因素有哪些？

棉花价格受到多方面因素的影响。从大范围看，可以分为内部因素和外部因素：内部因素包括供需因素、自然因素、政策因素、市场因素及交易因素等；外部因素包括政治因素、经济因素，如石油价格、汇率、经济周期、其他农产品价格、证券市场等因素（见图6-1）。

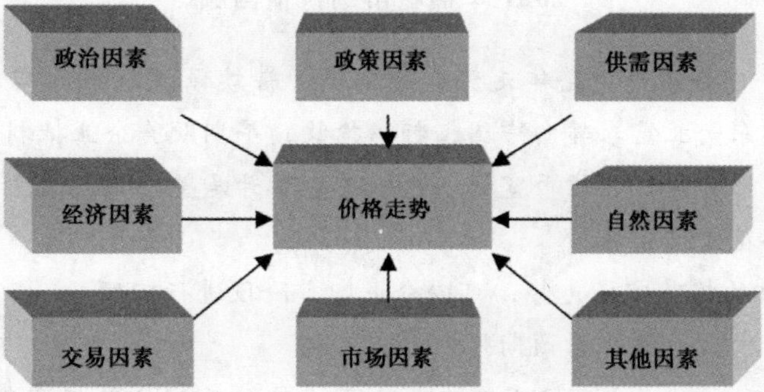

图6-1　影响棉花价格波动的因素

（一）内部因素

供需因素：包括全球棉花种植面积、单产和总产的增减（科技水平的提高）、新棉收购价格、棉花库存、棉花加工能力的变化、棉花替代品价格的变化等。

自然因素：包括产棉区的天气气候变化和棉花的病虫灾害因素。

政策因素：包括国家棉花管理的重要政策和法规，国务院颁布的棉花流通体制改革的措施，国家发改委颁布的有关棉花质量监督管理、收购加工与市场管理、国家棉花标准的修改、进口关税配额管理、出口货物退税率、国家储备棉收储政策等。

市场因素：包括期货市场和现货市场价格变化。

交易因素：包括交易规则的变化、每周仓单增减、各期货合约成交和持仓排名表等。

（二）外部因素

政治因素：包括国际局势，特别是与纺织品相关的贸易摩擦和战争因素等。

经济因素：包括全球经济周期、汇率、石油价格因素等。

其他因素：如证券市场、其他农产品市场（如小麦）等的价格变化。

案例 6 -1

2021 年棉花市场行情回顾

2021 年，棉花市场整体走势非常强劲，持续保持旺盛的需求，高纺纱利润较高，东南亚需求转向中国，籽棉抢收，早期欧美企业抵制新疆棉。但是全球宏观形势向好、货币宽松、通胀持续攀升是整个年度的主旋律，需求强劲支撑棉花价格上涨。

2021 年的棉花市场走势，可以分成四个阶段进行回顾：

第一阶段：通货膨胀预期行情。

这一阶段是从年初到 2 月下旬，由于全球货币宽松及经济复苏的预期，全球商品和股市均出现较大幅度的上涨，纱线利润维持高位。棉花价格上涨至 17000 元/吨以上的高位。

第二阶段：欧美抵制新疆棉。

通货膨胀预期行情告一段落，在此期间，欧美一些大型服装企业发布抵制新疆棉的言论，导致市场担忧新疆棉的消费问题，价格持续回落至 15000 元/吨以下，时间走到 4 月中旬。

第三阶段：需求旺盛，纱线利润较好。

4 月下旬至 9 月中旬，是纺织产业链表现最好的阶段，纱线企业利润非常好，成品库存持续下降，利润维持历史高位，虽然下游坯布企业经营有一点困难，但是销售量非常高。主要原因是全球产业链补库存，叠加东南亚订单转移至国内。虽然市场环境很好，但是疫情时常散点暴发，同时棉花供应还比较充裕，棉花涨势缓慢，价格重心逐步抬升。

第四阶段：新棉上市阶段。

9 月下旬开始，新疆新棉价格逐步上升。因为棉花市场对于需求预期较强，在新疆加工厂面临囚徒困境的情况下，抢收行情爆发，棉花价格短短半个月时间上涨 4000 元/吨，而新疆籽棉成本则高达 23000 元/吨以上，部分高达 25000 元/吨。纱线企业在此阶段也面临利润倒挂的情况，消费萎缩。市场对未来的棉花价格预期很差，导致期货贴水现货市场达 2000 元/吨以上

（见图 6－2）。

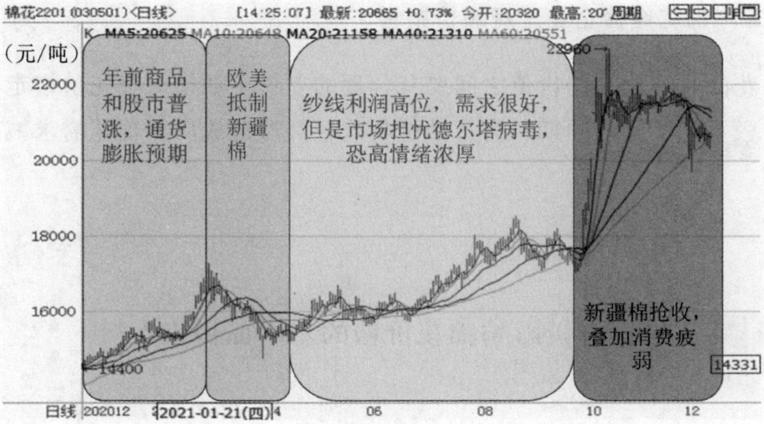

图 6－2　2021 年棉花期货走势情况

二、衡量棉价是否合理的标准是什么？

保持棉花价格稳定是促进棉花产业健康发展的关键。一般而言，在市场经济条件下，衡量棉花价格是否合理有三条标准。

（一）农民是否有生产积极性

2019 年由于供大于求，棉花收购价偏低，农民生产积极性不高，当年棉花播种面积减少了 7% 以上。2021 年棉花收购价上涨到 16000 元/吨左右，植棉面积增加。这说明当时的价格能够调动农民生产积极性。

（二）纺织企业是否能够承受

国内棉花价格与国际市场棉价接轨，是保持我国纺织品国际竞争力的客观需要。如果高于国际市场价格，会部分抵消劳动力成本低的优势，削弱我国纺织品的国际竞争力，而出口下降，必然减少对棉花的需求，从而造成棉花的积压，也会损害农民利益。

（三）棉花经营企业是否顺价销售

棉花的收购价与销售价之间要有合理的差价。如果对棉花价格走势有着过高的、不切实际的预期，盲目抬价收购，必然造成后期棉花需求减少，销售困难。

三、如何解析影响棉花价格的基本面因素？

影响棉花价格的基本面因素主要包括政策法规环境、宏观经济环境、心理因素以及供求因素等，其中供求因素占据核心地位，它由产量、库存量、进出口量以及棉花加工用量变化等组成。

（一）供需因素

期货市场上经常出现价格在均衡位置附近盘整的情况，但是均衡状态不可能持续太长时间，一旦供求中的一项或多项因素发生变化，引起供求关系变化，则均衡状态也会被打破，市场试图通过价格运动寻找新的均衡状态。

1. 全球棉花供给状况

棉花供给的减少一般会引起棉花价格上涨。影响全球棉花供给的主要因素包括：当年棉花种植面积的增减——中、美、印度、巴西、巴基斯坦、澳大利亚等世界主要产棉国每年棉花种植面积的增减，以及当年棉花总产量的增减——中、美、印度、巴西、巴基斯坦、澳大利亚等世界主要产棉国每年棉花总产量的增减。

2. 全球棉花需求状况

棉花需求包括：全球和全国棉花总需求量、棉花加工能力的变化，尤其是国内纺纱能力的增减、国内新棉上市期的棉花收购价格。

每年 9 ~ 12 月为国内棉花收购季节。9 月棉花有零星的收购，10 月棉花开始大量上市，10～12 月为每年棉花的收购高峰，当期的籽棉价格决定了棉花加工商的成本。

3. 棉花库存与库存消费比

库存消费比是评价棉花供求形势的首选指标，是期末库存与当年消费量的比值，与棉花价格有着非常一致的负相关性。一般来说，库存消费比越高，表明棉花库存越充足，棉花价格就越低。从图 6－3 可以看出，2012～2019 年，全球棉花库存消费比处于高位，导致全球棉花价格逐步走弱。

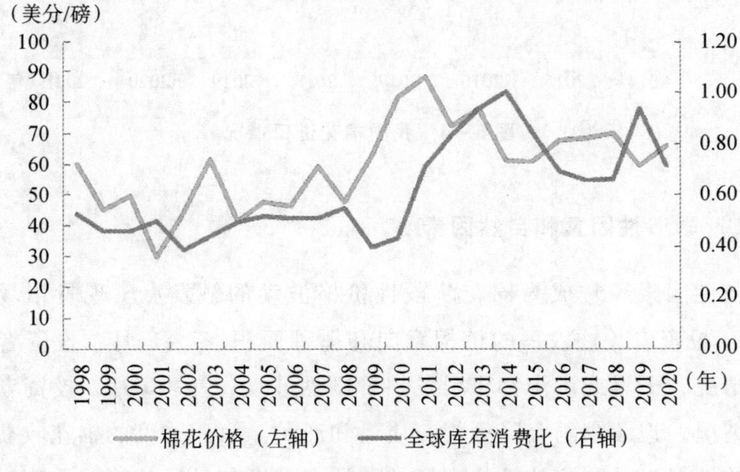

图 6－3　全球棉花库存消费比与棉花价格关系图

4. 进出口量

世界主要进口国是：中国、孟加拉国、越南、土耳其等国。棉花主要出口国是：美国、巴西、印度、澳大利亚等国。美国出口占世界贸易量的 32%。因此，分析影响棉花价格的基本面因素应重点关注这些国家的进出口政策及贸易情况。

我国是世界上重要的进口国。据预测，2021～2022 年度，全球进口贸易总量 1007 万吨，其中，中国进口量预计达到 206 万吨，占全球贸易总量的 20%，成为全球棉花进口量最大的国家，中国棉花进口量对世界棉花价格影响巨大。由于国内棉花整体产不足需，我国棉花进口常年维持高位，进口棉成为弥补国内棉花产需缺口的重要资源（见图 6－4）。

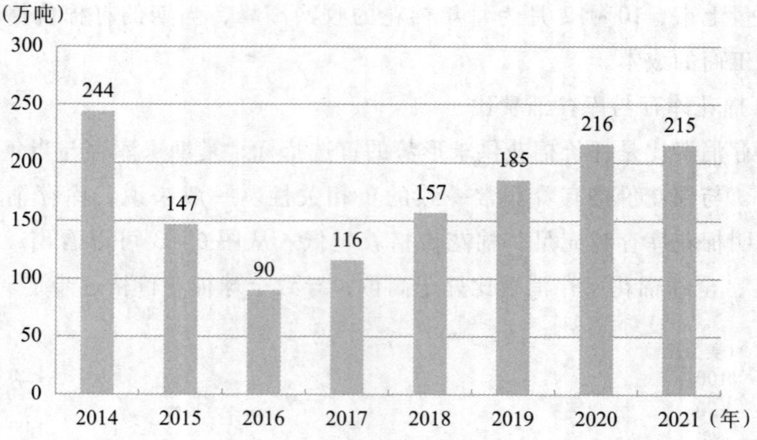

图 6－4　我国棉花进口情况

（二）季节性因素和自然因素

季节性因素经常成为棉花阶段性价格波动的触发点。现货市场，每年 3～5 月，投资者关注农民的植棉意向和播种面积；7～8 月，投资者关注棉花生长情况，干旱或洪涝都将引发棉价剧烈波动；9～10 月，投资者关注棉花收获情况，连续阴雨会降低棉花质量和产量。第四季度的棉花收获期，收购加工的情况以及国家政策是市场的关注点；春节过后的第二季度，纺织厂的利益也容易受到关注。

在期货市场，棉花仓单注册、注销规律性强，每年的 11 月开始，逐步生成、增加仓单，3～5 月仓单数量达到高峰。期现的价差格局是影响最终仓单生成量的关键要素。从次年的 5 月起，仓单开始注销，7～8 月达到高峰。这反映了如下特征：上半个棉花年度期货价格往往高于现货价格，下半个棉花年度期货价格容易低于现货价格。

在自然因素方面，需要特别强调的是天气因素，气候变化对棉花生产影响极大。统计表明，我国产量变化与天气因素的相关度要高于对种植面积的相关度。常见的天气对棉花的影响因素有以下几个方面：

1. 雨涝

雨涝灾害轻者造成棉花减产，重则绝收。长江流域棉区一般在 7～8 月发生雨涝，黄河流域棉区一般在6~8月。新疆产区雨涝的概率相对较小。

2. 冰雹

我国冰雹的危害范围广，主要棉产区历年都遭受不同程度的雹灾。在我国的产棉区中，4月以前降雹主要集中在秦岭—淮河以南地区；4~5月雹区由南向北扩展。6月雹区范围最广，此时正值棉区蕾期或初花期，对棉花生长影响较大。6月以后，雹区主要集中在华北、西北和东北地区。新疆作为我国最主要的产棉区，5月容易遭受冰雹的影响。由于棉花具有无限生长性和较强的再生性，程度较轻的雹灾对棉花影响较小，如果冰雹程度较重，又处于棉花生长的关键时期，也会造成棉花减产甚至绝产。

3. 干旱

黄河流域棉区由于常年冬春干旱，因此在播种出苗期对棉花影响较大；长江流域棉区，对棉花影响较大的主要是夏季干旱和秋季干旱；新疆棉区常年降雨量偏小，棉田干旱经常发生，需灌溉植棉才行。

4. 病虫害

在棉花生长的各个阶段都有病害发生。我国已发现的棉花病害有40多种，危害最严重的是棉花枯萎病和黄萎病，其次是棉花的苗期病害。此外，我国棉区分布辽阔，自然条件差异大，棉花害虫种类繁多。据记载，我国棉花害虫已知的有300多种，其中主要的有二三十种，最重要的有15种之多。所以，加强棉花田间管理，防止或减少棉花病虫害的发生，对棉花的优质、高产有着重要的作用。

5. 飓风与台风

从某种程度上说，飓风带来的心理影响大于实质影响，飓风给作物带来的有限损害被市场加倍放大了。例如，2017年9月登陆美国的飓风消息一再被期货市场放大。继期货市场大炒“哈维”之后，“爱玛”成为另一个炒作因素。“爱玛”飓风给纽约期货交易所棉花市场带来了涨停。在“爱玛”尚未彻底离开时，另一股威力相似的飓风“玛利亚”又给市场蒙上阴影，纽约棉花期货市场再次出现大幅震荡。虽然天气是市场关注的重中之重，但从历史数据看，飓风很少彻底改变美国棉花市场的供求关系。

台风对我国棉花的影响显然不大。台风在福建、广东、浙江以及江苏登陆，除了对苏北的棉花生产有所影响外，对其他种棉地区影响较小。

（三）宏观经济因素

宏观经济形势影响棉花的消费和供应，对棉花价格的影响不容忽视。世界经济形势对棉花进出口和世界棉花价格同样有较大影响。发达国家是棉纺织品的主要需求国，发达国家的宏观经济形势好转，棉纺织品的需求增加，则棉花的价格上升。棉花价格与世界经济形势相关性较高，世界棉花消费量维持在2600万吨左右。棉花消费集中在中国、印度、欧盟与土耳其、孟加拉国、越南、巴基斯坦等少数国家和地区。从图6－5可以看出，全球棉花消费量和全球GDP增长之间呈较强的正相关关系。

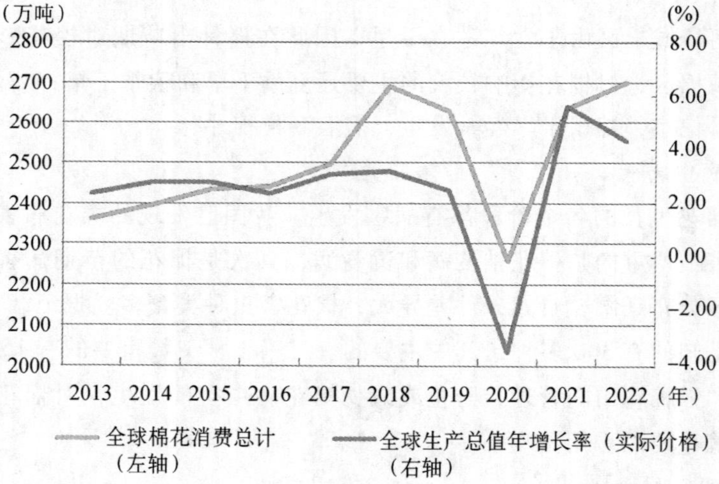

图6－5 2013～2022年全球棉花消费与GDP增幅对比

我们以美国1976年以来的棉花价格、实际GDP同比增速、实际消费者物价指数（CPI）同比增速为样本进行了相关分析，结果表明，棉花价格与GDP同比增速的相关关系不显著，而与CPI的正相关关系具有统计意义。例如，新冠疫情冲击全球经济后，全球棉花价格应声而落。当时美国农业部经济研究部的分析报告称，2019～2020年度全球棉花消费量预计为2258.6万吨，同比减少14.03%，为历史最大跌幅。棉花消费量上一次下降出现在2010～2011年度，当时棉花消费量同比减少9.01%（见图6－6）。

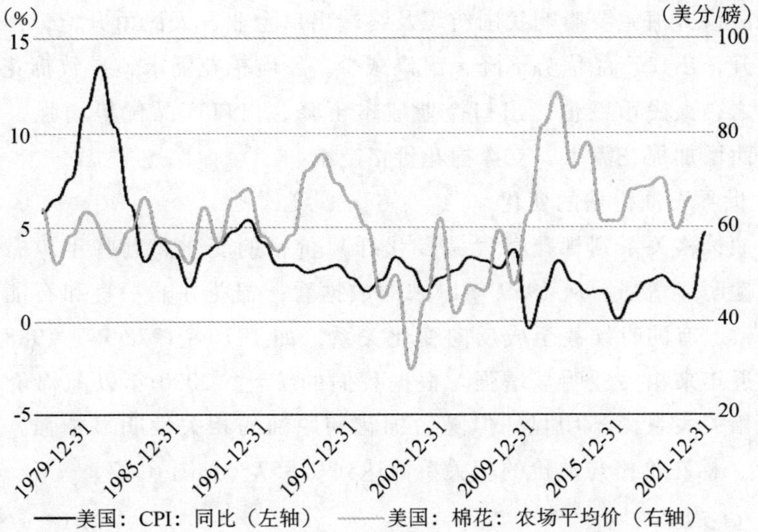

图 6－6　美国棉花价格与 CPI 走势图

宏观经济形势对棉花期货市场的价格影响主要体现在以下方面：

1. 全球经济周期变化

随着经济全球化的不断深入，不同国家的经济周期出现同步化特征，在经济周期的不同阶段，棉花消费也随之不同：在衰退期内，全球棉花呈下降趋势，而在经济增长期，棉花消费则快速回升。世界经济每增长 1%，世界棉花消费增长 0.2%。

2. 世界贸易组织（WTO）纺织品贸易规定

长达 40 多年的纺织品、服装配额体系已取消，西方普遍认为，配额取消最有利于中国。自从 2001 年加入 WTO 以来，中国纺织品、服装出口已增长至约占世界总量的 1/4。

3. 汇率变化

汇率是指两种不同货币之间的比价。汇率是一国政府调节国际收支平衡的一项重要工具，同时汇率也是一把双刃剑。这把剑挥舞得当，会促进一国经济的发展，但如果驾驭不当，便会对一国的宏观经济造成严重的打击。直观来说，汇率的高低会影响一国贸易进出口额度的变化。对于我国棉花期货市场而言，人民币汇率是影响棉花期货价格的一个重要因素，其逻辑关系是：人民币升值主要影响我国纺织及终端出口企业，人民币升值，出口企业成本上升，出口产品优势下降，出口减少，影响棉花需求，导致棉花价格下跌；反之，人民币贬值，出口企业成本下降，出口产品优势增强，出口增加，进而增加棉花需求，支撑棉花价格上涨。

4. 世界石油价格的变化

石油价格关系到棉花替代品（化纤）价格的变化。近些年，棉价和石油相关性明显增强。从1959年以来的数据看，棉花并非一直和石油、粮价走势一致，有的时候甚至成反向变化关系，如1976～1978年、1988～1992年。但近年来相关性明显增强。根据我们的统计，2000年以前棉价与石油价格的相关关系尚不明显，但随后棉花和原油的相关性明显加强，2016～2022年，棉花价格与油价的相关系数达到0.857（见图6－7）。

图6－7　棉花与原油价格日益密切

（四）政策法规环境

1. 国家对棉花管理的重要政策和法规

如2020年3月26日，国家发展改革委、财政部发布《关于完善棉花目标价格政策的通知》；2021年5月16日，国务院关税税则委员会发布《国务院关税税则委员会关于对美加征关税商品第四次排除延期清单的公告》；2021 年 12 月 29 日，农业农村部发布《“十四五”全国种植业发展规划》等。

2. 国家棉花收放储政策的影响

中储棉总公司如果收储，则棉花价格受到支撑，属政策性利多，应关注收储价格的上限。中储棉总公司如果放储，则棉花价格受到压制，应关注放储的成交价格。

3. 棉花进出口配额

我国棉花进口实行配额管理，配额内的进口税为 1%，超过配额部分实行滑准税率，棉花进口配额的发放由国家发改委负责。增发配额的数量和滑准税率政策变化直接影响国内外棉花价格。如 2022 年 3 月 9 日，国家发展改革委发布了《关于 2022 年第一批棉花关税配额外优惠关税税率进口配额申请有关事项的公告》，对市场影响较大。

4. 出口退税率

纺织品出口退税率调整将对国内棉花消费量和市场心理产生影响。

（五）政治因素

政治因素主要指国内外政治局势、国际性政治事件的爆发或国际关系局势的变化。如某一国家内的政变、罢工、选举、劳资纠纷等。国际方面，战争、冲突、经济制裁、政坛重要人物逝世或遭遇意外等，都可能导致期货价格的急剧波动。

案例 6 – 2

2019 年棉价受中美贸易摩擦影响，持续下行

2019 年内外棉花价格走势可谓是“跌跌不休”，全年以不断下跌创新低为主旋律。棉花价格全年的下跌可以大约分为两个阶段：第一阶段为年初至 8 月初，中美贸易磋商进展主导行情走势，进展顺利则棉价坚挺上行，反之，则内外均利空。总体是下跌占据主导。第二阶段为 8 月中旬之后，国内新棉上市，籽棉收购价格及新棉产量的预估主导国内棉花行情走势，籽棉收购初期，价格大幅低于上年同期，致使郑棉易跌难涨，于 9 月底创了近 4 年来的新低（见图 6 – 8）。

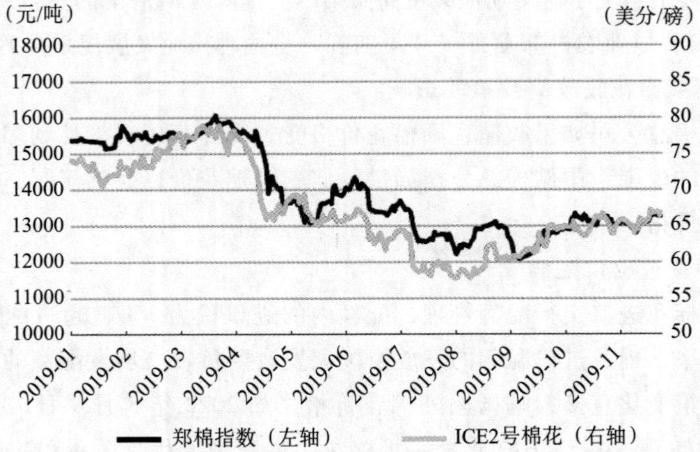

图 6-8　2019 年内外盘棉花行情走势

2019 年郑棉第一次大幅下跌始于 4 月中下旬，企稳于 6 月上旬。此次下跌在一个月的时间内从 16200 多点下跌至 13000 点附近，跌幅高达 20%。其中 5 月 13 日、14 日连续两日跌停，这主要是由于 2019 年 5 月 9 日，美国政府宣布，自 2019 年 5 月 10 日起，对从中国进口的 2000 亿美元清单商品加征的关税税率由 10% 提高到 25%。美方上述措施导致中美经贸摩擦升级。同时，国务院关税税则委员会 2019 年 5 月 13 日决定，自 2019 年 6 月 1 日 0 时起，对原产于美国的部分进口商品提高加征关税税率。与此同时，5 月美国农业部（USDA）的报告也是利空的，因此 5 月中旬内外棉价大跌。接下来的一次大跌也与中美贸易磋商有关，发生在 7 月底 8 月初，随着中美贸易磋商进展的反复无常，其对盘面的影响也逐渐减弱，中美贸易磋商的长期性和不确定性逐渐被市场接受。

四、市场心理因素是怎样影响棉价波动的？

棉花价格市场心理包括棉农、棉花公司、纺织企业，甚至投机者对市场的认知度和心理预期、营销策略等。现货市场中，如果棉商普遍预期市场资源短缺，就会加大囤积力度，进而加剧市场供不应求的格局，从而推动棉价出现超预期的涨幅；反之亦然。在期货市场中，郑州棉花期货价格和纽约棉花期货价格的短期相关性并不高，但一旦纽约棉花期货价格暴涨或暴跌，对国内市场投机人心态会形成冲击，从而引导郑州棉花期货出现偏强或偏弱的走势。要把握市场心理对价格的影响，必须明白市场是所有交易参与者的心理定势的汇集。多空每日搏杀反映的是多空每天在想些什么。投资者离希望、贪婪和恐惧越远，思考越清晰、独立，交易成功的机会越大。

此外，比价效应、交易规则的变化等对棉花期货价格也有重要影响。

五、为什么大家都强调美元走势?

美元是国际大宗商品定价的主要币种之一，其指数走势对商品期货走势有着极强的指导意义，相信很多投资者对此都深有体会。棉花作为具有全球影响力的大宗商品，加之市场化程度较高，其价格走势与美元指数高度相关，因此，研究美元走势是做好棉花期货必不可少的课题。

一直以来，国际棉价与美元指数表现出不稳定的负相关关系，但这种负相关表现得并不稳定。2015～2021 年，美国洲际交易所（ICE）2 号期棉与美元指数的相关系数为 -0.23，但在不同的时期，这种负相关性可以达到 -0.8 以上；部分时候，两者呈现正相关。从图 6-9 可以看出，在 2018 年 7 月至 2020 年 7 月期间，美元走强时，棉花价格大幅下跌；但 2020 年 7 月至 2022 年 4 月期间，当美元坚挺时，棉花价格也在强势上涨。

图 6－9 棉花价格与美元走势关系复杂

六、如何理解“中国因素”对棉花期货价格的影响?

2004 年 6 月 1 日郑商所上市棉花期货以前，国际市场上权威的棉花价格有两个：一是纽约期货交易所（NYBOT）的棉花期货价格，它是各国政府制定棉花政策和各国涉棉企业生产经营时参考的主要依据；二是英国利物浦棉花展望公司整理的 Cotlook A 和 Cotlook B 指数，是该公司每天从各个渠道得到的北欧主要港口的棉花到岸价，是实际交易价格。中国棉花期货推出后，引起了国际市场的广泛关注，形成了又一个棉花定价中心——郑州。

影响国际市场棉价波动的原因很多，如产量、消费量、气候、经济景气程度、战争、化纤的价格等，但在目前国际棉花市场供大于求的情况下，影响棉花价格走势中一个重要的因素是“中国因素”，中国棉花产量及进出口量对世界棉花价格影响巨大。投资者在关注国际经济形势与国际棉花供需状况的同时，还需要分析、预测中国棉花进口量及下游纺织服装出口量，在此基础上全面把握国际棉花价格走势。

案例 6－3

中国棉花价格因素影响洲际交易所（ICE）棉花期货市场

中国棉花主产区新疆的棉花 9 月开始上市，集中上市期在 10 月，国庆节假期是市场最关注的时期。2021 年，棉花市场整体向好，新疆棉花加工产能快速扩张，导致加工企业抢收积极性非常强，在国庆节前的最后一周，市场抢收的苗头出现，价格出现大幅上涨。国庆节期间，国内期货市场休息，但新棉花上市抢购的积极性非常高，导致 ICE 棉花期货持续大幅上涨（见图 6－10）。

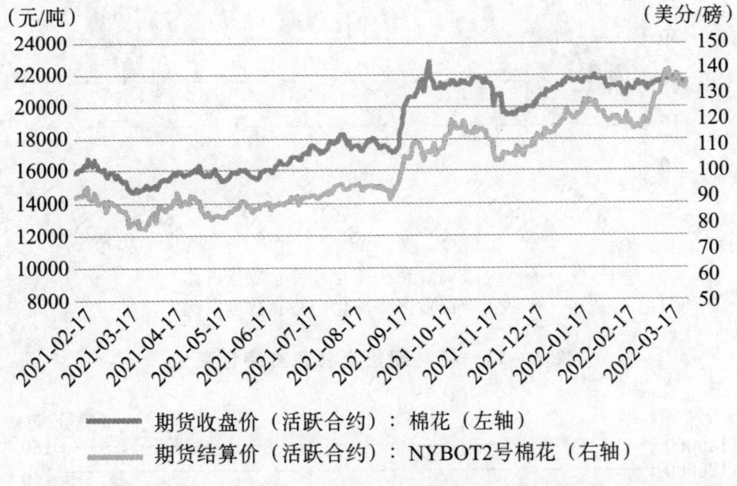

图 6－10　郑州商品交易所期棉与纽约期货交易所期棉价格走势叠加示意图

七、为什么要注意商品投资基金的交易方向？

商品投资基金是目前投资商品的一种重要组织形式，为机构投资者特别是养老和保险机构提供一种非杠杆的商品金融投资工具，其在国际商品期货市场上的作用越来越大。在欧美一些成熟的期货市场中，商品投资基金对发挥期货市场价格发现和风险规避功能、增强期市广度和深度具有积极意义。

近些年来，基金在国际商品期货市场上的作用越来越大。从2008年以来的数据看，非商业头寸（一般认为是基金持仓）占比越来越大（见图6－11），可以高达40%以上。非商业净多单与棉花期货价格的相关关系也越来越显著，基本上呈现同涨同跌走势（见图6－12），2015～2021年，非商业净多单与棉价的相关系数为0.618。

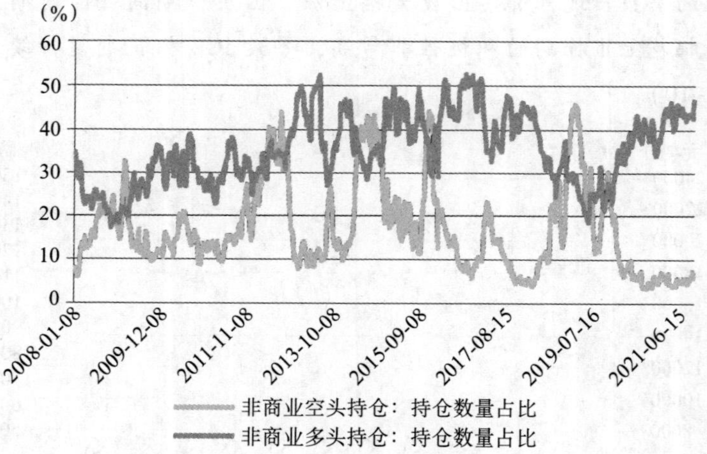

图6－11　棉花期货交易各方持仓变化

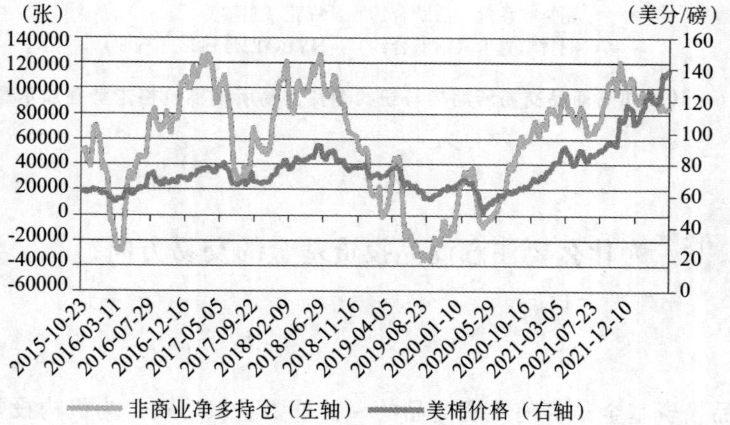

图6－12　非商业净多单与棉花价格关系

八、国内棉花期货和现货市场之间是否存在价格联动关系？

由于期货市场是在现货市场的基础上发展起来的，因此期货价格与现货价格之间有着密切的联系。现货价格是期货价格变动的基础，而期货价格通过交易者对未来价格的预期作用来调节和引导现货价格，实物交割使期货价格最终能够复归于现货价格。从理论上讲，成熟的期货市场，其期货价格与现货价格之间具有同涨同跌和收敛一致的特点。棉花现货市场是棉花期货市场建立的基础，期货市场既反映预期的现货供求关系，又反映仓单与资金的供求关系（见图 6-13）。

图 6-13　郑州商品交易所棉花期货与现货的联动关系较强

（一）中国棉花撮合交易价格是棉花现货的远期交易价格

撮合市场类似于一种准期货的形式，这个市场主要的参与者是涉棉企业。撮合市场设立了最近 6 个月的合约，属于一种远期转让合同交易性质，撮合市场价格与现货价格基本保持一致趋势。撮合市场是上午 10：30 休市，我们可以利用时间差，按照近期合理价差，指导下午期货的操作。与期货交割制度相比，撮合的交割制度更为宽松，而且期货基准交割品是3128B级别。所以在撮合市场接到的仓单不一定能抛转到期货市场，但在期货市场接到的仓单可以抛转到撮合市场。正常市场关系是期货价格大于相同月份合约的撮合价格。

（二）Cotlook A 和 Cotlook B 指数

Cotlook 棉价指数是反映国际棉花市场现货价格水平的一个指标，由 Cotton Outlook 出版。Cotlook 棉价指数分 Cotlook A 指数和 Cotlook B 指数，报价单位为美分/磅。Cotlook A 指数是国际陆地棉贸易中选择15个国家中5个最低的北欧现货到岸价的平均值。Cotlook A 指数的基准质量标准是 M 级 1～3/32 英寸（相当于中国的3128B级）。报价的地理基础是北欧，所报的条件为到岸价（CIF），其中包括运输费、保险费以及盈利和代理商的佣金。目前这15个棉花报价点是：孟菲斯、乌兹别克斯坦、墨西哥、土耳其、坦桑尼亚、加利福尼亚、巴基斯坦、澳大利亚、印度、巴拉圭、中国（3129B级）、非洲法属区、希腊、叙利亚、西班牙。Cotlook B 指数是国际上8个陆地棉品种中3个最低的北欧现货到岸价的平均值。Cotlook B 指数的基准质量标准是 SLM 级 1～3/32 英寸（相当于中国4128B级）。

（三）Cncotton A 和 Cncotton B 棉花价格指数

中国棉花网的 Cncotton A、Cncotton B 棉花价格指数（国家棉花价格指数）是中国棉花网的国内价格监测系统对国内120家棉花及棉纺织企业实际成交价格进行跟踪汇总得出。国内棉花期货近月合约价格往往围绕该指数波动。

国家棉花价格指数与纽约棉花期货价格之间的关系大致推测为：

国家棉花价格指数 = 纽约棉花期货价格 × 1.06 × 230

如纽约棉花期货价格为100美分/磅，则国家棉花价格指数为：100 × 1.06 × 230。

期货与现货最直接的关系是通过到期交割连接起来的，期货到期以后也就转成现货，期货到期价格一般都会与现货价格相当或持平。近年来，郑州商品交易所的棉花期货仓单注册量持续增长，有效联系了棉花期货和现货市场，为期货市场服务“三农”起到了纽带作用。

案例 6-4

期货为服务产业繁荣持续发力[①]

棉花期货自 2004 年 6 月 1 日上市以来，市场运行平稳，规模逐步扩大，功能有效发挥，在服务新疆和棉花产业方面取得了较好成效。

据记者了解，近年来，棉花期货独特的运行特征表现得越来越明显。一是市场规模稳步扩大。即使是在新冠疫情肆虐的 2020 年，棉花期货日均成交量仍达到 44.58 万手，同比增加 70.05%，同时日均持仓量为 55.13 万手，同比增加 29.19%。二是价格发现精准有效。棉花期现价格高度相关，近年来，价格相关性一直保持在 0.9 以上水平，充分体现了期货的价格发现功能。三是棉花仓单注册量大且金融属性强。目前，棉花期现货融合不断得到深化，产业企业积极参与期货套保。

据统计，棉花期货上市以来，交割一直较为顺畅，累计生成仓单 385 万吨，完成交割 156.4 万吨，为产业链企业利用期货工具套期保值、规避风险创造了良好条件。比如，仅 2019～2020 年度就累计注册仓单 33980 张，折合 142.7 万吨棉花，约占我国棉花年产量的 1/4。如今，棉花仓单融资已成为解决棉纺企业融资难、融资贵的重要途径。这为涉棉企业深度融入期货市场打下了扎实基础，当前棉花期货的法人客户数已超过 3000 家，持仓比例常年维持在 50% 以上。

记者了解到，通过 17 年的培育，棉花期货为我国棉花特别是疆棉产业崛起做出的主要贡献体现在以下几个方面：

一是树起了棉花市场质量与价格的标杆。自 2014 年我国相关机构在棉花市场实施目标价格改革以来，棉花期货高效发挥了价格发现功能，在市场供需失衡及产业政策发生变化时，能够精准快速做出反应，为各类市场主体科学研判市场形势提供有力依据，成为现货贸易定价的基础。目前，在新疆主产区，单纯的棉花现货价格已经消失，基差交易模式取代传统的“一口价”交易模式，成为棉花贸易市场主流。与此同时，棉花期货价格作为反映棉花产业供需形势的“晴雨表”，为国家相关部委提供有效参考。

---

① 节选自《期货日报》2021 年 3 月 31 日稿件。

二是促进现货企业经营模式转型升级。在新疆地区，大型涉棉企业通常依托自身资金实力、现货资源、管理团队等优势直接参与期货市场，将期货业务嵌入公司和集团的整体战略发展规划。而对于中小型棉花产业企业来说，它们也有利用棉花期货的成熟运作模式，即通过仓单质押融资方式获得籽棉收购资金，并委托大型贸易商和风险管理公司进行套期保值锁定利润、规避风险，再以基差贸易、含权交易等多种依托棉花期货、期权衍生的贸易模式销售棉花。

三是帮助棉花产业企业拓宽融资途径。近年来，在郑商所的积极协调与推动下，越来越多的金融机构进驻了棉花期货、期权场内场外平台，通过仓单质押融资、场外综合平台仓单交易、仓单回购等业务，为产业企业提供资金支持，盘活了仓单资源，缓解了产业企业资金压力。值得一提的是，政策型银行也开始尝试进行创新服务。

四是特殊时期“雪中送炭”。2020 年，新冠疫情暴发，叠加国际石油价格大跌等突发因素，全球资本市场激烈动荡，棉花等商品价格出现大幅波动。而在 2021 年春节后，受疫情防控形势严峻的影响，棉花下游产业开工和消费难以快速回暖，棉花价格仍面临较大的回落压力。在此情况下，较多的棉花产业企业通过运用期货、期权工具有效化解了市场风险。棉花期货长期发展形成的市场容量和市场韧性在特殊时期为企业广泛参与提供了平台，为服务产业发展提供了广阔空间（见图 6-14）。

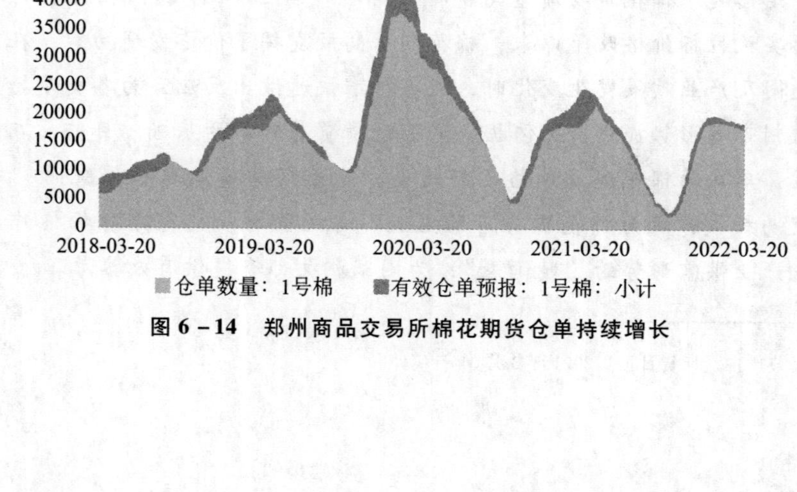

图 6-14　郑州商品交易所棉花期货仓单持续增长

案例 6－5

期现市场的共同参与者促进期现互动

河北石家庄某棉花加工厂是一家国内大型棉花加工贸易集团式企业。该企业是最早利用棉花期货开展套期保值的企业之一。近年利用价格发现功能，既有效回避了以往单纯经营现货的风险，取得了较好的经济效益，又在棉花收购中以质论价，让利于棉农，在当地传为佳话。

具体做法：在棉花收购季节精算出每吨棉花加工成本，根据郑州棉花期货不同合约的每日报价匡算出不同合约间与加工成本的不同利润值；依照每日期货价格变动确定当日现货收购价，以小黑板形式每天在厂门前公布，收购者根据此价收购，于当日天黑前将收购的籽棉送到加工厂，第二天加工厂再依据当日棉花期货价格公布当日棉花现货收购价；加工出一个交割批次后及时申请注册仓单；仓单注册成功的同时，在对自己最有利的期货合约月份卖出与注册仓单量相等的合约以锁定期现货利润；在交割月到来前根据期现货价格变动情况，进行是否对期货部位平仓和卖出现货的选择。

九、国内外棉花期货市场存在怎样的价格联动?

由于美国洲际交易所（ICE）棉花价格对世界棉花市场的指导作用，中国棉价与之一直有着很强的相关性。ICE 的期货影响全球的现货贸易，而中国产量、消费量、进口量全球第一，对纽约期货价格起着重要作用。郑商所的期货价格理应成为全球的定价中心，但由于初期市场规模较小，所以还要在一定程度上受美盘影响。如果我们的市场能够扩大规模，相信对美国的影响会逐步增加。从图 6－15 可以看出，美棉指数与郑州商品交易所棉花价格指数存在明显的正相关关系。

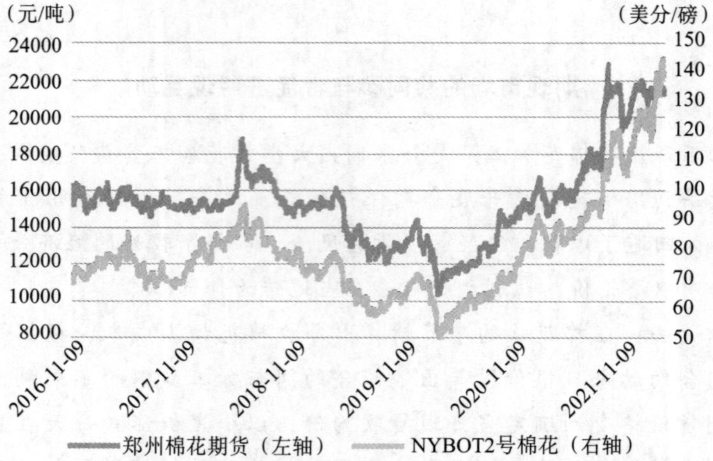

图 6－15 美棉指数与郑州商品交易所棉花价格指数对比图

纽约棉花期货市场是全球棉花的定价中心，1999 年以后，中国政府对棉花价格逐步放开，使得国内市场开始与国际接轨。随着贸易壁垒的不断消除，郑州棉花期货市场将成为全球重要的定价中心，对涉棉企业产生重大的指导意义。经过对美棉和郑棉从 2004 年 9 月以来的收盘价进行相关性计算，得到相关系数为 0.88，说明国内外市场的价格趋势存在高度的正相关性。

案例 6－6

郑州商品交易所与纽约期货交易所棉花价格的互动

纽约棉花对郑州棉花具有的影响主要表现在两个方面：一方面就是大致的运行趋势基本上保持一致，两者之间呈现正相关关系。郑棉指数从 2020 年 3 月 24 日创下的低点 10164 元/吨，上涨到 2021 年 10 月 18 日高点 22725 元/吨一线，上涨幅度达 123.6%；与此同时，纽约棉花指数从 2020 年 4 月 1 日低点 48.35 美分/磅，上涨到 2021 年 11 月 1 日高点 119.85 美分/磅，上涨幅度达 147.9%，上涨幅度大致相同。另一方面就是纽约棉花隔夜的走势，对郑棉次日的开盘具有一定的影响，隔夜纽约棉花价格的下跌，往往引起郑棉次日的向下跳空低开。

随着郑棉持仓量的逐步放大，这种相关性和联动性将更为紧密。因此，在分析国内棉花走势的时候，一般可以以美棉为风向标，来解读国内棉花的后市走向。

将美棉报价换算成郑棉报价的经验性参比公式如下：

郑棉报价 = 美棉报价（美分/磅）×250 + 1000

比如，美棉报价是 100 美分/磅，按照公式换算成郑棉报价为 26000 元/吨。

十、棉花价格与其他大宗农产品价格的联动关系如何？

棉花价格与其他大宗农产品价格走势存在不同程度的比价效应。农作物种植的比较收益，直接影响农民对不同农作物的选择。要重点关注相关农产品市场，如小麦市场的价格走势，两者有比价效应。

这是因为小麦播种时期在 10 月左右，次年 5 月开始收获。而棉花基本在 4 月中下旬开始播种，麦棉轮作一般是在 4 月没有收获的麦田进行棉花套种，假如棉价过低，农民宁愿选择不种棉花。因此棉麦之间存在一种比价关系，这种比价关系将决定两者的生产面积。该比价关系主要由每亩净收益决定（见图 6－16）。

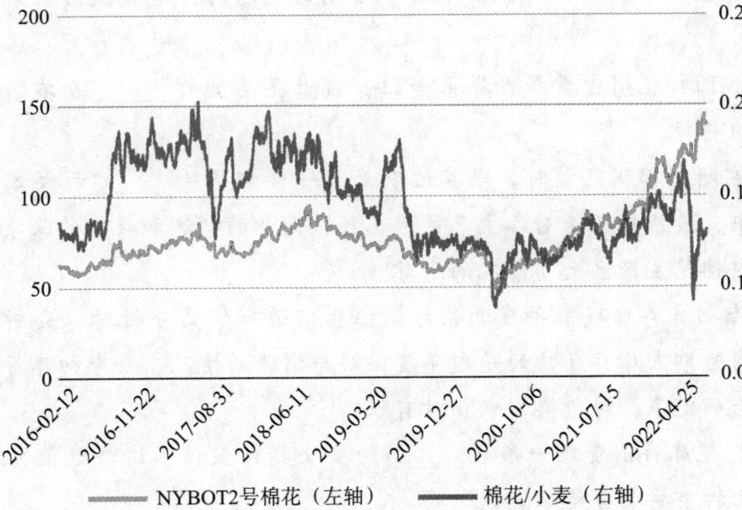

图 6－16　棉价与棉麦比价走势关系（单位：美分/磅）

案例 6－7

种植比较收益影响棉价

2012 年以来，棉花价格持续回落，成本持续高位，种植棉花的比较收益大幅减少，劳动力投入较大，而玉米、小麦等粮食种植收入稳定，且劳动力投入较低，因此，除新疆外的宜棉区农民种植棉花的积极性大幅下降，种植面积持续萎缩。据国家统计局数据显示，2012 年以来，安徽棉花种植面积由 30.5 万公顷减少至目前的 3.4 万公顷，湖北棉花种植面积由 47.3 万公顷减少至目前的 12.1 万公顷，山东棉花种植面积由 56.2 万公顷减少至目前的 11 万公顷，河北棉花种植面积由 44.7 万公顷减少至目前的 14 万公顷。

自测题

一、填空题

1. 产量变化与______的相关度要高于对种植面积的相关度。如我国 2021 年种植面积基本稳定，但是由于后期天气原因，造成最后总产大大低于预期。

2. 我国棉花消费量居世界第一位，占世界总量的______左右，但有逐步下降的趋势。

3. 在研究棉花产量时，跟其他农产品一样都是从______两大方面来研究。其中，最基础的是对各主产区棉花种植面积的预测和数据的收集以及全球及国内棉花主产区天气情况的跟踪。

4. 期初库存形成本年度的供给，但我们进行供需分析时以分析______为主，因为期末库存反映的是本年度供给与消费的情况，而期初库存在年初已经较为确定了，对价格影响相对有限。

5. 棉花库存消费比一般在______为安全指标数值，这个数值为棉花库存消费比的重要参考标准。

6. 棉花仓单注册、注销规律性强，每年的 11 月开始，逐步生成、增加仓单，3~5月仓单数量达到高峰。期现的价差格局是影响最终仓单生成量的关键要素。在次年的5月起，仓单开始注销，7月、8月达到高峰。这反映了如下特征：上半个棉花年度往往期货价格______现货价格，下半个棉花年度容易期货价格______现货价格。

二、选择题

1. 棉花价格波动的影响因素中政策因素包括（　　）。

A. 国家棉花管理的重要政策和法规

B. 国务院颁布的棉花流通体制改革的措施

C. 国家发改委颁布的有关棉花质量监督管理、收购加工与市场管理

D. 国家棉花标准的修改、进口关税配额管理、出口货物退税率、国家储备棉收储政策等

2. 棉花价格波动的影响因素中交易因素包括（　　）。

A. 交易规则的变化　　B. 每周仓单增减

C. 各期货合约成交　　D. 持仓排名表

3. 在自然因素方面，需要特别强调的是天气因素，气候变化对棉花生产影响极大。黄河流域和长江流域棉区一般（　　）发生雨涝。

A. 9~10月　　B. 3~4月

C. 6~8月　　D. 春节左右

4. 纽约期货交易所的期货影响全球的现货贸易，（　　）产量、消费量、进口量全球第一，对纽约期货价格起着重要作用。郑商所的期货价格理应成为全球的定价中心，但由于初期市场规模较小，所以还要在一定程度上受美盘影响。如果我们的市场能够扩大规模，相信对美国的影响会逐步增加。

A. 中国　　B. 印度

C. 美国　　D. 赞比亚

5. 棉花价格与其他大宗农产品价格走势存在不同程度的比价效应。农作物（　　），直接影响农民对不同农作物的选择。要重点关注相关农产品市场，如小麦市场的价格走势，两者有比价效应。这是因为小麦播种时期在10月左右，次年5月开始收获。而棉花基本在4月中下旬开始播种，麦棉

轮作一般是在4月没有收获的麦田进行棉花套种。假如棉价过低，农民宁愿选择不种棉花。因此棉麦之间存在一种比价关系，这种比价关系将决定两者的生产面积。该比价关系主要由每亩净收益决定。

A. 供需缺口　　B. 产量

C. 消费　　D. 种植比较收益

6. 中国棉花交易市场棉花撮合交易价格，是棉花现货的远期交易价格。撮合市场类似于一种准期货的形式。这个市场主要参与者是涉棉企业。撮合市场设立了最近（　　）个月的合约，基本上属于一种远期转让合同交易性质。撮合市场价格基本与现货价格保持一致趋势。撮合市场是上午10:30休市。

A. 12　　B. 3

C. 6　　D. 9

7. 现货市场，棉花季节性因素描述正确的是（　　）。

A. 每年3~5月，投资者关注农民的植棉意向和播种面积

B. 7~8月，投资者关注棉花生长情况，干旱或洪涝都将引发棉价剧烈波动

C. 9~10月，投资者关注棉花收获情况，连续阴雨会降低棉花质量和产量

D. 11~12月，投资者炒作供给缺口问题

8. 供需因素包括全球棉花种植面积、单产和总产的增减以及（　　）的变化等。

A. 新棉收购价格　　B. 棉花库存

C. 棉花加工能力的变化　　D. 棉花替代品价格

参考答案

一、填空题

1. 天气因素　2. 30%　3. 种植面积和单产　4. 期末库存

5. 30%　　6. 高于，低于

二、选择题

1. ABCD　　2. ABC　　3. C　　4. A　　5. D
6. C　　7. ABCD　　8. ABCD

第七章

棉农、加工企业如何利用棉花期货

本章要点

本章主要介绍了棉花生产与加工中存在的一些问题，以及棉花期货市场的价格发现与套期保值功能。通过简洁明了的语言阐述了棉农如何利用这些功能指导种植与卖棉，加工企业如何通过参与棉花期货市场来降低采购成本、提高采购质量、合理安排生产与销售。书中尽量通过简单、真实的案例讲解，摆脱说教式的理论知识，为处于棉花产业链条上游的棉农及轧花厂等加工企业提供参考。

一、当前棉花种植方式存在哪些问题？

棉花是人民生活的必需品，也是重要的工业原料和军用物资，在国民经济发展中起着重要的作用，国际国内需求量很大。在农业生产中，种植棉花效益比较高，是农民发家致富的好途径。做好棉花生产与销售，有利于农业生产结构的调整，具有重要的现实意义和深远的战略意义。值得深思的是，在传统生产模式下，我国棉花生产与销售存在一系列问题。

（一）棉花价格波动剧烈，棉农收益不稳定

如果在棉花生长期间天公作美的话，农民可望获得丰收。这样，棉花供应市场会供过于求，导致价格下跌。这时，种植棉花的农民反而不得不低价卖棉花，收入下降。如果在棉花成长期间气候干燥、雨水过量或病虫害大面积发生，就会造成歉收，即使棉花价格上涨，棉农依然无法获得正常生产收益。产量忽高忽低导致棉花价格巨幅波动、种棉收益不稳定、棉农缺乏安全感，从而使农民转种较有把握的玉米、小麦等大田作物。

（二）棉花生产规模小、效益低

由于分产承包，我国内地棉花生产普遍经营规模小、成本高、效益低，即使是在新疆地区，棉花整体生产规模依然明显低于国际先进主产国。棉农介入棉花期货交易要求有一定的生产规模，而真正属于农民自己的棉农专业合作组织发展滞后。按目前的经营规模，棉农很难开展棉花期货业务，严重制约了棉农对期货市场的间接利用，无法合理规避风险。同时，过高的生产成本也使棉花价格大大高于国际市场平均价格水平，致使在国内棉花供大于求的情况下，大量的国外棉花仍通过各种渠道涌入国内，加剧了供求矛盾。

（三）棉花品质差，无法满足现代棉纺织工业的需求

我国棉花产业与国外相比，不仅生产的品种少、产量低，而且品质低。商品棉异型纤维含量高、原棉产品一致性差、同级棉不同批次不同棉包产品等级有差异，难以满足现代棉纺织工业的要求。期货价格会作为一种强烈的信号引导棉农优化种植结构，淘汰没有竞争力的棉花品种，转而种植低投入高产出的优质棉，追求“优质优价”。通过期货市场的引导，农民可以知道种哪些品种、种多少面积，以销定产，根据市场需要种植适销对路的优质棉。

那么，包括农民在内的棉花产业链上的群体怎样才能获取较为合理的棉花预测价格？当未来的价格无法预测，能够转移价格风险的工具又是什么？答案是期货合约。期货以其独特的功能将物质与货币紧密结合，为实体经济提供了很好的指导作用。

二、农民如何利用期货价格合理调整种植结构?

农产品生产价格与农业结构调整相互作用、相互影响，期货市场的价格发现功能有助于引导农户合理安排和调节生产结构，促进农业经济持续、稳定和健康发展，有助于棉农挖掘卖出时机、获取稳定收益。

（一）棉花期货价格为调整种植面积提供指导

2015 年，棉花期货价格持续下行，最低下跌至 9890 元/吨，棉花市场过剩明显。为了缓解市场的过剩，新疆下发 2015 年全疆棉花种植面积调减指导性计划，全年计划调减棉花种植面积 466.5 万亩，调减规模达 15.72%。指导性计划的下达，释放了明显的结构调整信号，全疆棉花种植意向减幅明显，这在一定程度上促进了其他作物种植意向面积的增加。

新疆维吾尔自治区农业厅相关负责人解释：调整棉花种植面积是落实自 2014 年以来实施的棉花目标价格改革精神，目前国际市场棉花价格低迷，而中国的棉花价格又一直高于国外，与国外形成倒挂，中国的棉花价格之所以高于进口棉，这跟集约化种植、农业补贴政策、基金炒作等都有一定关系，调整棉花种植结构也是为了应对国际市场风险。

（二）运用棉花期货价格为棉农的种植意向提供指导

种什么最赚钱是农民最关心的事，也是他们最头疼的事，这也是各级政府所关心和考虑的问题。利用期货市场的远期合约价格，农民可以在种地之前测算种什么品种更赚钱。以往，农民在考虑种植品种时，多半是参考当时的各种农产品现货价格来衡量种植收益，推算出秋后哪个品种更赚钱，但是这种方式对秋后的价格往往是估计不足或难以准确把握的。有了期货市场之后，就给了农民一个远期的价格参考体系，让农民能够以更科学的方式进行收益测算。

某资讯公司2022年对内地植棉地区进行了调研，通过调研发现内地省份棉花播种面积有望低位回升，其中以湖北、湖南、山东多地、河北部分地区等增加最为明显。山东聊城、德州及河北邢台、邯郸等地因上一季单产和棉花品质均有下降，虽籽棉价格整体走高，但这部分区域农户收益未明显增多，农民种植积极性不高，播种面积较上年增幅有限。另外，天津、安徽等地因蔬菜、粮食种植收益较好，天津部分棉田转种蔬菜，安徽部分棉田转种，预计面积降幅为10%～20%。

（三）郑商所棉花期货信息为棉农“择价而卖”提供了渠道

棉花期货市场为棉农调整种植结构提供了价格风向标，为解决棉花“卖难”“价低”难题探索了一条新路。在棉花期货没有推出前，面对瞬息万变的市场价格，涉棉企业只能冒很大风险在收获季节收购籽棉，加工后待价而沽，遇上不好的年景往往亏损很大。郑商所棉花期货上市后，涉棉企业有了预期价格指导，可以放开手脚收购籽棉，然后在期货市场“锁定利润”，这在棉花期货出现之前是难以想象的。那么，利润得到保障的企业又在想什么呢？那就是抓资源。他们对资源的重视使棉农直接受益。

案例7－1

郑商所棉花期货信息为棉花提供价格参考

某中华棉花集团下属公司是最早参与棉花期货套保的企业，在棉花收购季节精算出每吨棉花加工成本，根据郑商所棉花期货不同合约的每日价格，匡算出不同合约间与加工成本的不同利润值，依照期货价格变动确定当日籽棉收购价，每天早晨以小黑板形式在厂门前公布。当地收购者根据此价确定当日走街串巷的收购价，于天黑前将收购的籽棉送到加工厂。过去没有期货价格时，由于价格信息不透明，常出现收购者压低收购价的情况，棉农因信息不通，只好被动卖给收购者。现在有了加工厂依期货价格公布的信息，十里八乡的棉农都会时不时地去看小黑板，卖棉花时会依据期货收购价与收购者讨价还价。

案例 7－2

加工厂利用郑商所棉花期货价格指导现货销售

甘肃敦煌地区是西北地区的棉花主产地，近年来当地一些棉花加工厂利用郑商所棉花期货价格指导现货销售，对稳定当地棉花种植面积起到了积极作用。甘肃敦煌某棉业公司是一家由几位农民组成的股份公司，下辖 3 个棉花加工厂，基本以自加工自销为主。每到棉花收购季节，他们先随行就市收购棉花现货，此时棉花往往是一年中价格最低时，适量收购一般风险较小。当收到一定量需销售时，就参考郑商所棉花期货价格给买方报价，报价原则是棉花某月份期货合约价减去发货时到合约到期日的仓储费、资金利息等成本。之所以这样定价，是如果此价没人买，就在期货市场卖出，反正现货持有成本已计算在期货合约价格内；待期货价对自己有利时，择机在期货市场平仓的同时卖出现货。公司负责人说，由于有了郑商所棉花期货市场，经营量逐年扩大，对稳定当地棉花种植面积起到了积极作用。

三、棉农怎样利用棉花期货市场进行销售?

期货市场独有的“订单＋期货”模式有助于通过多种渠道增加农民收入。订单农业就是在农业生产经营过程中，农户按照与企业或中介组织签订的合同组织安排生产，待农作物成熟后，企业或中介组织按照合同收购价格收购农产品。这种经营方式可以有效避免生产的盲目性，增加农户种植收益。

期货市场进行的是大宗交易，一般的农户根本没有实力直接参与棉花期货市场，这不利于发挥棉花期货市场的功效，需要新的组织将农户联系起来，间接进入棉花期货市场进行交易。而涉棉企业通过棉花订单农业与农户签订订单合同，再利用自身的信息、资金、规模等优势进入期货市场进行操作，从而间接将农户与期货市场联系起来，更好地发挥了期货市场的功能。棉花期货市场的价格发现功能可以给企业传达价格信息，指导订单农业合同的签订，有利于减少订单农业的违约，提高订单农业的履约率。目前国内订单履约率大概只有20%，关键是订单农业的价格风险没有转移出去。利用期货市场，通过期货市场的价格发现和套期保值功能能够将价格风险转移到市场上去，进而减少农户与企业之间“敲竹杠”的问题。通过棉花“订单农业+期货”模型可以解决订单农业可持续发展的难题，吸引更多的棉农参与订单农业，他们的利益得到有效保障。

每年棉花收获前后，众多棉花期货的参与者对当年供求关系预期会出现偏差，往往是远期期货价高于现货价。一些棉花经营公司依据远期期货价格，在扣除必要费用后，推算籽棉收购价，常常既能保证期现套做的利润，又能以略高于市场价收购籽棉，使棉农从期货市场得到实惠。

案例7-3

湖北银丰公司通过期货市场做套期保值

湖北银丰公司多年以来，在“订单+期货”的总模式下，每年在9~11月棉花收购季节，都参考来年棉花期货1月、3月价格，推算当年籽棉收购价，然后通过期货市场做套期保值，既保证了自身的经营利润，又保护了棉农的种植利益。2019年10月棉花收获季节，郑商所棉花期货2020年1月合约价为12215元/吨，当时籽棉收购价2.5元/斤，折合皮棉价格10300元/吨。该公司根据期货价格倒推籽棉收购价，以2.55元/斤的价格敞开收购籽棉，扣除加工费、仓单制作、运输等费用，不仅每吨有380元的经营利润，而且棉农每吨增加收入100元（每市斤增加收入0.05元）。

四、棉花“保险+期货”如何助力棉花产业？

2021年中央一号文件提出，要发挥“保险+期货”在服务乡村产业发展中的作用。在此基础上，2022年中央一号文件要求优化完善“保险+期货”

模式。自 2016 年以来，中央一号文件已连续 7 年提及“保险 + 期货”模式。

“保险 + 期货”模式，具体是指农业经营者或企业向保险公司购买价格保险产品，保险公司向期货经营机构购买期权转移风险，期货经营机构在期货市场上进行风险对冲操作，将风险转移至期货投资者。

自 2015 年推出试点以来，“保险 + 期货”模式加速推进，经过连续 7 年的运行，保险公司、期货公司和农业主体已经形成了紧密的合作关系，保障的品种涉及白糖、橡胶、大豆、玉米、棉花、小麦、鸡蛋、苹果、红枣和生猪等，不仅保障了农民的种植收益，也推动了期货等金融市场的发展。

（一）“保险 + 期货”模式

“保险 + 期货”，是指农业经营者或企业为规避市场价格风险向保险公司购买期货价格保险产品，保险公司通过向期货经营机构购买场外期权将风险转移，期货经营机构利用期货市场进行风险对冲的业务模式（见图 7 – 1）。它是基于为农业经营者提供价格避险工具发展起来的。农产品价格变动是影响农户收益的重要因素之一，农业经营者直接通过期货市场进行市场风险管理需要较强的专业知识、操作经验以及资金保障，这对于普通农户来说是一个较大的障碍。而相对于直接参与期货市场，农户对保险产品要熟悉得多，且不需要考虑保证金占用、强行平仓等期货规则，更易于被农户理解和接受，加之保险公司具有更强的综合实力和更完善的基层服务基础，价格保险产品更适用于保障农户收益。

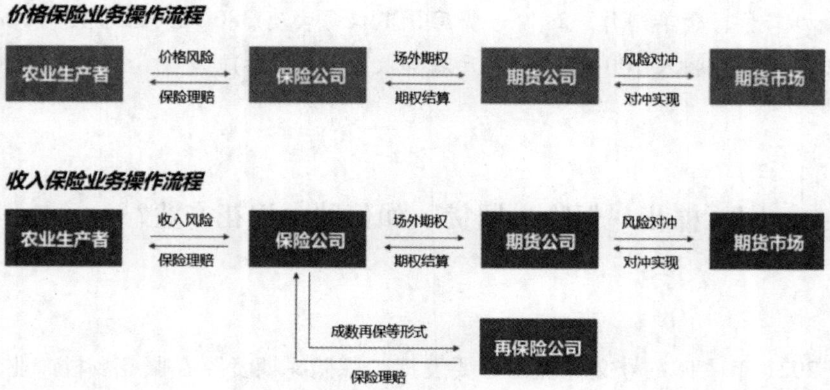

图 7 – 1 “保险 + 期货”运作流程

总体来看，“保险+期货”模式为农户提供了一种操作性较强的避险工具，将农民所面临的价格风险转移至期货市场，有效地完善了农业生产经营者与期货市场之间的连接机制，是农户或企业所面临的价格风险与期货市场之间的传送带，合理地利用和发展可以更好地发挥期货市场的风险管理功能。

（二）“保险+期货”模式的意义

对国家层面来说，“保险+期货”有利于进一步推动国家农业领域市场化改革，加快农业现代化进程，可以实现农产品价格由市场供需决定，有助于促进我国农业种植结构的改善；同时也有利于利用金融工具促进乡村振兴，健全农业再保险制度，发挥“保险+期货”在服务乡村产业发展中的作用。

对农户和企业来讲，通过参与“保险+期货”项目，在投保主体与期货市场中间引入保险，让投保主体通过保险公司购买熟悉的保险产品来转移价格波动带来的风险，可以提高投保主体进行风险管理的参与程度，有效分散价格风险，助推农业规模化生产，更有利于帮助投保主体对产品价格做出合理判断，科学安排种植、生产，有助于投保主体收益的保障。

郑商所自2016年开展“保险+期货”试点项目以来，截至2021年年底，已累计开展127个“保险+期货”项目，涉及棉花、白糖、苹果、红枣、花生5个品种，保险理赔金额累计3.28亿元，共有25万农户受益，有力支持了农民增收和产业发展。

7年来，大商所共开展“保险+期货”项目600个，合计投入资金9亿元，覆盖2892万亩土地，总现货量1457万吨，涵盖玉米、大豆、生猪等9个品种和指数，理赔12.76亿元，160万户农户受益。并且，大商所于2021年初上市了我国首个活体交割品种——生猪期货，围绕生猪期货开展“保险+期货”项目124个，覆盖全国28个省份，预计支持资金逾8000万元，实现理赔1.67亿元，有力支持了中小养殖户稳收增收。

上期所自2017年始，已连续5年开展天然橡胶“保险+期货”试点工作。2021年“保险+期货”及“期权稳产行动”项目总计赔付近1.15亿元，稳定了13.3万胶户的收入，保障了胶企稳定的原材料来源。

案例7－4

麦盖提棉花“保险＋期货”项目助力当地农民增收

为深入贯彻落实《中共中央、国务院关于实现巩固拓展脱贫攻坚成果同乡村振兴有效衔接的意见》文件精神，落实中国证监会推进“我为群众办实事”工作要求，2021年在郑商所的精心组织和大力支持下，宏源期货牵头，联合申万期货、海通期货共同承做，中华财险承保的新疆麦盖提棉花“保险＋期货”县域试点项目已顺利完成理赔，为5836户棉花种植户总计赔付约1018.87万元，项目实现赔付率116%，平均每亩赔付156元。

麦盖提县位于我国西部边陲，此前属于“三区三州”深度贫困地区，是中国证监会对口帮扶县，少数民族人口众多，棉花是该县的重点产业之一。首次在麦盖提县实施棉花“保险＋期货”县域试点项目，期初棉农对保险产品和项目模式并不是十分了解，项目过程中通过多次在各乡镇进行普及和宣讲，提高了农户参与度以及对该项目模式的理解，使项目得以顺利开展实施。总保障金额约2.13亿元，覆盖约6.53万亩种植面积，涉及少数民族5500余户，其中脱贫户1800余户。

随着2021年第四季度新棉抢收逐渐落幕，在疫情和外部宏观因素影响下棉价波动异常剧烈，该项目在后期价格下跌中帮助农户规避了风险，实现了利用棉花价格险为农户提供收益保障的目标。库尔玛乡铁热木买里斯村的农户努热艾力·斯迪克2022年投保了8亩地，缴纳保费95元，最终获赔1248元，他激动地表示：“前期籽棉价格卖得好，每公斤可以卖到11元左右，后边价格就掉到10元左右了，得知这次保险每亩赔付156元，非常感动也很感谢，明年还想继续参加‘保险＋期货’。”另一位来自尕孜库勒乡英巴扎村的农户努尔麦麦提·阿伍提说道：“我投保了20亩地，在我周围的人还犹豫的时候，我自己就先去买了，最后收到赔款3120元，帮助我抵消掉价格下跌的损失。‘保险＋期货’项目帮助每个农户防范了风险，我感到特别满意，也特别开心。”

此次项目顺利实施并取得显著的保障效果，农户的获得感、幸福感大幅提升。麦盖提县人民政府表示，此次项目依托郑商所的组织支持，同时获得申万宏源集团的帮扶资金，利用“保险＋期货”项目模式帮助广大种植户分散风险，极大地帮助了麦盖提县特色产业发展、促进农村人口增收。县委下一步将积极结合试点项目效果总结经验，通过该项目的实施提升种植户防范风险意识、加强与麦盖提县重点产业的衔接。

2021年12月中央农村工作会议强调，稳住农业基本盘、做好“三农”工作，巩固脱贫攻坚成果，加大对乡村振兴重点帮扶县倾斜支持力度。结合新时代治疆方略，宏源期货及其子公司将继续致力于充分发挥专业、资源、信息等方面的优势，提升“保险+期货”试点项目服务能力，切实保障农户收益，帮助当地特色资源转化为产业优势，推动乡村产业健康发展、农民生活富裕。

（期货日报网，2022年1月12日）

案例7-5

让农民放心种、放心卖——湖北省启动棉花价格“保险+期货”项目

3月15日，2022年湖北省棉花价格“保险+期货”项目在仙桃市启动。这是除新疆外的宜棉区在省级层面首次推动实施的棉花价格“保险+期货”项目，也是湖北省迄今实施的规模最大的“保险+期货”项目。

棉花是关系国计民生的战略物资，也是仅次于粮食的第二大农作物。但长期以来，棉花价格波动给种植户收入和企业经营带来极大的不确定性。

湖北是传统的产棉大省。为贯彻落实党中央、国务院关于完善棉花目标价格政策的决策部署，保障农民种棉收益基本稳定，推进棉花产业高质量发展，适度恢复湖北植棉面积，湖北省农业农村厅、湖北省财政厅、湖北银保监局、湖北证监局共同启动棉花价格“保险+期货”试点项目。

“保险+期货”模式，意味着通过保险公司与期货公司的携手，将棉花价格风险转移至期货市场。

近年来，湖北省当阳、公安等多个县市累计开展近30个“保险+期货”项目，覆盖棉花、鸡蛋、蛋鸡饲料、生猪、生猪饲料等多个品种，为8.6万头生猪、5万吨生猪饲料、2.2万吨鸡蛋、2.6万吨蛋鸡饲料以及1万吨玉米提供价格保障。从赔付效果看，2021年湖北省落地5单生猪“保险+期货”赔付，总保费规模764万元，累计实现赔付1054万元，最高赔付率

为 273%，平均赔付率达 120%。

“通过引入‘保险+期货’金融服务工具组合，对棉农实施精准补贴，锁定棉花价格，保障棉农收益，是应对大宗商品价格波动，打破棉农‘靠天吃饭’难题，稳定并提升湖北省棉农种棉积极性的有益尝试。项目不仅为棉花产业提供了新的风险管理工具，还丰富了政府助农的工具箱，为乡村产业发展注入金融动力。”湖北省农业农村厅副厅长陈志勇说。

据湖北证监局副局长王佐强介绍，棉花“保险+期货”试点项目涉及仙桃、天门、松滋、公安、石首、洪湖、宜城、浠水 8 个重点县市，预计总承保面积 40 余万亩棉花，具有覆盖范围广、保障力度大的特点。

记者还了解到，与以往棉花“保险+期货”项目主要覆盖收获季价格的保障方案不同，该项目贯穿棉花种植、收获等各阶段，种植期鼓励农民放心种，收获期鼓励农民放心卖。

项目的保险承保机构为中国人保财险、平安财险，期货目标价格行权服务为长江期货、永安期货、广发期货，郑州商品交易所提供支持。启动会上，试点县市代表——仙桃市与中国人保财险、平安财险、长江期货签署项目框架合作协议书。

“银光点染兆丰年，万顷星摇似雪融。”下一步，湖北省将鼓励引导更多棉农、合作社和涉棉企业参与“保险+期货”，支持探索金融服务“三农”新模式、新路径，力争形成示范带动、全面开花的局面，助力乡村振兴。

（湖北日报，2022 年 3 月 18 日）

五、加工企业如何利用棉花期货安排籽棉收购？

棉花期货推出后，中国的棉花加工企业不仅可以利用棉花期货价格指导采购业务，有效规避季节性因素对棉花价格形成的冲击，还能够根据棉花期货市场规范的质量标准提高收购质量，满足生产需求。

（一）利用棉花期货市场指导收购价格

在棉花期货上市之前，面对瞬息万变的市场价格，棉花加工企业只能冒很大风险在收获季节收购籽棉，加工后待价而沽，遇上不好的年景往往亏损很大。特别是每年籽棉收购的时候，常出现抢收籽棉的现象，恶意竞争导致的成本上升无疑给轧花企业带来皮棉价格下跌的风险。

而棉花期货上市后，加工企业有了预期价格指导，并采用期现套利和套期保值的方式，从而可以放开手脚收购籽棉，然后在期货市场“锁定利润”，这在棉花期货出现之前是难以想象的。通过期货价格预期指导作用并结合期现经营模式，加工企业不再担心抢购和价格下跌。如果期货价格信号显示远期棉价上涨，那么企业可以提前做好收购籽棉的准备，在籽棉收购初期可以适当高于市场价进行收购，以确保收购的竞争优势；当市场出现恶意竞争时，暂停现货收购，转而通过期货市场以保证金的方式购入棉花，以避开市场抢购局面。

（二）利用棉花期货提高棉花整体质量

1. 提高棉花质量是棉花流通体制改革需要解决的突出问题

棉花市场放开后，加工能力严重过剩的问题非常突出，众多企业在争夺有限资源的过程中，造成了棉花加工质量下降、混等混级、“三丝”和水分超标的普遍现象，严重影响了我国棉花产业的发展，也损坏了棉农的利益。为此，国家几乎每年都要召开会议并出台严厉措施解决棉花质量问题。

案例 7－6

棉花期货提升棉花加工质量

棉花期货运用市场化手段逐步改变了棉花加工质量差的状况，棉花期货上市以后，对棉花的加工质量起到了很大的提升作用。棉花期货交割库——荷泽市棉麻公司荷泽转运站站长葛建党表示，棉花期货的质量标准其实就是国家标准，只有严格按国家标准加工棉花，才能交到期货市场，才能到交割库进行公检，即使公检没有通过，价格也比其他一般棉花要高出 200 元/吨左右。

菏泽某棉业公司为了保证棉花加工质量，严把加工各个环节：收购时，对质量好的棉花每市斤加0.05元；收购后组织近百人进行分拣；同时不惜重金买来测定棉花回潮率的设备。公司经层层把关生产出的棉花公证检验期货交割合格率达到98%。仓单在期货市场卖出好价钱的同时，棉农也从优质优价中得到了实惠。

2. 棉花期货促使加工企业提高质量标准化意识，改进加工工艺

棉花加工企业要想通过期货市场卖出棉花，一般要采取以下几项措施：一是对籽棉严把收购关，好籽棉自然可以卖出好价钱；二是加大挑捡异性纤维的力度；三是做好收购和存放时的分级工作；四是提高僵瓣棉的拣出率；五是完善加工时的排杂装置。有些企业甚至还把质量管理“关口”工作前移，在收购环节通过向棉农发放纯棉棉袋和棉衣棉帽，来减少异性纤维的混入，要求农民做到“分摘、分晒、分存、分售”。通过一系列的努力，期货交割棉的合格率达到90%。

案例7－7

棉花期货使棉农、加工厂重视棉花质量

新疆某棉业公司是新疆最早参与棉花期货交易的企业，谈及按棉花国标加工棉花的情况，该公司总经理说：“由于多年形成的现货市场习惯，从棉农到加工厂对质量不够重视，收购季节常可看到棉农赶着小毛驴，用塑料编织袋装着籽棉，交售后掏出腰刀割破编织袋往棉垛上倒棉花。这就使大量驴毛、塑料丝混入棉花，造成大量异性纤维混入，严重影响棉花质量。棉花期货上市后，为了保证生产的棉花减少异性纤维，我们专门收购了几个加工厂，派专人监督加工过程。在收购季节还派人到棉田，给采摘人员发放专用布袋，真正做到进入棉田‘人戴帽子狗穿衣’，以确保籽棉不混入异性纤维。”

3. 随着棉花期货市场规模的扩大，我国棉花质量将进一步提高

自从棉花期货上市以来，通过一些加工企业的尝试，目前，每个棉花年度均有约占年产量2%左右的棉花通过期货市场流通，大部分加工企业通过期货市场组织仓单加工。由于知道了棉花的国家标准和包装标准，了解了如何能够让加工出来的棉花达到国家标准，加工企业在经济利益的驱使下，更

多地参与期货市场来套期保值。由于涉棉企业通过棉花期货市场可实现优价销售，普遍积极性较高，而一些生产高档纺织品的企业也已将目光转移到高质量的期货交割棉。郑商所通过中国棉花网对99家使用期货交割棉的纺织企业调研后发现，纺织企业对期货交割棉花的质量满意度达到96%。宁波百隆纺织有限公司、江苏华芳纺织集团每年都“舍近求远”地到棉花期货交割库提取期货棉。有些纺织企业根据用棉量分月通过期货市场买入棉花，既锁定了成本，又得到了高质量的棉花。河南省纤维检验局一位多年从事棉花公检工作的检验师认为，棉花期货交割的实践证明，通过市场利用经济杠杆是解决棉花质量问题的有效方法。棉花整体质量的提高，在使棉花产业链上各方受益的同时，棉农更是直接的受益主体。

六、加工企业如何利用棉花期货安排生产、合理销售?

加工企业可以通过期货市场的价格预测功能，合理安排生产进度，及时调整营销战略，充分发挥提前参与期货市场的经验优势，走出“中国式棉企”的产业化发展道路。

(一) 加工企业利用棉花期货市场安排生产进度

棉花加工企业在产业链上兼具籽棉收购和皮棉生产、销售业务，当棉花价格出现波动时，企业的风险就会加大。一旦出库不畅，现货挤压，就会面临贬值风险。而此时棉花期货为加工企业提供了风险管理工具。企业在收购籽棉的同时，一方面，可以择机在期货市场卖出等量的棉花期货合约，提前锁定利润以化解价格波动带来的市场风险；另一方面，加工企业可以根据期货价格发出的信息来安排生产进度以避免库存挤压。当行情清淡、出库不畅的时候，可以适当减缓生产进度，转而将精力更多地放在其他业务上；当期货价格发出行情转好或转旺信号的时候，可以适当加快生产进度。

案例7－8

利用期货信息领先竞争对手

某轧花厂根据期货价格信息判断2018年棉花市场将走入一个低谷，于是决定减少籽棉收购量、降低皮棉加工量，转而将更多的精力、人力、财力放在工厂扩建、设备更新上。尽管2018年该轧花厂籽棉收购量、皮棉加工量大幅下滑，但与竞争对手相比，其不仅成功避免了价格暴跌导致的现货贬值，更重要的是在竞争对手还在低谷中煎熬时，其已完成了工厂扩建、设备更新换代的重要任务。随着金融危机影响渐趋平淡，棉花在期货市场的交易逐渐活跃，轧花厂也开始积极行动起来，当别人无力收购籽棉的时候其开始大量收购籽棉，加大现货生产进度。当市场摆脱金融危机的影响，该厂已抢先一步完成了布局，拥有了充足的库存、畅通的销售网络和具有竞争性的皮棉价格等。通过期货信息，领先竞争对手一步，该厂就抢占了整个市场。

（二）加工企业根据棉花期货价格制定销售策略

什么时间、什么价格进行皮棉销售是皮棉企业普遍面临的难题。棉花具有很强的季产年销特性，每年的9月到次年的2、3月是加工企业集中收购籽棉加工皮棉的时间，加工的皮棉全年进行销售。一旦采购完毕，全年销售的皮棉成本也即确定，销售价格高出成本越高，获得的收益就越大。虽然市场价格瞬息万变，但我们可以根据期货价格信息，对照现货价格进行期现组合销售策略。

案例7－9

利用期货信息制定灵活可行的现货销售策略

天门某棉花公司是最早进入期货市场进行套期保值的棉花加工企业之一，多年来潜心经营，充分利用期货工具，取得了很好的效果与成绩。长期从事棉花贸易的公司领导人，深刻地领略过在没有棉花期货的日子里由于价格剧烈波动对“棉花人”的影响。与大多数企业一样，初识期货市场的该棉花公司最初只是把期货市场当成企业进行简单套期保值规避价格风险的场所。2018 年，当现货市场销售面临巨大风险时，该棉花公司与长江期货联合建立了信息共享平台，结合期现货市场分析决定一边入市采购原料，一边根据当天的原料收购数量进行卖出套期保值（见图 7－2）。由于当时价格下跌很快，很多未进行套期保值的涉棉企业亏损巨大甚至濒临停机歇业，而该棉花公司依然能够维持正常的开机运营。该棉花公司在长江期货研究部相关人员的分析和帮助之后改变观念，认为按目前的期货价格套保后虽然也会有亏损，但套保不仅仅是保价格，更应该是保趋势。在棉花价格大幅下跌之后，很多企业因为前期高价库存、账面严重亏损而纷纷惜售，整个行业举步维艰。该公司却抓住机会，迅速卖掉了现货，甚至在适当的情况下降价出货。究其原因，不过是该公司在期货市场进行了套期保值，能保住一定的加工费用，从而能在适当的时候降价销售增加销售额、回笼资金。通过期货工具，该公司规避了风险，保证了企业的正常生产，掌握了棉花销售市场的主动权。

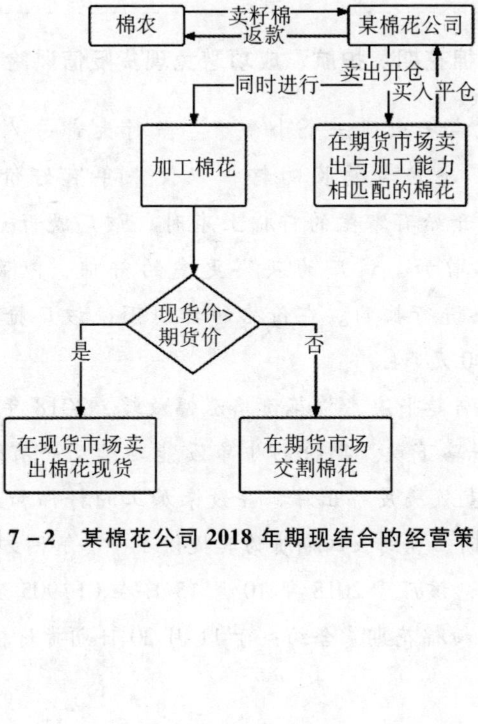

图 7－2　某棉花公司 2018 年期现结合的经营策略

七、加工企业如何利用期货避免现货库存风险?

通过参与期货市场，加工企业可以对存货进行价格“保险”，变被动适应为主动出击，降低经营风险，甚至取得可观的经济效益。

棉花加工企业身兼籽棉收购和皮棉加工两项任务，而籽棉收购往往比较集中，若在籽棉收购期不收购一定量的籽棉进行储备的话，后期就会出现“无米之炊”，因此加工企业一般都会在收割期囤积籽棉。而加工后皮棉属于全年销售，一旦棉花价格低迷或出现大跌，那么库存中的籽棉和加工后未及时销售的皮棉都会贬值。库存贬值不仅会降低企业利润，严重时甚至会出现亏本现象。按照前面所述，可以选择参与期货市场进行卖出保值，避免价格下跌导致的库存贬值。

案例 7－10

棉花期货护航，成功避免现货贬值风险

2018 年，棉花市场出现一个小牛市。当时大部分人判断牛市还将延续。新疆一轧花厂决定大量收购籽棉以便来年有好价钱出现“大赚一把”。2018 年 9 月开始有零星的籽棉上市时，该厂就开始出动人力进行收购。随着收购群体增加，该厂为获得更多的籽棉，以高于市场价 0.1～0.2 元/公斤的价格进行收购。在价格的作用下，该厂抢收了近万吨籽棉，综合成本高达 16500 元/吨。

随着籽棉收购渐趋平淡，棉花价格涨幅放缓，2018 年棉花现货价格由 9 月的 16300 元/吨一路下跌。期盼的牛市没能延续反而有逆转的迹象。由于看好后市，该厂一直放缓皮棉出库，导致未加工的籽棉和未销售的皮棉库存都远远高于往年同期。直到长江期货为其提供了一套解困方案才解决了难题。

根据方案设计，该厂于 2018 年 10 月 15 日在 CF1905 反弹至 16300 元/吨附近时，卖出 5000 吨棉花期货合约；于 11 月 20 日期货价格跌至 15000 元/吨时开始平仓，期货上获利 1300（=16300-15000）元/吨。由于现货没能及时卖出，只能按每吨 15500 元的均价卖出，每吨少卖 800（=16300-15500）元（见图 7-3、表 7-1）。

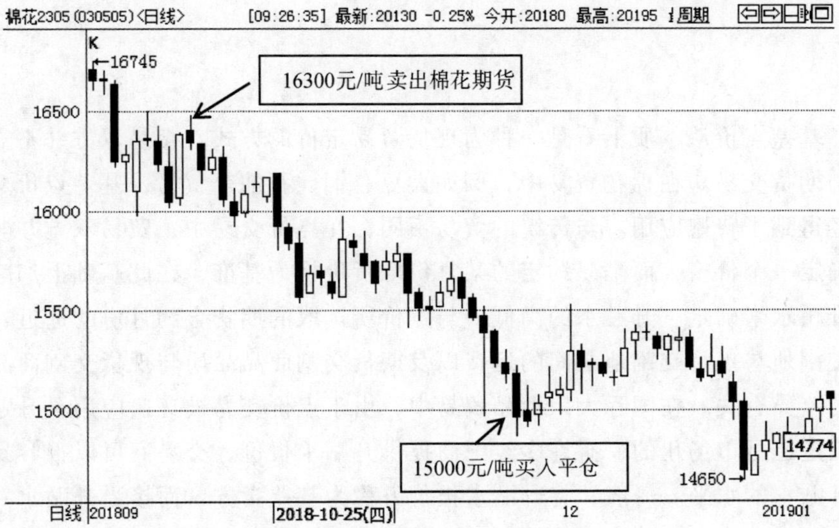

图 7-3　郑州商品交易所棉花 1905 合约 K 线图

表 7-1　卖期保值操作方案表

时间	现货	期货
2018 年 10 月 15 日	16300 元/吨	16300 元/吨
2018 年 11 月 20 日	15500 元/吨	15000 元/吨
结果	少卖 800 元/吨	赚 1300 元/吨

从数据上看，期货和现货操作完成后还多赚了 500 元/吨，是由于一般价格下跌时，期货市场往往下跌幅度更大，可以赚取基差扩大的收益。同时需要指出，虽然本次套期保值获取了基差的收益，但也有可能存在基差亏损；此外，偏高的现货库存不可能在短期完成的销售任务，而期货市场由于高效的流动性却很容易做到；更重要的是通过期、现货市场的操作，解决了库存偏大带来的贬值风险。

八、加工企业如何利用基差点价模式？

基差点价从本质上看是一种为现货贸易定价的方式，交易双方并不需要参与期货交易。在棉花贸易中，例如大豆、铜、石油等贸易，基差点价交易已经得到了普遍应用。与传统的贸易不同，在点价交易中，贸易双方并非直接确定一个价格，而是以约定的某月份期货价格为基准，在此基础上加减一个升贴水来确定。升贴水的高低，与点价所选取的期货合约月份的远近、期货交割地与现货交割地之间的运费以及期货交割商品品质与现货交割商品品质的差异有关。在国际大宗商品贸易中，由于点价交易被普遍应用，升贴水的确定也是市场化的，有许多经纪商提供升贴水报价，交易商可以很容易确定升贴水的水平。一般，将升贴水报价方称为基差卖方，而接受升贴水并拥有点价权的一方称为基差买方。根据点价权的归属，基差贸易可分为买方点价和卖方点价两种模式。

所谓买方点价交易，是指由卖方先在期货市场为自己的商品做套期保值，然后在现货市场上寻找买家。在买卖双方协商确定升贴水之后，由买方在事先约定好的时间内确定作为现货计价基准的期货价格。如果现货买方为了防止日后价格上涨而事先做了买入期货的套期保值工作，确定了买进时的基差后，积极在现货市场寻找货源，由交易双方协定升贴水，并由卖方进行点价则属于卖方点价交易（见图 7 – 4）。

对于棉花加工企业而言，其一般是卖方点价交易，先和贸易商签订基差采购合同，锁定自己卖出棉花的基差，然后视期货市场走势，择机点价，以期实现最大利润。对于加工厂而言，其利用卖方基差点价来销售棉花，可以提前确定自己棉花的销售，不担心卖不掉，同时也给自己选择卖出棉花价格的机会，好处甚多，但是也会面临棉花价格波动的风险。

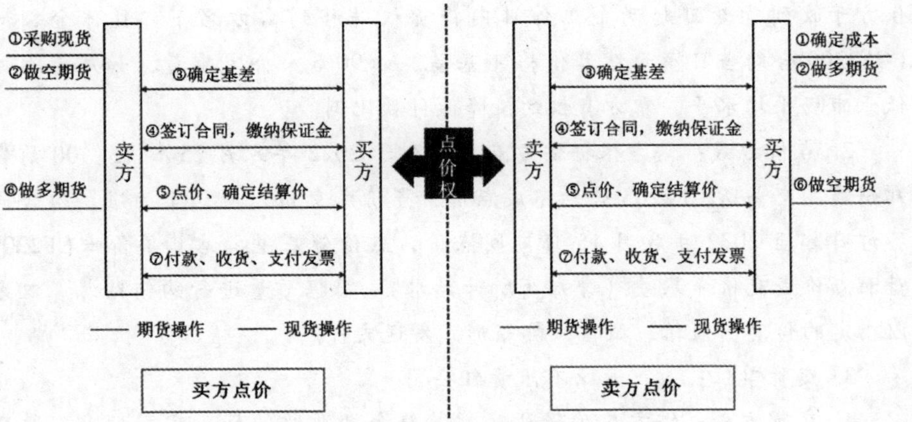

图 7－4　基差贸易的操作流程

案例 7－11

某贸易公司棉花基差点价合同样本

棉花点价合同

供方：××××××有限责任公司　　　　合同编号：

需方：××××××有限责任公司　　　　签订日期：　　年　　月　　日

根据《中华人民共和国民法典》，供需双方经友好协商，就新疆棉购销事宜，订立本合同，达成以下条款，以资共同遵照执行。

一、合同标的物

经过公检的新疆棉花______批，合计______吨，以中国纤维检验局出具的“监管棉花公证检验品质检验证书”确定的公定重量结算。供方所交货物质量应由需方认可为准，供方应确保完成全部交付义务。

二、合作方式

1. 货款支付：供方提供具体交货批次，需方确认棉花在库后，一个工作日内供方必须发起全国棉花交易市场协商交易，由需方指定第三方（需方资金方）与供方通过全国棉花交易市场签订协商交易合同，需方在合同签订后 5 个工作日将 90% 货款付至全国棉花交易市场。供、需双方通过全国棉花交易市场协商交易转移货权，供方承担协商交易手续费______元/吨。

供方于收到货款日起两个工作日内将货权转移到需方名下。具体金额＝（CF2209合约当日盘面结算价格＋基差）×90%×公定重量，如质量大幅低于市场平均水平，需方有权酌情降低付款比例。

2. 点价方式：需方根据供方点价指令于2022年8月15日15：00前在郑州商品交易所CF2205合约完成点价，点价成交价以确认单为准。自合同签订日起至2022年8月15日期间点价，点价锁基差，结算单价＝CF2209盘面点价成交价＋基差（含郑商所升贴水）。根据质量进行购销结算。双方以指定的传真、短信、微信、邮箱形式发送文件。

3. 交货单位：××××有限责任公司

4. 交货方式：供方应确保所交货物符合郑商所的棉花交割标准，所交棉花的质量需满足本合同第一条规定，不符合交割标准的双方另行协商定价。交货仓库为______（随货附多包证书、码单、检验证书、批次重量结果表电子版）。

5. 费用承担：标准仓单，货转前产生的所有仓库费用由供方承担，货转后产生的仓库费用由需方承担。

三、财务结算

需方按合同签订暂定金额预付货款：具体金额＝（CF2209合约当日盘面结算价格＋基差）×90%×公定重量。供方收到需方预付货款后5个工作日内，按照实际收款金额开具合同项下全部重量的增值税专用发票并邮寄给需方。

四、风控标准

在供方未点价情况下，需方预付货款后，CF2209盘面结算价较需方预付货款日CF2209合约价格每下跌达______点时，供方应在2个工作日内向需方追加______元/吨的保证金，依次类推，否则需方有权直接开仓卖出并按实际成交价最终结算，供方不得以任何理由提出异议。

供方对所交售货物的质量终身负责，如发生质量问题，供方应足额赔偿需方损失。

五、特别约定

1. 供方保证其合法持有上述货权，该货权不存在冻结、充抵、质押等限制转让或限制权利的情形，供方有权转让该货权及货权项下全部权利。

2. 供需双方在约定付款交货期间，郑州商品期货交易所棉花期货主力合约结算价发生较大价格波动时，双方必须按照合同价格执行。

六、违约责任

1. 需方逾期付款或供方逾期交货，每逾期一天，违约方应按逾期部分价值的万分之四向守约方支付违约金。如逾期超过三个工作日，守约方有权解除本合同，违约方应当支付逾期货物价值或逾期货款20%的违约金给守约方，并赔偿守约方损失。

2. 供方逾期提供增值税专用发票等单据的，视为逾期交货；供方提供的单据不符合约定的，需方有权拒收货物或要求退货；因供方逾期提供单据，给需方造成损失，则供方应当赔偿需方因此遭受的损失。

七、免责条件

因不可抗力不能执行本合同，双方应在事件发生后3日内通知对方。如发生特殊情况无法执行本合同，供方应提前通知需方，经双方协商后达成协议方可终止本合同。

八、其他约定

供需双方均须严格履行本合同约定的各项责任和义务，如违约，违约方承担因违约造成的对方的一切损失。本协议一式两份，经双方盖章生效，协议双方各持一份，双方均认可无涂改的扫描件或传真件与原件具有同等法律效力。因本协议而发生的争议，双方应友好协商解决，协商不成，由签约地法院管辖。

案例7-12

棉花期货为产业健康发展保驾护航

2021年6月17~18日，由中国棉花协会、全国棉花交易市场主办、郑州商品交易所协办的2021中国国际棉花大会在江苏省苏州市召开。来自行业组织、生产企业、贸易企业及纺织企业、金融机构的嘉宾围绕当前国内外棉花市场形势、期货服务实体企业模式及路径、推进棉花产业健康可持续发展等方面进行了深入探讨。国内外企业代表近800人参会。

期货日报记者在会上了解到，伴随着国内外经济复苏与消费回暖，棉纺织行业景气度持续回升，体现了行业的巨大韧性和内生动力。

2021 年 4 月以来，部分大宗商品价格涨幅明显，引起了国家有关部门的高度关注，也出台了一系列的调控措施。其中，受全球棉花供需偏紧、国内下游需求持续回暖等因素影响，棉花价格同样呈现出小幅上涨走势。对此，中华棉花集团有限公司总裁何锡玉表示，棉纺织产业链中上游原材料价格的涨幅与下游终端消费品的价格涨幅是相匹配的，整个产业链的价格传导机制是通畅的。

事实上，棉花产业链价格传导机制的通畅与棉花期货功能有效发挥密切联系。记者了解到，自 2014 年棉花目标价格改革实施以来，棉花期货高效发挥了价格发现功能，期现价格相关性达到 0.9 以上，在市场供需失衡及产业政策发生变化时，能精准、快速做出反应，为市场主体科学研判棉花市场形势提供了强而有力的依据。此外，棉花期货价格精准反映市场供需变化，已成为现货贸易定价基础。

从过去的“一口价”到现在广泛开展的点价交易、基差贸易，实体企业参与期货不断深入，利用期货工具稳定原料成本、规避市场价格波动，从而提升企业经营效益。棉花期货更好、更广泛地服务棉花实体企业，市场定价更加公平有效，利润在全产业链的分配更加透明合理，也从一定程度上促进了棉花产业的健康发展。

此外，在助力企业稳健经营、扩大规模方面，期货市场同样发挥了重要的作用。中棉集团的年贸易量从过去 50 万吨发展到如今的 75 万吨，未来仍将继续扩大，这得益于棉花期货和棉花期权让企业风险得以规避。

据了解，目前棉纺织产业链上、中、下游企业参与期货市场还存在一些不均衡的情况，下游纺织企业参与期货市场的积极性明显弱于中、上游原料型企业。后期可以通过探索利用郑商所场外平台更好地服务于纺织企业。

（期货日报网，2021 年 6 月 20 日）

自测题

一、填空题

1. 棉花期货市场产生以后，农民有了远期的价格参考体系，农民可以更科学的方式进行收益测算，棉花种植收益具体测算公式可以表示为：种植棉花的每亩效益 =（______ - ______）× 棉花单产 - 每亩成本。

2. 一般而言，水稻、小麦及玉米等农产品价格的高低与棉花种植面积的大小之间具有较强的______。

3. 在很多经济发达国家和地区，期货价格信息常常被政府部门用来引导农民规避种植风险、优化种植结构，这主要是基于期货价格具有______。

4. 当涉棉企业需要高品质棉花时，在现货市场一时难以实现的情况下，企业可能通过期货市场买入进行交割，这主要是基于期货市场______可以增加买卖双方的成交效率。

5. 纺织企业可以利用棉花价格信息进行采购的基础，在于期货价格反映了大多数市场参与者的预测，具有______。

6. 当期货价格发出明确的走软信号时，企业可以根据消费情况放缓采购进度，推迟采购时间点，若库存较高，可以在期货市场______以防止极端行情出现造成的贬值。

7. 棉花加工企业，一般是通过______方式进行基差贸易。

8. 农产品生产价格与农业结构调整相互作用、相互影响，期货市场的价格发现功能有助于引导农户合理安排和调节______，促进农业经济持续、稳定和健康发展，有助于棉农挖掘卖出时机，获取稳定收益。

二、选择题

1. 在传统生产模式下，我国棉花生产与销售存在的问题包括（ ）。

A. 棉农生产存在较大盲目性　　B. 棉农收益不稳定

C. 生产规模小、效益低　　　　D. 棉花品质差

2. 采购是纺织企业最重要的活动之一，棉花期货市场对纺织企业采购活动的指导作用主要体现在（　　）。

A. 采购数量　　　　B. 采购时间

C. 采购价格　　　　D. 采购品质

3. 纺织企业利用期货市场指导现货采购，在确定采购价格升贴水时可以参照的标准包括（　　）。

A. 棉花期货价格　　　　B. 棉花现货价格

C. 同行的采购价格　　　　D. 交割棉花的品质

4. 我国棉花产业难以满足现代棉纺织工业的要求，主要原因包括（　　）。

A. 商品棉异型纤维含量高　　　　B. 同级棉不同批次

C. 不同棉包产品等级有差异　　　　D. 棉花总体产量低

5. 棉花期货推出以后，贸易商可以利用期货市场价格所具有的（　　）和（　　），灵活制订采购与销售计划。

A. 投机性　　　　B. 权威性

C. 预期性　　　　D. 灵活性

6. 通过期货市场的实物交割来采购材料具有以下两大优点（　　）。

A. 节约运输成本　　　　B. 交易手续简单

C. 质量能够得到保证　　　　D. 采购合约履行能够得到保障

7. 农产品生产价格与农业结构调整相互作用、相互影响，期货市场的价格发现功能有助于引导农户合理安排和调节生产结构。棉花期货在促使棉农调整种植结构方面有所作为，原因在于（　　）。

A. 期货价格反映市场供求关系

B. 期货价格能够引导春耕，为棉农的种植意向提供指导

C. 棉花期货价格有广泛、透明的传播渠道

D. 棉花期货可以拓展棉农收入来源渠道

参考答案

一、填空题

1. 棉花期货合约价格－交割成本
2. 负相关关系
3. 预测性
4. 充裕的流动性
5. 权威性
6. 进行卖出
7. 卖方点价交易
8. 生产结构

二、选择题

1. ABCD　2. ABCD　3. AD　4. ABC　5. BC
6. CD　7. ABC

第八章

贸易商如何利用棉花、棉纱期货及衍生品

本章要点

本章主要讲述了棉花贸易商如何利用期货市场价格发现与套期保值功能指导企业现货采购、销售，以及渠道维护、扩张、品牌建设。通过鲜活的案例、通俗的文字来讲解如何利用期货市场价格发现和套期保值功能解决实际经营中遇到的问题，为棉花产业链企业参与期货市场解决问题提供参考。

一、贸易商如何利用棉花期货功能进行贸易活动？

（一）利用期货价格信息判断趋势决定贸易活动

棉花贸易商处于产业的“夹层”地带，一方面要与加工企业进行博弈，

另一方面要与消费企业进行博弈。在加工企业和消费企业的夹击之下，贸易商需要对趋势有准确的判断，否则就会发生现货贬值或“买在天花板，卖在地板砖”的情况。有了棉花期货之后，企业可以参考期货价格信息作出选择，当价格处于明显的上升周期中，贸易商可以加快采购、销售进度，甚至可以适当延缓出货进度；当价格处于明显的下跌周期中，贸易商要放慢采购进度甚至可以取消部分采购计划，并且加大销售力度。

（二）利用期货管理库存

根据马科维茨的组合投资理论，无论是期货头寸还是真实的现货库存都是企业的资产。那么，将现货市场和期货市场的头寸作为企业资产来看待，就可以指导贸易商进行库存管理，将总库存维持在相对合理的位置，也就避免了价格剧烈波动可能带来的损失。

假如某贸易商正常情况下每季度可以销售1万吨棉花，为防止价格波动加大企业的经营风险，企业可以通过期现结合的方式将期限库存维持在1万吨左右，以保证企业的正常经营。当现货库存高于1万吨的时候，可以根据市场变化在期货上做相应的空单，保证期现库存（现货库存－期货库存）维持在1万吨附近；相应地，当现货库存低于1万吨的时候，可以通过期货市场买入棉花期货，保证总库存（现货库存＋期货库存）维持在1万吨附近。这样做的好处在于：当行情不好的时候，不用担心库存过大而贬值，期货由于活跃性较高，成交要优于现货；而当行情好的时候，不用担心库存偏低，可以直接通过期货市场补齐库存，同时也避免了在行情好时出现现货惜售而不易获取的局面。

案例8－1

期现结合稳步发展

青峰棉麻工贸（以下简称“青峰公司”）是一家注册资本仅有200万元的皮棉贸易企业。在2010年的牛市行情中，受困于资金小，不能像大贸易商一样囤棉花获得超额利润。青峰公司采取的策略是“少量多次贸易”，以期通过贸易量来达到在高成本高风险的市场生存的目的。2010年9月，棉花行情已经启动，但青峰公司没有多余的资金进行更多的现货采购。于是，该公司按照计划，根据企业常规经营量和当前现货库存，在期货市场买入棉花CF1105合约多单500吨，将期现货的头寸维持在600万吨。2010年9月，由于籽棉减产及质量差，皮棉现货市场“一天一个价”地上涨，现货采购空前艰辛。青峰公司一方面根据现货市场情况推迟出货时间，另一方面由于公司需要通过销售回笼资金，当棉价不断刷新历史高价的时候，青峰公司开始出货。2010年10月，当棉花价格达到2.7万元/吨的时候，无论生产商还是贸易商都闭市不进行交易。在现货异常紧张的时候，青峰公司以高于市场价300~500元/吨不等的升贴水出售现货套现。为平衡现货库存降低，青峰公司同时在期货市场继续买入远期期货合约。11月，当棉价突破3万元/吨大关时，不仅现货采购困难，现货销售也变得困难。此时，青峰认为这不是好事，开始降低期货合约多头头寸，实现了现货难以销售而期货套现的目标。随着11月到12月棉价回落，青峰公司认为在新季棉花上市前，棉花供应比较紧张，趁价格回落前在市场上采购棉花。此时棉花现货依然难以采购，青峰公司只好再次在期货市场买入期货合约。由于现货库存量小，此次期货补库存一方面保持了交割现货库存，另一方面还做到期现货总库存与计划经营量保持一致。通过期现的灵活操作，青峰公司尽管一次性成交的规模不大，但2010年年终总成交量居然突破了5000吨，公司业绩大幅攀升。

通过期现结合将总库存维持在一定的水平，不仅可以灵活地应对各种行情，还可以规避风险。期现结合管理总库存对于贸易商而言是必须具备的能力，否则在变化莫测的市场中很容易被套牢。

（三）利用期货指导采购、销售活动

在现货市场中，通常会出现“买涨卖跌”的现象，这也是现货贸易者头疼的问题。这是因为现货市场价格变化节奏相对较慢，当价格开始上涨的时候，买方开始加快采购节奏，而卖方看着价格上涨，开始有意地放慢出货节奏，以期卖出更高价，于是在买卖双方的博弈下，价格再次被推升。随着价格不断上涨，买方担心价格继续上涨被迫接货。通常情况下，在价格高涨的时候，买方热情很高，即使有利空信息出现也不会影响其热情，这就是市场上常说的“买涨不买跌”。此时往往由于价格高企，消费陷入疲软、市场

开始转淡，卖方被迫开始降价出货，而此时买方认为行情转淡还会有更低的价格出现，于是进入观望期，成交清淡、卖方继续降价。如此循环，“买涨卖跌”的现象就发生了。

如何避免这种不合理的采购现象呢？随着期货的诞生，“买涨卖跌”的采购模式开始慢慢改变，企业通过期限套利、套期保值的方式将期货和现货两个市场充分结合，不再考虑价格的涨跌，而是考虑期现货的基差变化以及销售量的情况，从而使贸易商可以按照正常的计划采购、销售现货，尽量避免“买在天花板，卖在地板砖”的现象发生。即使发生这种情况，也由于做了套期保值，可以避免纯现货市场操作的“买涨卖跌”带来的损失。

案例 8－2

利用期货市场补充远期现货库存

作为流通环节，贸易商往往需要提前签订采购合同，正常情况下的经营风险在于现货价格下跌，因为签订合同要支付20%以上的订金。签订的短期合同还好办，若是较长时间的合同，资金成本占用就会过高。在这种情况下，也可以选择通过买入棉花期货合约进行保值。更重要的是，通过买入棉花期货合约，可以建立远期棉花“隐形”库存。

2010年7月，武汉一贸易商在经过充分的市场调研后，认为2010年棉花价格将会出现大涨。市场普遍预计籽棉价格将超过4.5元/斤，现货价格至少19000元/吨以上。然而，作为建立不久的新生贸易商，其资金链并不顺畅，手上的现货也并不充裕。减产、质量下滑已经成为业内普遍讨论的事情，籽棉开秤价格一路上扬。在成本推动下，棉花价格上涨已成必然。作为小公司，不可能像大公司一样去市场大量采购棉花，因为即使在现货市场拼得头破血流，也不一定能买到称心如意的棉花；就算采购到了棉花，也要等到几个月后才能出售。与其这样不如避开现货市场的厮杀，抓紧机会在期货市场买进棉花合约，提前获得远期的使用权。2010年7月，棉花期价还在18000元/吨附近徘徊，该贸易商大胆进场买入CF1009和CF1105合约。近月合约以备交割，为短期贸易做准备，远月合约为2011年做库存准备。

2010年9月籽棉上市开秤时，棉花果然质量差，产量也有下滑。收购价格一天一个价地上升，棉花价格也是水涨船高。由于期货棉属于品质相对较高的棉花，9月交割的棉花成为现货市场的“香饽饽”（见图8－1）。面对疯狂的牛市，尽管每天提价300~500元/吨，但依然低于现货市场平均价100~200元/吨。一时间，公司办公室电话不断、洽谈合作的生意人络绎不绝。短短数月，公司的招牌已在湖北市场小有名气。CF1105合约上的多单，在棉花价格突破3万元/吨的时候全部离场，将资金回笼以备企业发展之需。该贸易商通过期货市场的操作，不仅保证了库存，更重要的是抓住机遇，很快站稳了脚跟。

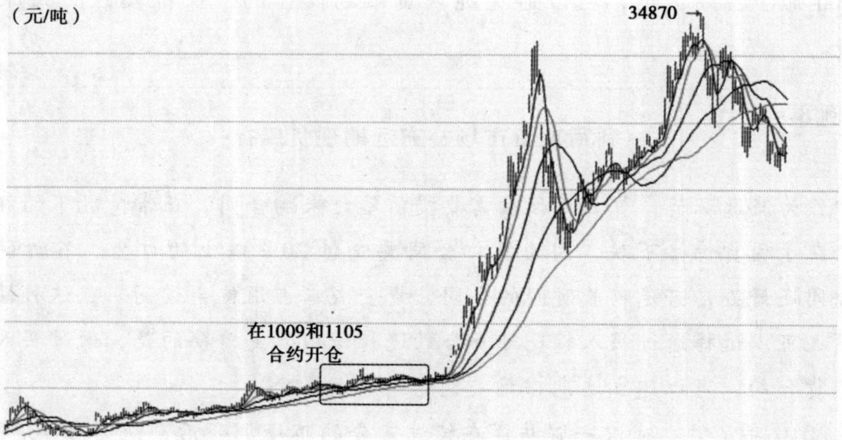

图8－1　郑州商品交易所棉花期货走势

案例8－3

利用期货、期权保证远期合同交付

A公司是一家中小型棉花贸易企业，日常经营采用以销定采模式，购销价格以随行就市为主，棉花月现货购销量为200多吨。2020年新冠疫情暴发以来，棉花价格先抑后扬，价格持续上涨，A公司采购成本也不断增加，给企业增加了经营负担。因为对棉价后市看涨心态强烈，企业对于锁定成本存在较大的需求。

（一）策略选择

2020年4月国内疫情形势基本得到控制，棉价回升，但由于此前跌幅较大，该企业库存水平持续维持低位。2020 年 4 月底该企业签订一批远期销售合同，将在 7 月完成 220 吨棉花供货，此时棉价仍在缓慢回升，企业担心未来价格上涨侵蚀利润，决定通过棉花期货进行买入套期保值，锁定采购成本。由于疫情的反复，企业对未来实际需求能否继续支撑棉价仍心存疑虑，因而决定买入看跌期权对期货买入保值头寸进行保护，在利用期货规避价格上涨风险的同时，也通过看跌期权锁定了期货头寸朝不利方向变动带来的最大损失（见表 8－1、图 8－2、表 8－2）。

表 8－1　　企业策略选择

项目	具体策略	开仓手数	合约月份	行权价
选择	买入看跌期权	44 手	CF2009 合约	10000 元/吨
原因	锁定了期货头寸朝不利方向变动带来的最大损失	对应现货，计划采购 220 吨棉花（1 手棉花期权合约的交易单位为 5 吨）	与买入套保的期货合约一致	当 CF2009 价格下跌至 10000 元/吨时，经营风险较大

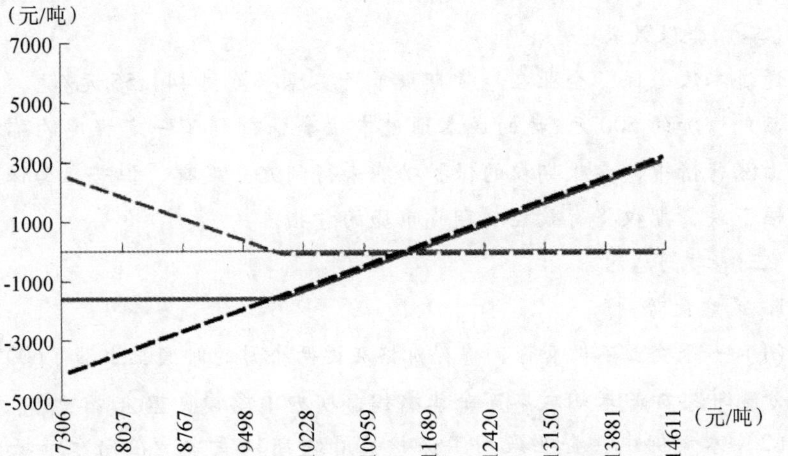

图 8－2　期权到期盈亏

表8-2 企业套保操作

时间	价格						
2020年5月6日~5月15日	11450元/吨	计划7月采购220吨棉花	11432.27元/吨（建仓均价）	依据行情分批建仓44手CF009多单	134.5元/吨（建仓均价）	期货建仓的同时，买入44手虚值看跌期权	期货保证金20万元，支出权利金2.96万元
2020年7月3日~7月6日	12050元/吨	分批买入220吨棉花	12008.64元/吨（平仓均价）	根据采购数量同步平仓期货头寸	2.73元/吨（平仓均价）	根据期货头寸变动，同步平仓期权	期货平仓盈利12.68万元，期权平仓亏损2.9万元，净盈利9.78万元
总结	现货采购成本上涨600元/吨	现货采购资金多支出13.2万元	与预判基本一致，期货价格持续走高	期货市场盈利576.37元/吨	期货价格走高，看跌期权的价值大幅衰减	受流动性影响，最终平仓20手期权	套保盈利444.55元/吨，套期保值综合损益-155.45元/吨

（二）套保效果

通过本次套保，企业在期货期权市场实现净盈利444.55元/吨，现货市场上额外增加的600元/吨的成本通过本次套保得到了一定程度的弥补。在棉价上涨行情中，看跌期权的保护功能未得到充分发挥，但若在套保期间棉价大幅下跌，期权将有效控制期货市场的亏损。

（三）案例总结

1. 策略优势

（1）如果企业不做套保，棉花价格在近两个月的时间里上涨了600元/吨。这部分额外增加的采购成本需企业承担，增加了经营负担。

（2）本案例中，企业采用了保护性看跌期权策略，在期货市场建立虚拟库存的同时，通过买入看跌期权的方式保护期货多头头寸，防范下跌风险。若CF009合约在企业采购现货时跌至9500元/吨，则该看跌期权CF009P10000将为企业带来至少500元/吨的盈利，在一定程度上弥补期货市场的亏损，起到保护作用。

2. 风险应对

期权合约流动性不足。由于企业在初始建仓时购买的是虚值看跌期权，而后续行情持续上涨，在后期平仓时面临流动性不足，只平了44手中的20手，造成了一定的损失。因此建议企业在购买期权的同时，优先选择流动性较好的合约，平仓时间也可以依据行情走势灵活调整，与现货操作匹配并不意味着百分百同步。

（四）经验及心得

在本案例中，企业成功达到了锁定采购成本的套期保值效果，但是套期保值是一项长期管理机制，要和企业正常的生产经营充分结合。企业生产经营计划在不同的环境下也要根据市场变化进行及时调整，因而与现货交易密切相关的期货套保操作也需要适时调整。

二、贸易商如何利用期货市场来锁定利润？

棉花贸易企业在经营中最担心的是棉花价格的波动造成的库存亏损。在拥有库存的情况下，就怕行情出现低迷、现货出库不畅的情况，这不仅会使企业资金周转困难，也会影响其他工作的正常开展。在国际市场中，一般贸易商都会通过期货市场锁定预期利润。贸易商可以在签订供货合同的同时在期货市场中买入棉花期货标准化合约，锁定棉花价格、确保利润。

案例8-4

贸易商利用卖出看涨期权获得额外利润

（一）案例背景

2020年下半年国内与国外、新棉与盘面价格劈叉，新棉大幅升水盘面，盘面接近给出进口外棉滑准利润，无法给出新棉套保空间。下游决定了盘面向新棉成本以及外棉价格靠近，下游产销大幅好转，补库需求强烈，现货价格偏强运行。考虑到国内棉花库存仍然偏高，全球棉花2020~2021年仍是产量过剩，现货上涨空间预计有限。

1. 现货供需情况

(1) 供应方面：美国农业部（USDA）下调全球期末库存，美棉大幅上涨，郑棉受国内成本上涨及消费好转影响，盘面价格大幅上涨；2020～2021年度，全球产量略微下降，主要由美国产量下降导致；印度棉花产量小增，整体仍然处于产量过剩的状态。国内棉花产量同比或持平。新棉陆续上市，收购价格持续上涨。

(2) 需求方面：2020～2021年度消费量同比预计增加10.3%。短期看，国外疫情有二次暴发可能，预期调低全年消费量；国内方面，消费大幅好转，中国疫情平稳，出口订单增加；随着疫苗研发进展乐观预期影响，后期消费持续恢复或可期待。

(3) 库存方面：商业库存同比小降，工业库存维持下降态势。9月底全国棉花商业库存总量约209.30万吨，较上月减少35.70万吨，降幅14.57%。棉花库存降幅较大表明下游市场复苏，市场情绪恢复。

(4) 基差方面：基差平稳运行，处于均值附近。

(5) 利润方面：棉纱销售好转，利润抬升。

(6) 现货成交：短期棉花受到成本支撑及下游点价抢货出现大幅上行。纺企恐新棉价格大涨，对陈棉加大了采购力度，现货市场成交情况继续好转。

2. 企业基本情况

该企业是目前国内规模位于前列的棉花流通企业，棉花年经营量达百万吨以上，经营规模已跨入全球同行前列。集团内部设有风险管理部门，公司业务为棉花的购销，所以在期货盘面会进行相应的买入或者卖出保值。该企业有棉花常备库存10000吨左右，由于新棉成本较高，盘面无法给出较为有利的套保空间，而随着盘面价格的强势运行，如何更为优化地采取保值策略成为该企业重点工作。

企业预判价格将短期上涨，不具备持续上涨的条件，长期仍处于震荡格局，有优化库存利润的需求。

(二) 策略选择

经过基本面分析，企业认为棉花价格近期处于短期供需错配，是由新棉及外棉定价偏高、现货补库情绪高涨引起的棉花价格大涨。但是由于棉花新年度全球供需仍偏过剩，短期矛盾得到解决后，价格不具有上涨的持续性。因此认为短期棉花价格仍有上涨空间，但是空间有限，并且当前波动率同期偏高，权利金较贵，则卖出获取的收益会非常可观。所以企业选择卖出CF101看涨期权，给现货库存留出较高的套保空间，并在期权到期后接期货空单头寸（见表8-3）。

表8-3　　企业策略选择

项目	具体策略	开仓量	合约月份	行权价
选择	卖出看涨期权	700手	CF101合约	13850元/吨
原因	期货无合理套保区间，短期上涨，但不看好长期持续上涨，用期权头寸替代期货，优化库存利润	对应库存3500吨（1手棉花期权合约的交易单位为5吨）	企业套保时间为2020年10月至11月，因此选取2101主力合约	当企业以13850元/吨价格卖出棉花现货，可以达到目标利润率

（三）策略执行（见表8-4）

表8-4　　企业套保效果

时间	现货价格	期货价格	现货操作	期权权利金	期货操作	结果
2020年10月9日	成本13000元/吨	13295元/吨	库存准备3500吨	150元/吨	开仓卖出CF101、3500吨	收取权利金525000元
2020年10月23日	现货价格14585元/吨	14425元/吨	无现货操作		获得14000元/吨成本空单3500吨	追加保证金3835560元
2020年10月30日	现货价格14700元/吨	14505元/吨	销售库存3500吨		平仓空单，期货端亏损1767500元	综合收益（结合现货，不计资金成本）4182500元
总结	现货端成本确定，锁定了更高的销售利润	采取期货套保，利润将大幅压缩，面对强势拉涨，追保风险大	根据现货情绪、基本面分析等，确定销售时机		面对变化剧烈的行情，可以采取灵活调整期权策略进行优化	相对于期货套保，用更低成本的资金锁定了更高的销售利润

（四）套保效果

CF101 在 2020 年 10 月 9 日 ~2020 年 10 月 23 日从 13200 元/吨大幅上涨，累计涨幅 10%，波动加剧，如果根据以往套保操作，企业在盘面进行直接套保，盘面大幅上行，将面临保证金追加；而实际上采取卖出看涨期权，给了空单缓冲空间，相较于普通套保，保住更多利润。

（五）案例总结

1. 风险应对

资金面宽松带来的乐观预期持续发酵，价格由强势进入疯狂阶段，盘面持续拉涨，企业将面临追加保证金风险，须提前准备充足资金，以应对价格大幅上涨的追保风险。

2. 经验及心得

在熟悉和灵活运用期权策略后，企业可以采取看跌“三领口”或者跨式期权组合来优化期权套保效果。

风险管理是一项长期管理机制，要和企业正常的生产经营充分结合。企业生产经营计划在不同的环境下也要根据市场变化及时调整，因而与现货交易密切相关的衍生品工具套保操作也需要适时调整。

案例 8－5

期货市场为棉花贸易商提供避风港

河南一家棉花贸易企业，年经营量在 10 万吨左右，既做国产棉贸易，也做进口棉贸易。经营方式就是先大量买入现货棉花，然后逐渐销售。在计划经济时代，这样操作是没有风险的，但现在棉花价格波动很大，稍不留神就产生亏损，所以该企业进入期货市场进行套期保值操作。

2006 年年初，该企业购进 5 万吨棉花，其中进口棉 3 万多吨（当时现货市场价格是 13700 ~13800 元/吨），国产棉 1 万多吨（现货市场价格约为 14000 元/吨），计划在 5 月销售完毕。这意味着不管市场上的棉花价格怎样变，也必须销售完毕。若价格上涨，则销售任务肯定能够完成；若价格下跌，则将面临来自销售价格的困难。作为企业来讲，要将风险防范放在首位。因此，该企业从2006年1月开始在郑州期货市场和撮合市场逐步建立卖出头寸。卖出头寸的建立，其实就相当于已经按当前的市场价格销售了棉花，减轻了现货的销售压力，改善了现货的销售环境。

当时期货价格比较高，在15300~15700元/吨，这个价格本身对企业来说已经有非常大的利润空间。所以该企业在期货市场上逐步卖出了2万多吨的头寸，这就相当于现货减少了2万多吨，现货的销售压力大为减轻。在2006年1~2月，该企业现货销售了近2万吨，当时现货很好销，在销售现货的同时，该企业并没有同步减少保值头寸。一方面是因为手里还有2万吨的现货，另一方面已经销售的现货利润很大，同时保值头寸也看不出有止损的必要，计划暂时不需要调整。

到2月底期货价格开始下跌，同时现货价格也开始下跌（见图8-3），市场出现了新情况。该企业一方面加大现货销售力度，另一方面密切关注盘面的变化。非常幸运的是，期货价格下跌的幅度大于现货，速度也快于现货，保值头寸的保险功能开始发挥。从这时开始，该企业基本上是销售1吨现货，就同步减少期货保值头寸，保持这样的节奏，最终将现货销售完毕（见表8-5）。

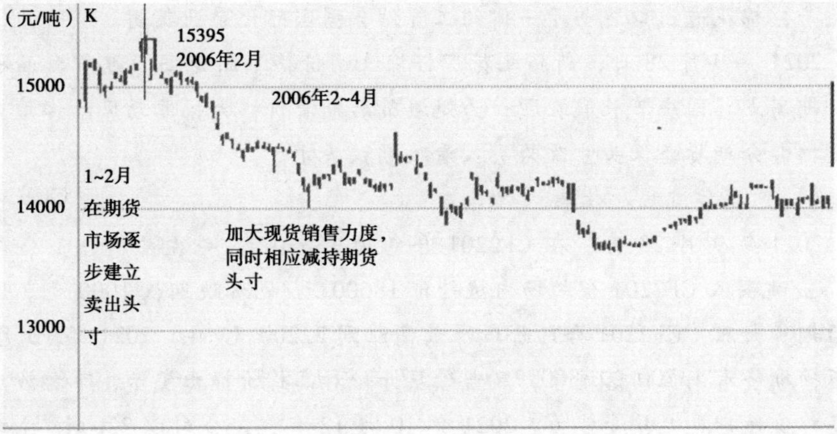

图8-3　ZCE期棉走势图（日K线）

表 8－5　　卖期保值操作方案表

时间	现货市场	期货市场	期货操作
2006 年 1～2 月	收购 5 万吨 14000 元/吨	开仓价格 15500 元/吨	卖出 CF0605 合约 6000 张
2006 年 2～4 月	销售 5 万吨 13700 元/吨	平仓价格 14000 元/吨	买进 CF0605 合约 6000 张
期现盈亏	亏损 300 元/吨 利息 500 元/吨 合计亏损 800 元/吨	盈利 1500 元/吨	
合计	盈利 700 元/吨×3 万吨＝2100 万元		

案例 8－6

贸易商利用期权替代期货套保，避免追保风险

A 公司是国内大型涉棉企业之一，是集棉花收购、加工，棉纺织品及服装生产，棉花进出口贸易于一体的工贸结合型国际化企业集团。

2021 年 9 月 28 日，新疆轧花厂籽棉收购价格不断走高，期货盘面也突破前期高点。国庆节长假在即，为规避节后期货价格大幅波动风险，该企业决定把部分期货套保头寸改为买入看跌期权头寸。

（一）操作流程及效果

2021 年 9 月 28 日，在 CF2201 合约为 18530 元/吨左右时，A 公司以 845 元/吨买入 CF2201 合约场内执行价 18600 元/吨看跌期权 1000 吨。国庆节后期货大涨，CF2201 合约阶段性最高涨到 22200 元/吨。2021 年 10 月 11 日后，期货有高位回落迹象，且监管层开始对高棉价提出警示，下游纱厂对于高棉价短期也无接受能力。2021 年 10 月 12 日，A 公司以 220 元/吨卖出 CF2201 合约场内执行价 18600 元/吨看跌期权 1000 吨，同时在 21210 元/吨的价位卖出 CF2201 合约套保（见表 8－6）。

表 8-6　　价格盈亏情况

时间	现货价格	期货价格	CF201P18600 价格	总盈亏
2021 年 9 月 28 日	18675	18530	845	
2021 年 10 月 12 日	21599	21210	220	
盈亏	2924	2680	-625	2299

本次国庆节前后，A 公司通过期权置换期货套保，取得了更好的套保利润，且规避了期货大幅上涨的追保风险，同是1000 吨，并且虽然期权亏损了 625 元/吨，但是现货价格的涨幅完全弥补了期货的亏损，因此本次操作1000 吨棉花理论上每吨获利为：2924（现货盈利）-625（期货亏损）=2299 元/吨。并且用期货头寸置换了期权头寸，成功躲避了 11 月底的大跌行情。

（二）注意事项

1. 如果节后期货没有大幅上涨，反而大幅下跌，则期权套保的效果远不如期货，可能造成基差损失。

2. 期货大涨后，如果没有用期货再次置换期权套保头寸，且未来如果价格下跌，则将失去额外套利机会。

案例 8-7

优势互补，共同发展

利用期货市场进行套期保值可以使企业规避风险，但对于中小企业而言，参与期货市场还存在着一些资金、信息和专业知识方面不足的问题。一些期货公司捕捉到这一市场问题，利用自身资源优势为企业参与期市提供服务，共同谋求发展。

中邦公司便是这样一家中小型贸易企业，刚刚涉入棉花贸易，对市场还不熟悉，尤其是贸易渠道还在逐渐开拓中，有了库存不一定能保证有畅通的销售渠道，若有渠道而无库存更不行。既要保证在销售渠道欠缺的时候库存安全，又要保证在有客户的时候有充足的库存，是中邦公司遇到的问题。经过思考，中邦公司不仅与周边的企业建立了合作关系，而且与长江期货公司开展期货合作。

2008年，长江期货研究部调研时，中邦公司的合作方——单县高棉棉业和科迪棉业对于目前的合作模式感到很满意：“合作方收购一星期的籽棉后，马上按照期货棉标准进行加工，然后卖给中邦公司，中邦公司以现金支付货款，缓解了合作方的资金压力。这一模式弥补了加工公司自身资源的不足，维持了企业资金的正常运转，也提高了企业的加工产量和总体盈利水平。”

中邦公司投资部经理马杰向我们表示，中邦以类似于中间商的形式存在，在锁定自己收益的时候，也为加工企业间接进入期货市场进行保值起到穿针引线的作用。中邦公司与高棉棉业和科迪棉业的合作方式充分利用相互优势，是借助期货市场谋求发展的典型。

三、贸易商采购与销售平衡就没有风险了吗？

在引入期货之后，风险敞口是现货经营者常常关注的地方。通俗地讲，风险敞口就是没有进行保护的期货或现货部分。以购买一个公司的债券为例，由于公司债有信用风险，并且没有做任何对冲交易（比如信用调期），就会有一个信用风险敞口。如果买了一个固定利率的债券，而且没有做对冲交易（比如利率调期），要承担利率风险，因此有一个利率风险敞口。

棉花贸易商的风险敞口在于期货减去现货的头寸不为零，贸易商的期货头寸或现货头寸没有被保护。若价格向不利于敞口头寸方向运行时，损失就会加大。由于价格存在不确定性，贸易商即使在采购和销售总量上能够平衡，但采购和销售之间存在的价格波动以及采购和销售合同能否正常履约却是难以掌控的。这种难以预测的合约风险可以利用期货市场的风险转移功能来避免，对一切现货经营活动进行套期保值，避免风险敞口裸露。

案例 8-8

棉花期货护航现货企业规避“违约”风险

2008 年 5 月，鸿达工贸与四川绵阳一家棉纺厂签订了 500 吨的棉花销售合同。合同中明确由鸿达工贸负责将货物送至工厂。合同签订完毕，鸿达工贸立即组织交通工具进行运输。但是天有不测风云，“5·12”特大地震突然爆发。这家纺织厂受到损失，一时间难以恢复生产，要求取消订单。鸿达工贸老总的第一反应是需要对运往灾区的棉花进行保值。5 月 19 日（周一），鸿达工贸立即卖出 500 吨的棉花 CF0809 期货合约寻找新的客户。但当时需求疲软，棉花价格呈现出一种缓慢下行的态势，买家很难找。一个月后，随着灾后安置工作的开展，四川地区需求开始增加，鸿达工贸将货物卖给灾后重建工作组。尽管卖出了货物，但是成交价格却较 5 月下降了超过千元。由于公司提前在期货市场进行了卖出保值，当现货卖出的时候，期货合约进行平仓交易（见图 8-4）。

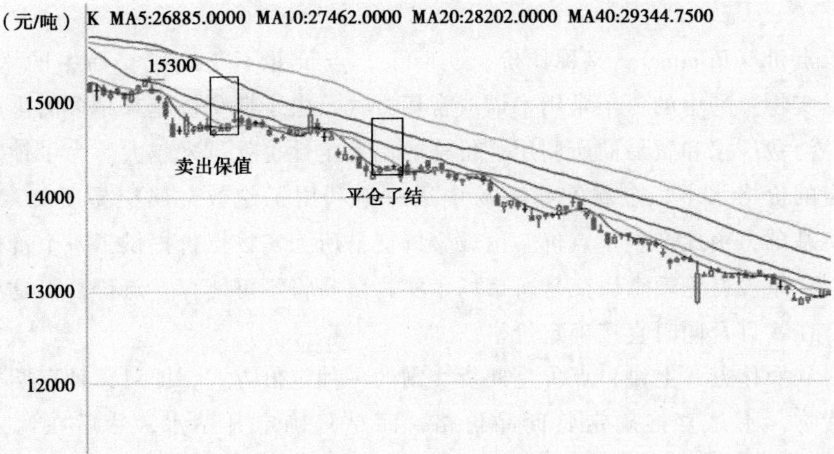

图 8-4　棉花 0809 期货合约走势图

通过卖出保值操作，鸿达工贸不仅成功地避免了现货价格的下跌，更重要的是在货主不能履约的情况下保护了现货的正常经营，还锁定了利润。

2009 年 4 月广交会订单数量回升，现货市场较一年前金融危机期间的困境有了明显的改善。鸿达工贸担心后期棉价会涨，想抓紧时间采购货物充实库存。2009 年 4 月 15 日，鸿达工贸和一轧花厂签订采购合同，采购 1000 吨棉花，5 月 15 日交货。4 月 20 日，轧花厂告知，该厂棉花品级只能到 4 级，达不到合同要求。由于广交会订单属于出口贸易，对盘面品级要求较高，低品级棉花在市场上的竞争力不强。面对突如其来的合同难以执行情况，鸿达工贸有了经验，立即在期货市场上买入近月期货合约进行保值，规避棉价上涨风险。鸿达工贸通过期货市场的操作，不仅防止了合同违约，也保证了采购棉花的质量。

四、利用“升贴水点价”贸易方式能规避风险吗?

点价（Pricing），又称作价。实际上，点价并不是期货交易中的术语，而是实物贸易中的一个常用术语或常用方式。由于期货被越来越多的生产厂家、消费厂家和贸易商所利用，价格的不确定性也就越来越大。为了锁定住一定的价格水平，金属实物贸易中适时地利用了伦敦金属交易所（LME）价格基础，由此产生了点价。伦敦金属交易所为实物点价提供了一个价格基础。如果没有伦敦金属交易所市场，实物贸易将不可能存在点价，而是买卖双方在签订合同时直接确定价格。

从操作方式上讲，点价是期货交割的一种定价方式，即对某种远期交割的货物，不是直接确定其商品价格，而是只确定升贴水，然后在约定的“点价期”内以国际上主要期货交易所某日的期货价格作为点价的基价，加上约定的升贴水作为最终的结算价格。“点价”方式为先定下升贴水，期货价格由买方在未来一段时间内选择确定。这一“期货价格 + 升贴水”的定价方式，为现货企业提供了更多的选择，并一定程度上降低了传统贸易定价方式的价格风险。从国内市场来看，点价模式在国际贸易尤其是金属、大豆等基础产品上运用得较为广泛。

案例 8－9

利用“升贴水”在危机中寻求发展

湖北东星工贸有限公司（以下简称东星公司）在 2007 年 11 月高价采购了一批皮棉，但随后很快发现，现货需求并不像想象中的那么旺盛，其和大多数企业一样陷入了两难的境地：一方面，较高的采购价导致出库成本高高在上，迅速下滑的棉花价格跌破成本价，越卖越亏；另一方面，企业为维持销售渠道又不得不继续向市场供货。

当现货市场销售面临巨大风险时，东星公司经过研究决定，采购时根据采购数量进行卖出套期保值，总量为 1000 吨棉花。于是东星公司在 2007 年 11 月陆续在 2008 年 1 月到期交割的合约上卖出了 1000 吨的期货棉花。在当时的情况下，套期保值与生产成本有每吨 2000 多元的倒挂亏损，东星公司分析后认为，虽然按目前的期货价格套保后会有少量亏损，但套保不仅是保价格，更应该是保趋势。

2008 年 3 月，棉花期货、现货价格开始暴跌，很多棉花企业由于没有在期货市场上套期保值，现货库存产生严重的账面亏损。如果销售产品，账面亏损会变成实际亏损，因此纷纷惜售，现货市场出现棉花紧缺，造成了棉花现货价格比期货价格高 2000 元/吨的严重倒挂的局面。东星公司抓住这一有利时机，从 2008 年 8 月开始一边积极卖掉现货，一边及时平掉 1000 吨棉花头寸，最终在期货市场上盈利 1000 万元，现货市场上亏损约 500 万元，盈亏相抵，反败为胜。

2008 年第二季度的棉花价格暴跌以后，面对国内棉花行业的严峻形势，东星公司在基本销售完自己的存货后，利用期货的期现价差进行棉花贸易，这样使不少企业摆脱了库存大量积压、现金周转失灵的窘境，达到了双赢的目的。这就是“升贴水点价”模式。

“升贴水点价”模式，是指在价格大跌期间，棉花市场价严重低于行业生产成本价，一些企业生产出的棉花难以顺价销售，但又苦于占用大量产品库存资金而采取的应对定价模式。东星公司结合期货走势和现货市场价格，判断跌势仍将持续，便以部分资金作抵押，向同行棉花企业借棉花销往下游，并与借出的企业约定归还周期（如 1 个月或 3 个月期限）。随后在期货市场，东星公司在相对低价位买入未来相应月份的棉花期货，到期归还给借出企业，赚取其中的差价。东星公司在减轻自身经营的成本压力、在产品价格急剧下跌过程中获得稳定收益的同时，也为同行缓解了资金压力，在棉花市场上赢得了声誉（见图 8-5）。

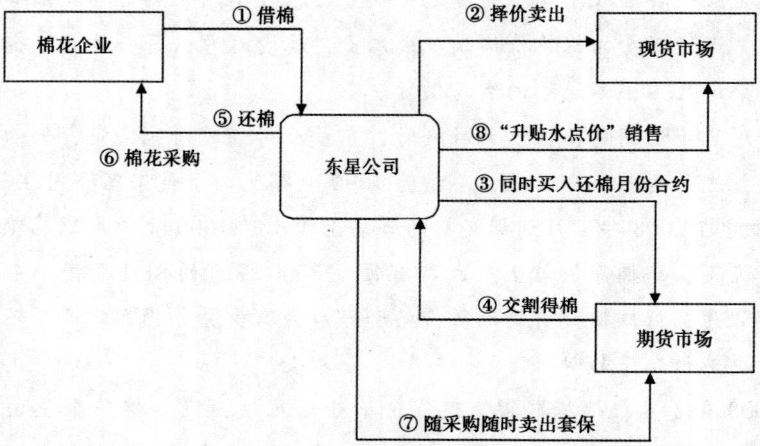

图 8-5 "东星模式"——"套保+升贴水点价"模式流程

面对单边下跌的市场，许多下游贸易商从购销合同签订到运输的过程都暴露在风险之中，因而不敢下订单。在这种情况下，东星公司与客户贸易商约定，按照货到当天的期货收盘价加上预定的升水，作为双方成交价格（俗称"点价+升贴水"）。东星公司通过这种方式打消了客户的顾虑，维持了公司销售的正常进行，市场占有量得到了迅速扩大。

通过这种模式，2008 年 4 月至 2009 年 3 月，该公司棉花贸易量就达 5 万多吨，直接贸易获利 4000 多万元，不但弥补了前期现货采购时的亏损，而且使客户也规避了风险，实现了双赢。

五、贸易商如何规避货在途中的价格风险?

从经济学角度分析，棉花作为一种消费型资产，其期价—现价关系式为：$F_0 =（S_0 + U）\times E（R - Y）T$。其中，$F_0$ 表示 T 时刻到期的资产期货价格，S_0 表示该资产的现货价格，U 表示存储成本，R 表示无风险利率，T 表示到期时间，Y 表示该消费型资产的便利收益率。

可见，企业在取得棉花购销利润（即销售价格与 F_0 之差）的过程中，上述变量（存储成本、到期时间、便利收益率等）都可能成为关键的风险因素。

而对于贸易商而言，采购和销售是企业经营的主要部分，在棉花采购和销售过程中，往往会遇上价格大涨或大跌，尤其是需要数十天运输行程的棉花。期货市场可以为企业提供保值的场所。按照套期保值的需求和思路，“担心什么就做什么”——当我们签订采购合同后担心价格下跌，就可以在签订的同时择时在期货市场卖出棉花期货合约；当我们签订销售合同后担心价格上涨导致库存下降，就可以通过期货市场补入数量相当的期货库存。在实际操作中，问题多出现在采购端。在国内，企业采购后，大多是自己解决运输问题，所以风险多在采购方。

案例 8－10

路途遥远，期货保畅通

大风棉麻贸易公司每年业务不仅涉及新疆棉，而且还有美棉进口。每次从新疆将棉花运往武汉最短的时间也需要半个月，而进口棉花需要的时间更多，一般都在 3 个月左右。在国内没有棉花期货的阶段，每次远距离的采购都很头疼，但若不采购现货贸易就缺乏库存。为维持库存、维持畅通的客户渠道，该公司只好硬着头皮进行赌博式的采购。

2003 年，由于国内主要产棉区遭遇大雨，棉花大幅减产，加上国内棉纺织行业发展迅猛，需求强劲。8 月开始，国内棉花价格一路走高，以致国内棉花市场在 2003 年底到 2004 年初出现一股“炒棉热”。2003 年 9 月初到 10 月底，棉花价格从 12000 元/吨快速上涨到 18000 元/吨，甚至一个星期就涨 1000 元/吨，国内不少棉麻企业都四处买棉花，并大量囤积棉花。甚至一些不懂棉花的企业，只要有资金，都去炒棉花，都去找配额。有些企业甚至预期棉花要涨到 20000 元/吨以上。在价格大涨的过程中，国内现货采购非常困难。为保障客户渠道链条畅通，大风棉麻贸易公司被迫进行海外采购。9 月中旬，大风棉麻贸易公司与国际棉花贸易商——路易达孚签订采购合同，按照合同约定，2004 年元旦期间，进口棉将运往大风指定的仓库，一口价 15500 元/吨。然而，随着国内棉花的上市，市场一致认为前期的认识错误地预估了供需缺口，价格开始回落。当签订的进口棉抵达仓库的时候，国内棉价已经远低于合同价了。在棉价走软的情况下，市场上到处都是棉花，现货很难销售。

2004 年，郑商所上市棉花期货合约，大风棉麻贸易公司第一时间进入期货市场。经过多年的实践之后，该公司利用期货市场灵活操作，大胆地进行采购。无论是新疆棉还是美棉，只要有机会，该公司都会去做。

（一）进口点价后，担心下跌先在期货上卖出

在 2010 年棉花超级大牛市中，国内供需缺口被放大，反复炒作。在牛市中，大风棉麻贸易公司观察到，当国内期价为 33000 元/吨时，美棉折合进口价仅有 30000 元/吨，内外倒挂 3000 元/吨；并且棉花牛市导致现货商惜售采购困难，需要补库存。于是，大风棉麻贸易公司根据企业订单及常规库存情况，以 30000 元/吨价格采购美棉 10000 吨。由于运输时间长达 3 个月，并且根据 2010 年棉花与其他农产品的比价和农产品的比较收益来看，2011 年全球棉花面积都会增加，新年度供应紧张的局面将会缓解，那么价格预期回归理性将成必然。于是，大风棉麻贸易公司在签订进口订单的时候，在郑州棉花期货上立即卖出 200 手合约。3 个月后，当进口棉抵达仓库，国内现货价格已经跌至 29000 元/吨，由于棉花价格较为疲软，进口棉一时间还未找到下家，大风棉麻贸易公司决定推迟期货合约的平仓时间。

随着现货的出库，2011 年 4 月，大风以 27500 元/吨的价格平掉期货。

在这个过程中，大风棉麻贸易公司严格执行套期保值计划，不仅规避了进口棉在运输途中的价格下跌，还规避了进口棉在库未销售时的库存贬值。

（二）以套利为依托的采购

经过2010年的棉花超级大牛市后，2011年棉花播种面积大幅增加是市场普遍的观点。然而大风棉麻贸易公司研究人员观察到，国外美盘1112合约上市价格仅有95美分（2010年12月）；即使按100美分计算，滑准税下进口价也只有22000元/吨，而国内1201合约定价居然在26000元/吨以上。于是其开始了一场以套利为依托的采购。具体的操作方式是：买入美棉远期合约，在国内CF1201上进行卖出。由于国内外价差在4000元/吨以上，若国内外价差回归，则可以通过期货平仓的方式了结头寸获得期货收益，弥补其他市场的现货采购；若国内外价差不回归，那么将通过现货交割的方式来实现收益。

大风棉麻贸易公司通过期现灵活操作，尽可能降低采购风险。通过上述模式，大风不仅维护了原有的客户群体，还在市场极度疯狂或极度低迷的情况下不断扩大客户群体，在市场树立了良好的口碑。

案例8－11

贸易商利用棉花棉纱期货建立虚拟加工厂

2017年棉纱期货上市以来就吸引了业内的目光，随着棉纱期货的不断完善，越来越多的产业客户参与到棉纱期货的交易中。A企业是位于上海的一家纱线贸易企业，长期从事国内外纱线贸易，在业内有很高的知名度。

2020年7月初，当时国内疫情控制良好，国企纱线企业纷纷复工复产，棉花期货与现货价格纷纷止跌回升。而国外市场由于疫情暴发，海运物流紧张，出口受限，加之处于纺织服装淡季，纱线订单较少，各地纱厂库存处于历年较高水平，为保证企业正常经营，各地纺织企业开始降价销售，现货方面32支纱线加工利润在7000元左右徘徊；期货方面，棉花棉纱价差也在7200元/吨附近震荡。此时，A企业通过市场调研发现，华东、华南等纱线市场棉纱库存较高，且成交较差，纱线处于有价无市局面，价格面临较大的下跌风险；而棉花价格由于复工纱厂较多，现货与期货价格处于稳步上升状态；各地政府也给予企业一定的优惠政策，不少纱线企业为保证开机，以降低加工费来谋求代加工订单。因此，A企业判断棉花棉纱价差有进一步缩小的可能，于是就决定利用期货市场上的棉花—棉纱两个品种进行跨品种套利。

A企业7月中旬在郑商所利用套利指令分批在棉花—棉纱009买入开仓共200手（1000吨），均价-7200元/吨；后考虑到棉纱09合约持仓较少，活跃度不够，遂在8月10日至15日分批平仓；平仓均价在-6200元/吨，而此时现货方面32支环锭纺纱线，纱厂代加工报价已经在6300~6500元/吨。A企业本次操作共获利100万元（抛开交易成本与利息）。

总结：此次操作是以期货市场中棉花—棉纱跨品种套利来模拟现货中棉花—棉纱加工环节，不仅在资金使用上优于现货，而且也避免了棉纱现货的销售风险。

六、贸易企业如何参与期货市场进行风险管控？

企业参与期货市场运营风险的管理内涵，一般分为两个方面。第一个方面是内部信息流动管理。主要是要准确掌握每天敞口头寸的状况，企业的运营数据，当天途中货物地点，采购了多少现货，现货的成本、库存、分布，以及期货的当天买入仓位、价格，还有销售的合同，具体把握每天现货和期货采购的数量和成本。这是内部运营信息流的把握，同时对于敞口头寸进行一个信息流的把握，掌握库存规模、品质和成本，可以利用当天期货市场的合约价和现货市场的成交价，评估是浮盈还是浮亏。如果做不到这两点，风险运营的管理就无从谈起。要用ERP的管理方式管理每天的运营模式，运用无负债运营管理的方式来评估敞口头寸的浮盈浮亏。第二个方面就是商品信息流的采集。在商品采购的每个环节，要采集供求关系的基本要素，把握包含棉花在内的农产品的种植收益比、单产和产量，还要研究下游的商品情况，利用比较先进的研究方法来判断商品的供求关系、季节性的波动规律等。在这个基础上，对敞口头寸进行价格评估和分析，实施管理策略。评估敞口头寸的整体趋势，从而得出趋势性的结论，把握操作策略。

风险管控主要采取以下方式：一是严格的授信管理；二是套期保值能力，对企业风险管理进行授权，授权内容主要包括套期保值的品种、规模及止损金额。

一个企业要想在价格频繁波动的市场中求得发展，必须懂得使用风险管理工具。而借助期货工具，利用期货市场成功地进行套期保值，不仅是要掌握一些技巧、方法和技能，有强大的研发和套期保值的交易团队，而且要从企业的管理层面，制定系统的风险管理体系、组织架构和管理流程、考核办法及团队的培养和培训方式。企业利用期货市场进行套期保值是一个系统性的业务，不是单纯的买或者是卖。这是商业模式的一个重要内容，也是打造核心竞争能力的关键环节。

案例 8－12

历史彰显健全的风险管理体系尤为重要

2003 年 8 月开始，国内棉花价格一路走高，出现一股“炒棉热”。刚刚成立的中国储备棉管理公司（以下简称中储棉）在 2003 年 10 月，决定进口 15 万吨棉花，随后几个月又陆续进口了 10 多万吨。中储棉此次进口的 20 多万吨棉花，保守估计，成本应在 16000 元/吨以上，这还不包括相当可观的财务费用。

2004 年初，国内棉花价格开始逐渐走低。根据中国棉花网公布的动态行情，1 月 11 日，国内标准级棉花价格为 11789 元/吨。以这个市场化的价格来计算，中储棉亏损已近 10 亿元。

新华社 2005 年 1 月 17 日评论：“这家 2003 年 3 月才设立的中央企业，其职责本应是承担平抑棉价、稳定市场，促进国家宏观调控政策实施，却于当年 10 月起进口棉花多达 20 多万吨，豪赌国内市场棉价上涨。结果，国内棉价不涨反跌，其投机失败，巨亏近 10 亿元。”

历史是一面镜子。从当年的中航油到中储棉，它们都不是孤立的偶然事件，风险意识不足和风险管理制度缺位正是酝酿此类危机的根源。所以，建立健全多层次的风险管理体系，合理运用风险管理工具至关重要。

在国家经济转轨过程中，一方面，中储棉等部分国有垄断性企业所处的不完全竞争环境使企业管理层风险意识淡薄，经营者一味追逐政府政策的倾斜，往往忽视了市场和效率；另一方面，政府过度承揽国有企业的经营风险，进一步弱化了企业的风险意识。于是，投机收益企业享有、投机风险国家承担的荒谬逻辑在中储棉巨亏事件中显现无遗。可以预期，面对复杂的国际商业环境，政府将更多地通过完善法规制度来控制风险；交易所将不断创新交易品种，设计风险管理工具；期货公司等专业机构将依托基础的风险管理工具，协助企业实现全面风险管理的产品化、模型化和信息化。政府只有分离国企的行政职能和经营职能，并从风险控制环境及策略、风险评估体系、风险控制的组织体系和程序措施、信息资讯流转及管理、监督体系及程序措施等方面入手，体系化地建设国有企业经营风险管理体系，才可能避免中储棉巨亏事件重演。

依循风险管理过程的四个阶段进一步探讨中储棉事件：

第一阶段是风险的识别。每一个经济主体都应当对其面临的各种潜在风险因素进行认识、鉴别、分析。国家赋予中储棉公司稳定棉价的行政职责时，必须关注中储棉的内部治理结构及其内控机制能否保证企业经营职能和行政职能的有效隔离；中储棉公司面对价格剧烈波动的棉花市场时，也必须明白棉花采购与销售环节的市场风险。追逐暴利的欲望让中储棉无视风险，为之付出了高昂的代价。

第二阶段是风险的度量。衡量风险导致损失可能性的大小以及损失发生的范围和程度是风险管理的重要步骤。中储棉的决策者估量了进口20万吨外棉的浮动盈利，却没有测度最大差价机会下的风险估值。决策者在项目的可行性研究中应采用均值-方差模型、β系数法、缺口模型、VAR等风险度量方法，这有助于准确地评估风险大小，对最大限度地减少损失和获取利润十分重要。

第三阶段是风险管理的决策和实施。中储棉可以根据其面临的风险性质、特征和水平采取不同的管理策略。面对棉市价格波动风险和现金流短缺风险，公司应该采取预防、规避、分散、转嫁、对冲等策略，积极调整资产负债结构，协调采购、销售、财务各部门的行动方案，才可能化解经营风险。

第四阶段是风险的控制。中航油公司风险管理制度失效的例子告诉我们，风险管理者要督促相关各部门严格执行风险管理的有关规章制度，确保风险管理方案得以落实。中储棉等承担行政职责的国有企业尤其需要定期和不定期地接受全面或专项检查，发现隐患后迅速纠正或补救。国家、企业都有必要设置一系列监控指标，随时监测经济主体承受风险状况的变化，及时评估和调整。

案例 8－13

合理利用期货套期保值功能规避宏观风险

中纺棉国际贸易有限公司（以下简称中纺棉）隶属于中国中纺集团有限公司，是集国内棉花经营和棉花进出口贸易于一体的大型中央企业。公司专注于棉花这一大宗商品领域，坚持“国内与国外、产业与资本、市场与政策、期货与现货相结合”的经营策略，以棉花贸易为主导，业务范围涉及棉花购销、仓储和进出口等。

中纺棉作为郑商所棉花期货合约上市以来的首批参与者，始终把期现货相结合经营作为公司业务良好稳定发展的坚实保障，套期保值交易历来是公司经营计划的重要组成部分。公司依托棉花期货为上、下游企业提供基差交易服务，扩大了经营规模、提高了经营利润；同时，通过灵活运用棉花期货及期权合约进行套期保值，也较好地实现了锁定经营利润、防范价格波动的风险管理目标。

中纺棉在每年采购销售过程中都面临一定的价格波动风险，为规避价格波动风险，保证企业经营的稳定性、长久性，公司自棉花期货上市以来就积极关注棉花期货品种，多次参与棉花期货的套期保值交易。由于每年从新疆地区稳定采购棉花资源，故中纺棉制定如下套期保值策略：（1）严格控制头寸，绝不进行敞口操作；（2）精确的成本核算以及分析策略；（3）统一操作，期、现货统一核算的原则；（4）仅参与套期保值交易。

正是受益于严格遵守套期保值制度，公司通过套期保值交易规避了中美贸易摩擦和新冠疫情导致的棉花现货价格大幅下跌的风险，通过期货市场盈利弥补现货亏损，同时通过基差交易等购销模式，扩大了经营规模。

无论是参与国内期货市场还是境外期货市场，中纺棉均拥有丰富的套期保值交易经验。为了更好地参与期货套期保值交易，中纺棉由总经理及相关人员共同制定套保策略，并且组建了专门的期货交易及研发团队来负责套保交易业务，从而做到合理调控期、现货市场库存及资金，达到迅速决策、准确执行套期保值计划的效果。

（一）套期保值案例

2019 年 9 月新花上市之际，受中美双方经贸磋商影响，9 月下旬开始，郑棉连续下挫，国庆节前一交易日郑棉创近年以来新低。

10 月 10 日至 11 日，中美高级别磋商结束后释放积极消息。新疆棉收购加工进入高峰期，市场对新疆棉减产预期强烈，轧花厂收购成本不断抬升，套保心理价位随之上移，郑棉从低位反弹近千元。11 月新疆棉收购加工进度加快，大幅减产预期落空，美国签署涉港法案使中美贸易磋商再遇曲折。国家发布储备棉轮入公告，由于收储条件较为严苛，市场预期稍显悲观。老花仓单消化缓慢，新花仓单注册大幅增加，10 月郑棉反弹近千元到达南疆套保心理价位附近，进入 11 月后期价震荡回落，新花现货价格受收购成本支撑，总体运行平稳。

12 月初受中美贸易摩擦消息影响，郑棉下跌；2020 年 1 月中旬中美双方宣布就第一阶段经贸协议文本达成一致，郑棉低位反弹；1 月下旬市场降准预期增强，宏观预期向好，国内商品指数大幅上涨，加之美棉持续上涨带动，做多资金大幅流入郑棉，郑棉价格直接突破套保重压力区，涨至 14000 元/吨附近（见图 8－6）。

2019 年郑棉期货行情日内出现大幅波动的极端行情使得期货市场风险加大，与此同时，现货市场销售缓慢也加大了企业经营的风险度。针对上述市场形势，中纺棉一方面加强风险控制工作，严格按照风险管理要求的各项风险控制指标安排头寸；另一方面加大商情研发力度和深度，积极寻求相对安全的市场机会。在综合考虑国内外市场价格后明确：无论期货市场还是现货市场，后期波动加剧，风险性较大，应尽快建立套期保值头寸。在此基础上，公司召开多次行情研讨会后决定，详细核算成本并择机于期货盘面进行套期保值操作。

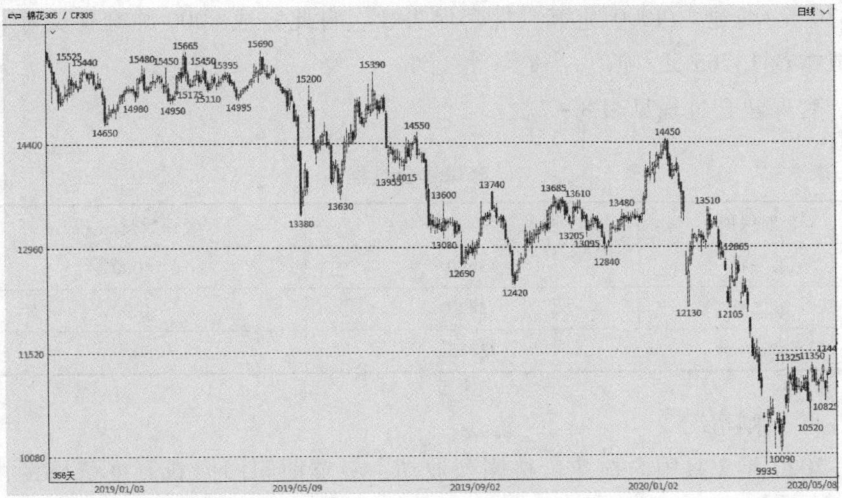

图 8－6　郑棉期货 CF2005 合约日线走势图（2019 年 1 月～2020 年 5 月）

1. 套保基础成本测算

中纺棉充分核算企业套保成本，制订套期保值计划，套期保值成本如下：

新疆交割仓库包干费用 128 元/吨；

注册成仓单后仓储费 24 元/月，5 个月费用 120 元/吨；

利息：按 4.35% 年息计算资金成本，从 2019 年 12 月采购到 2020 年 5 月交割合计 5 个月，资金利息为 235 元/吨；

自新疆移库至内地铁路运费 150 元（扣除运输补贴），内地交割仓库入库及注册仓单等费用 75 元/吨；

内地交割仓库升水 400 元/吨，平均质量升水 150 元/吨。

即企业参与 CF2005 合约卖出套期保值，交割成本达到 708 元/吨。现货价格采购成本 13200 元/吨，按 2019～2020 年度中纺棉花的采购套保成本来计算，郑棉期货价格涨至 13400 元/吨之上时，该价格达到中纺棉的套保目标价格。

2. 套期保值具体操作与结果

2019 年 12 月 27 日郑棉期货价格大涨，中纺棉建立第一批卖出套保头寸共计 4000 吨，建仓成本 13660 元/吨。12 月 28 日郑棉价格继续大涨，于

13870 元/吨建立 4000 吨第二批套保头寸，自此完成 8000 吨套保头寸，建仓成本约 13765 元/吨。

套保建仓过程见表 8 - 7。

表 8 - 7　　　　套保建仓过程

套期保值	价格区间（元/吨）	套保数量（吨）
第一批	13660	4000
第二批	13870	4000
平均/合计	73765	8000

3. 交割情况

2020 年 2 月国内棉花价格剧烈波动，春节期间国内新冠疫情暴发，受恐慌情绪影响，节后首日国内股市暴跌，大宗商品重挫，郑棉跌停，随后因宏观政策刺激及超跌估值修复，郑棉反弹回补下跌缺口。2 月下旬境外疫情开始扩散，郑棉和美棉同步下跌。3 月国内新冠疫情逐步好转，但国外疫情持续蔓延，原油价格战更使得市场恐慌情绪加剧，全球股市暴跌，美股月内熔断四次，大宗商品大幅下跌，全球经济增长预期大幅下调，各国纷纷降息应对疫情冲击。受疫情影响，全球棉花消费前景不容乐观，3 月内外棉价持续单边下行，ICE 期棉跌破 50 美分/磅，郑棉跌破 10000 元/吨，内外棉价均创下近年新低。

中纺棉决定将 8000 吨套保头寸全部参与 CF2005 合约交割，通过套期保值业务实现利润 324 万元。此时市场现货价格已跌至 12000 元/吨，如果不进行套期保值操作，8000 吨现货将面临 1360 元/吨亏损，亏损额超过 1000 万元。

（二）利用期货衍生品服务上游加工企业

为了更好地利用棉花衍生品及相关市场服务实体经济和产业发展，中纺棉不仅持续夯实套期保值业务和基差交易模式，同时用好棉花期权这一工具，积极推动含权贸易发展和棉花期权套期保值交易，让上下游企业更加灵活地利用棉花期货和棉花期权等衍生品工具防范风险、锁定经营利润，以期推动整个产业升级与稳步发展。

某合作轧花厂由于经营收购量较大，2020年春节前部分籽棉尚未加工完成，节后因新冠疫情影响棉价大幅下挫，而此时现货销售极其困难，轧花厂一方面通过积极参与储备棉竞拍实现销售，另一方面通过郑棉期权尽量锁定加工成本，以期价格反弹后继续销售。该轧花厂核算其综合成本为12400元/吨左右。中纺棉为该客户制定了期权组合策略：卖出看涨期权，同时买入看跌期权。如果后期价格上涨，看涨期权到期行权后参与交割也可实现销售利润；如果后期价格下跌，可以主动行权，看跌期权锁定部分加工成本以控制亏损额度。

3月12日开盘后中纺棉为该客户卖出CF2005C12800合约期权，同时买入CF2005P12200合约期权（见表8-8）。

表8-8　企业套保操作

期权	方向	价格	重量（吨）
CF2005C12800	卖出开仓	135	600
CF2005P12200	买入开仓	310	600
综合成本		-175	600

此后受新冠疫情影响，郑棉期货价格连续下跌，4月3日CF2005P12200合约期权到期行权变成CF2005合约12200元/吨空头头寸，4月7日该轧花厂在10850元/吨价格平仓，并在当日以11200元/吨销售现货。通过此次期权操作，轧花厂小幅亏损25元/吨；如果不进行该操作，其现货将面临1200元/吨高额亏损。

（三）经验总结

1. 强有力的研发作支撑

套期保值的成功离不开强大的研发能力。中纺棉以“研发”有效连接期现两个市场，建立快速反应的决策运营机制。在总结国内外行情后多次召开行情研讨会，对后期行情的成功判断、对价格分析的合理性是套期保值成功的最大保证。

2. 精细化运作扩大企业利润

好的套期保值策略离不开精准的期货交易执行和现货业务协同，而且参与期货交易一定要将期货市场的各项规则研究清楚，棉花仓单的等级升贴水、仓库升贴水、注册仓单的各种成本费用以及交割时间要求等也都要研究透彻。

3. 严把风险控制，保障企业平稳运行

在复杂多变的期货市场中，中纺棉加强风险控制工作，严格按照风险管理要求的各项风险控制指标安排头寸，严格按照风险限额及套保计划开展期货套期保值业务，使期货市场成为保障企业平稳运行的有力工具，而非攫取暴利的手段。

自测题

一、填空题

1. 参与期货交易的贸易商为了防止日后购进棉花现货时价格上涨，可以进行______。

2. 贸易商参与期货市场进行保值的方向有______和______。

3. 通过______来买卖现货，是对套期保值的误解。企业主营业务要实现发展，根本在于提高产品竞争力，扩大市场份额，在现货市场建立长期稳定的购销渠道和互利的合作伙伴，通过期货交割可以锁定成本或卖价。

4. 在套期保值的实际过程中，现货和期货价格______变化，因此，保值效果未必完全有效，可能期货赚的钱不能完全弥补现货亏损。

5. 从供需关系角度判断套期保值时机，贸易商在需求减弱、库存增加时可以______套保。

6. 完善的套保策略是首先从______确定套保策略，其次从______判断套保时机，最后从______选择入场点和出场点，宏观、产业和基差三个角度一致时，入场时机最佳。

7. 企业利用期货市场进行______是一个系统性的业务，不是单纯的买或者是卖。这是商业模式的一个重要内容，也是核心竞争能力打造的关键环节。

二、选择题

1. 贸易商利用棉花期货市场，可以从事下列（ ）活动。

A. 判断棉花期货价格　　B. 制定采购与销售策略

C. 提前锁定利润　　D. 缓解资金压力

2. 近年来郑商所和 NYBOT 棉花期货价格走势的联动性较强，为两市场套利提供了机会。抓住机会，就会博取利润。有外棉经营经历的企业，择机进行（ ）套利也是一种回避风险、增加利润的操作方法。

A. 期现　　B. 跨期

C. 跨品种　　D. 跨市场

3. 市场 328 级棉花价格在 13500 ~ 13700 元/吨，而郑棉期货远期合约价格在 13300 元/吨左右并呈下跌趋势，某贸易公司认为期货价格已经超跌，存在较好的期现套利机会，并按实际需求，于 2005 年 6 月、7 月、8 月在期货市场逐步建立了 10 月到期的多头部位，最终共持有 10000 吨左右的多头头寸，均价在 13300 元左右。随着 10 月现货价格上涨到 14000 元/吨，该企业以 14600 元/吨的价格获利平仓，从现货市场购进现货。通过这次操作，该企业直接降低成本（ ）。

A. 1000 万元　　B. 1500 万元

C. 2000 万元　　D. 2500 万元

4. 某厂现货库存 1500 吨，形成仓单 1000 吨，相应地卖出期货 500 张（20 吨/张），其中 200 张是期现套利的期货仓单，300 张是期现基差套保，持仓均价为 13900 元/吨，此时现货价格为 12800 元/吨左右，基差为 1100 元/吨。到了 2007 年 3 月，现货销售价格为 13100 元/吨，期货价格回落到 13450 元/吨左右，基差回归正常范围为 350 元/吨。该厂不仅对库存进行有效保值，还获取（ ）元/吨的市场超额利润。

A. 550　　B. 650

C. 750　　D. 850

5. 建立风险测算系统，包括资金风险（ ），还有保值头寸价格变动风险：根据公司套期保值方案测算已建仓头寸和需建仓头寸在价格出现变动后的保证金需求和盈亏风险。

A. 测算已占用的保证金数量

B. 浮动盈亏

C. 可用保证金数量及拟建头寸需要的保证金数量

D. 公司对可能追加的保证金的准备数量

6. 信息系统或内部控制方面的缺陷会导致意外损失的可能。采取对策：在投资过程中，严格按照《套期保值管理制度》，制订翔实的操作预案，合理设置止损位置，加强业务管理，减少（　　）。

A. 操作风险　　B. 业务风险

C. 期货亏损　　D. 现货亏损

7. 保值方案的基本原则是（　　），确保不发生风险。

A. 以走势分析为基础　　B. 以产品成本为参照

C. 以企业整体效益为目标　　D. 以期货盈利为宗旨

8. 某贸易商在4月15日CF0505（2005年5月交割的棉花期货合约）价格为（　　）元/吨，买进了1000吨；4月28日现货价格涨到13000元/吨，期货价格涨到14000元/吨，这时卖出平仓，则赚50万元。由于3月15日并没有买进现货，4月28日只能按每吨13000元/吨买进，每吨多付1000元，期货赚的500元只弥补了一半。

A. 12500　　B. 13500

C. 15500　　D. 16000

9. 根据（　　），无论是期货头寸还是真实的现货库存都是企业的资产。那么，将现货市场和期货市场的头寸作为企业资产来看待，就可以指导贸易商进行库存管理，将总库存维持在相对合理的位置，也就避免了价格剧烈波动带来的损失。

A. 基差套利理论　　B. 风险溢价假说

C. 持有成本假说　　D. 马科维茨的组合投资理论

10. 套期保值操作风险有（　　）。

A. 员工风险　　B. 流程风险

C. 系统风险　　D. 外部风险

11. 贸易商的套期保值的作用有（　　）。

A. 锁定采购成本　　B. 锁定销售利润

C. 库存管理　　　　D. 掌握采购与销售定价权

12. 套期保值的方式有（　　）。

A. 循环套保　　　　B. 套利套保

C. 预期套保　　　　D. 策略套保

参考答案

一、填空题

1. 买期保值　2. 买期保值、卖期保值　3. 期货市场
4. 未必同步或同幅度　5. 卖出　6. 宏观角度、产业角度、基差角度
7. 套期保值

二、选择题

1. ABCD　2. D　3. A　4. C　5. ABCD
6. A　7. ABC　8. B　9. D　10. ABCD
11. ABCD　12. ABCD

第九章

终端消费企业如何利用棉花、棉纱期货及衍生品

本章要点

本章主要介绍棉花终端消费企业如何利用棉花期货来规避现货市场上价格波动的风险。结合实际案例深入浅出地分析和说明了消费企业在生产经营中可能面临的风险，以及在不同的市场环境下如何利用期货市场来规避这些风险。

一、纺织企业如何利用棉花期货安排生产经营活动？

纺织企业处在棉花产业链的下端，属于棉花终端消费企业。棉花采购是纺织企业的重要活动之一，棉花价格波动使得终端消费企业的生产经营面临较大的风险，而棉花期货能够给终端消费企业提供较好的风险管理工具。具体来看，纺织企业可以从棉花的采购时间、价格、品质三个方面来利用期货

市场为生产经营活动提供指导。

（一）利用期货价格信息决定采购时点与数量

由于期货价格反映了大多数市场参与者的预测，具有权威性，能够比较真实地反映供求变动及价格趋势，这就为纺织企业利用棉花期货价格信息进行采购提供了基础。当期货价格发出上涨的信号时，企业可以抓紧时间进行采购；当现货采购不畅时，可以利用期货市场建立“隐性”库存；当期货价格发出明确的走软信号时，企业可以根据消费情况放缓采购进度，推迟采购时间点；若库存较高，企业可以在期货市场进行卖出以防止极端行情出现造成的贬值。

如在2008年极端行情发生时，由于消费短期内疲软，纺织企业生产进度也放缓，采购部门立即作出无限期推迟采购的决定并对库存卖保。随着市场熊市来临，企业不仅避免了库存贬值风险，也成功地根据期货信号避免了采购环节的损失。2010年8月，随着期货价格释放出价格还将继续上行的信号时，某纺织企业立即着手进行现货采购，而由于当时看涨预期强烈，现货采购不畅，该企业立即转向期货市场，买入多单建立“隐形”库存，当获得现货时对应降低期货多单。

（二）利用期货价格降低成本策略

期货买卖的是标准化合约，合约的转让比较方便、快捷，一旦棉花价格朝着与库存不利方向运行时，可以及时在期货盘面上进行合约的买入和卖出，并且企业不用担心违约或储存过程中出现的质量变化等问题。若从资产组合的角度考虑，这也属于库存的调整。通过期现货市场的综合利用，将成本尽量控制在竞争对手之下。

（三）利用期货市场采购高品质的棉花

由于棉花期货合约标的是具有严格规定、达到一定标准的棉花，棉花期货价格对应的也是具有一定品级的棉花。纺织企业在进行采购的时候，一方面要参照期货价格进行定价，另一方面要参考棉花交割标准对棉花品级进行确定，作出适当的升贴水，保证“货有所值”。

另外，期货市场充裕的流动性可以增加买卖双方的成交效率。当需要高品质棉花，而现货市场一时难以实现的情况下，纺织企业可以通过期货市场买入进行交割。这样不仅可以节约资金成本，降低人工、采购、运输等环节的费用，还可以获得高品质的棉花。

案例 9－1

纺织公司通过期货市场采购棉花

湖北枣阳市博大纺织责任有限公司成立于2006年，总投资6000万元，纱线产能3万锭，月均棉花消费量300吨。该公司一直秉承稳健的经营理念，专注于现货市场，原料采购也可以维持正常的客户资源关系。“但2009年棉花市场太乱了，一天一个价，甚至加价还买不到棉花。”董事长张荣清不无感慨地说，初期涉足期货市场，唯一的想法就是从市场拿棉花。

2009年底，当期货价格出现回落时，CF1005的报价在15200元/吨附近低位整理，尽管当时外围市场利空不断，但博大纺织的订单已经接到了3个月以后，而棉花库存只能维持两个月。“这个价格用得起”，在这个朴素的理念下，张董打了100万元到期货账号，建仓80手CF1005，建仓均价15246元/吨。年后纱线价格跳涨直接带动棉花反弹，因价格涨得过猛，博大纺织在期货公司期现结合的经营思路指导下，于3月下旬的16600元/吨价位附近选择平仓，直接降低棉花采购成本1350元/吨，共计54万元。

同时因期货价格尚在可接受范围内，博大纺织在5月上旬建仓多头CF1007共计40手，建仓均价17220元/吨，最后选择交割，在南阳库拿走了新疆棉200吨。尽管CF1007退市价为18500元/吨，但若考虑市场转让，新疆三级大包棉的转让价为18800元/吨，仅此一项，节约采购成本31.6万元。博大纺织利用期货市场采购棉花，利用棉花期货来安排生产经营，给消费型企业带来经营方式和理念的启发：合理地运用期货市场，对企业正常的生产经营大有裨益。

二、终端消费企业如何利用棉花期货降低采购成本？

纱厂和纺织企业作为棉花的采购企业，采购成本控制是企业保证竞争力的重要优势。若采购成本低于市场均值，那么就能在市场占得优势，通过参与期货市场可以将采购成本降到预期范围内。

作为终端消费企业，当然希望能以尽可能低的价格采购棉花，但实际情况是，其并不能完全把握市场上棉花价格的波动，因而不能保证以最低的价格采购到棉花原料。若消费企业在棉花价格下跌以前采购了大量的棉花，相对于其他终端消费企业而言，成本相对较高，需要通过更高的产品定价来将成本转嫁出去，这样会产生两种后果：一是同等价格水平下盈利空间缩小；二是以更高的价格来出售。当其他终端消费企业以更低的价格采购到棉花原料时，价格上的劣势就会更加明显。

相对于棉花的生产和流通，终端消费企业面临更高的原材料成本上升风险，为规避此风险、锁定生产利润，终端消费企业常见的采购方式有以下几种：

一是在现货市场上进行一次性采购，根据订单所需要的棉花量一次性采购。此方法的好处在于更直接，可以将采购价格锁定在固定位置；而缺点则是造成企业更大的仓储和资金占用成本，以及库存面临的价值贬值风险。

二是根据订单合同来签订原料购销合同，此方式优点在于灵活便利，资金占用压力相对于现货采购而言较小；弊端在于合同的履约状况会影响到后期的生产经营活动。

三是利用期货市场的套期保值来锁定价格。企业根据订单需要的棉花量，可以在期货市场上建立相应的头寸，并持有至合理价位时在期货市场上买入头寸平仓，从而规避现货价格波动的风险。期货标准化合约的特征为供求双方履约提供了保证。利用期货市场既节省资金占用、降低仓储成本，也为后期生产经营提供了保障。

案例 9－2

纺织企业锁定购买成本——买期保值

2006 年 8 月 14 日，棉花现货价格为 12600 元/吨，某纺织厂分析认为未来价格会触底回升，后市存在继续上涨的可能。按照该企业订单的实际情况，为防止在随后的销售旺季出现供应紧缺的情况，该厂决定通过期货市场买进期货 CF0612 合约（价格为 12400 元/吨）进行保值。可是到了 10 月，现货没有像预期那样上涨，反而下跌了 600 元/吨。期货价格此时下跌到 11800 元/吨，如果平仓则亏损 600 元/吨，不过现货购买成本也下降了 600 元/吨，两部分相抵，实现了将企业的采购成本锁定在 12600 元/吨价格水平的预设目标。这里，期货市场和现货市场收支相抵，使在现货市场以更低的价格购入现货，风险相对于起始点得到弥补。

在期货市场进行预买时，只要价格在成本预算之内，便可大胆买入。因为如果期货价格上涨，可平仓盈利；若期货价格下跌，可在能够承受的亏损范围内接货认亏平仓，在现货市场购棉花。参与期货交易的机构或散户担心现货价格进一步上涨，可以事先在期货市场买入期货合约；当现货价格果真上涨时，增加的购买成本可以从期货市场的盈利中得到补偿。

我们知道套期保值的原理是同种商品的期货价格与现货价格走势基本一致，当预计现货价格大势会涨时，期货价格也会涨，因为期货价格和现货价格受到类似的因素影响。在这个例子中，虽然风险并没有得到完全回避，但是通过套期保值降低了原来的风险。在实际中，也会存在少数期现价格背离的情况，这就需要密切关注期现价差的变化情况，在预买时一定要设定期货的止损价位，超出该价位则应及时止损。

小贴士

什么是买期保值

买期保值指买进期货合约，以规避将来购买现货商品时可能出现的价格上涨风险。换言之，若对现货价格上涨有担心时，就买进期货合约，以防止将来购买现货商品时可能出现的价格上涨。具体做法是，在最终买进现货商品的同时，通过卖出与先前所买进期货同等数量和相同交割月份的期货合约，将期货部位平仓，结束保值。

买期保值操作几种常见的具体情况有：（1）根据现货合同所需按议定价买进，但是担心价格上涨对方会违约。这时可以买进期货，如果现货价格上涨对方违约，则期货的盈利可以弥补现货价格上涨的损失；如果对方守信誉继续履约，则期货平仓成本更低。（2）找到供货方，未确定价格。一旦将来现货价格上涨，加工成本就会提高。（3）未找到供货方，如果价格上涨，只能随行就市。

案例 9－3

纺织企业利用期现结合降低采购成本

江苏省某大型纺织厂 2003 年度和 2004 年度受各种因素影响在棉花现货采购中亏损数亿元，甚至不得已对部分合同违约，在市场上造成不良影响，令企业领导对现货市场存在的经营风险极为重视，却找不到能够规避市场风险的有效办法。

2004 年 6 月 1 日郑商所棉花期货上市。2005 年，随着期货市场的逐步活跃，期现价差增大，吸引大量套保企业进入市场进行套保。但“五一”过后，由于仓单压力较大，期现价格逐渐回归，并且在一段时间内，期货价格低于现货价格。该企业认真学习棉花期货知识后，分析发现当时现货市场 328 级棉花价格为 13500 元/吨～13700 元/吨，而郑棉期货远期合约价格在 13300 元/吨左右呈下跌趋势，认为期货价格已经超跌，存在较好的期现套利机会。于是该厂根据实际需求，于 2005 年 6 月、7 月、8 月在期货市场逐步建立了 10 月到期的多头部位，买进 CF0510 合约 2000 张，最终共持有 10000 吨左右的多头头寸，均价在 13300 元/吨左右。随着 10 月现货价格上涨到 14200 元/吨，该企业以 14600 元/吨的价格获利平仓，卖出 CF0510 合约 2000 张，从现货市场购进现货 10000 吨。通过这次操作，该企业在现货采购中增加采购成本 300 元/吨（包括利息和仓储成本），共计增加 300 万元，而期货市场上平仓获利 1300 元/吨，共计 1300 万元，盈亏相抵后，该纺织企业直接降低成本千万元，很好地利用期货交易开展了采购业务。

三、终端消费企业如何利用棉花期货降低库存贬值风险？

在供应链中，每个企业都会向其上游订货，订货量的多少往往取决于订货成本的多少以及断货风险的大小。纺织企业为保证生产的持续性与稳定性，一般备料存棉两到三个月，资金多的企业库存会相应提高，资金紧张的存棉可能不到一个月。面对瞬息万变的市场行情，加之棉花价格影响因素众多，如果棉花现货价格出现下跌，存棉就会贬值，这将间接增加部分纺织企业的生产成本，削弱其在行业中的竞争力。

在棉花期货出现以前，市场风向的千变万化令很多纺织企业在获取稳定收益的经营中过着战战兢兢、如履薄冰的日子。棉花期货推出以后，很多纺织企业找到了规避棉花价格变化风险的灵丹妙药：在现货价格下跌时，通过开展套期保值业务，在当期卖出期货合约，并于合约到期时买入现货平仓，避免了现货价格下跌造成的存棉贬值，减轻企业的经营负担，有些企业甚至还出现了盈利。

案例 9-4

期货卖出避免现货库存贬值

2006 年 12 月至 2007 年 1 月，棉花现货价格在 13000 元/吨左右，仓单价格在 13300 元/吨左右，CF0705 价格在 14300 元/吨以上，外棉到港价格在 13200 元/吨左右。一切迹象显示，棉花价格将会走软。更糟糕的是，当时纱厂销售不畅，利润整体在下滑。湖州一纺织厂囤积了大量的新疆棉，并且由于利润下滑，加工量也在萎缩，该纺织厂在棉价较高时采购的大量新疆棉面临着较大的贬值风险。为了避免未来棉价持续下跌给企业带来的不利影响，该企业决定利用期货市场操作来卖出部分库存，再从未来现货市场采购更低价格的棉花，来摊低现货成本。

在期货公司专业人员的指导下，该现货客户在期货盘上以14350元/吨左右的价格抛700张CF0705合约，为3500吨新疆棉进行套期保值。最后棉价如期下跌，在4月2日以13450元/吨左右的价格平仓，期货交易获利900元/吨左右，现货也以13250元/吨的价格甩卖，减轻压力。该客户新疆棉12月收购成本在12500元/吨左右，加上银行利息、内地成本为13300元/吨，现货经营亏损50元/吨，期货市场与现货市场盈亏相抵，套期保值净获利850元/吨，总计298万元。

在该企业在此次交易中，期货价格下跌幅度超出现货价格下跌幅度，企业实现低价交割弥补现货库存亏损，在卖出仓单的同时获取一定利润，为终端消费企业规避棉价下跌带来的库存贬值风险提供了好的思路。

四、终端消费企业如何利用棉花和棉纱期货期权减少资金占用成本？

一直以来，终端消费企业的原材料采购模式多为现货采购。现货采购简单便捷，但是钱货两清的方式却存在一定的弊端，尤其在终端消费企业接到大笔订单而需要大量棉花原料时，企业会面临较大的资金压力，现货交易会受到影响。如果订单合同出现违约，终端消费企业会面临更大的不确定性风险。而利用期货市场能很好地解决这一矛盾和问题，终端消费企业利用期货市场相比传统现货采购具有减少资金占用成本的优势。

具体来看，一方面，棉花期货市场的保证金交易利用资金杠杆作用，用较少的资金占用来解决现货需求，在节省企业库存占用资金从而降低库存贬值风险的同时，提高企业有限资金的使用效率；另一方面，终端消费企业还可以利用棉花现货做成标准仓单，通过质押仓单来盘活资金流。

根据郑商所相关规定，标准仓单质押授信的质押率最高可达仓单价值的70%。对于现货经营者而言，仓单质押可以解决企业在交割汇款前占用大量资金的问题，提高资金的利用效率，尤其是资金短缺时的融资问题。企业通过期货市场，将现货做成仓单不仅解决了现货滞压、销售不畅的问题，也通过期货市场规避了价格下跌的风险。

案例9－5

卖出套保保护棉纱成品库存

某纺织企业属于第一批郑州商品交易所棉纱交割厂库，现拥有20万枚纱锭、3000头气流纺，企业年产棉纱2.5万吨。在棉纱上市之后，企业积极参与期货市场，多次利用期货平台为企业规避市场风险。

（一）交易背景

为保护产成品现货头寸，卖出套保是该企业的常规操作。一方面作为库存管理，对冲市场价格下跌带来的管理风险，另一方面也可以作为销售途径，在合适时机用以交割。2021年3月初，棉纱期货达到一年多以来高点25220元/吨，现货价格也创近5年高点，该企业担心价格回调带来损失，决定在期货市场卖出500吨给现货加以保护（见图9－1）。

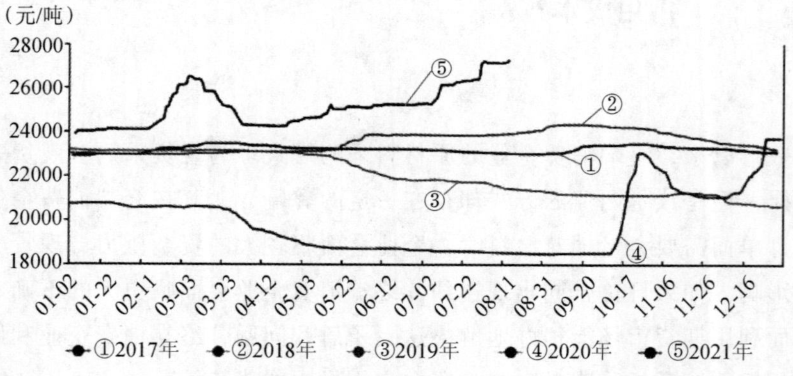

图9－1 棉纱现货价格季节性分析（同花顺数据）

（二）操作流程及效果

3月初棉纱2105合约卖出100手，成交价格24250元/吨，随后出现较大幅度回调。进入4月期现货市场价格上扬，下游市场好转，订单应接不暇，现货紧俏，公司结束套保，期货市场平仓，成交价格22160元/吨。期货市场盈利104.5万元，规避了现货市场单边上涨的风险（见表9－1）。

表 9－1　　操作示意表

3 月初	4 月中旬	每吨盈利	数量	期货盈利
卖出价 24250 元/吨	平仓价 22160 元/吨	2090 元	100 手	104.5 万元

案例 9－6

交割套保规避价格回落风险

（一）交易背景

2021 年 8 月，郑棉 2201 价格呈先扬后抑态势，月度中旬主要因供需报告利好及新棉开秤高预估、高成本及国储棉成交价格上涨等多重因素提振，月度下旬棉价倾吐前期涨幅，主要受政策面及宏观经济指标不及预期等利空拖累。国内方面，新棉抢收导致的棉价上涨已在盘面有所表现。另外，下游纺企对秋冬季服装原料采购基本完成，加之原料成本价格强势上行，导致出口订单议价空间受限，预计后市纺织出口增速继续放缓。与此同时，中储棉取消贸易商主体竞拍，储备棉竞拍竞争力大大降低，国储棉成交价格重心或逐步下移。整体上，棉纺织需求数据有所松动，前期需求复苏可能透支未来需求，不过新棉成本大概率高于上年同期水平，下方支撑仍强劲，预计后市郑棉期价是弱势震荡趋势。为防止棉纱现货价格出现回落，给企业生产带来不利影响，A 公司决定开展套保。

（二）操作流程及效果

A 公司在棉纱期货合约 2109 交割棉纱，注册棉纱仓单 35 张折合 700 吨，在 CY2109 合约空单建仓 140 手，开仓均价 26329 元/吨。进入交割月顺利完成交割，交割结算价 24465 元/吨，平均升水 1417 元，当时现货价格 27500 元/吨。

卖出套保交割业务效果良好。期货建仓均价为：26329 元/吨 + 升水 1417 元/吨 =27746 元/吨；9 月现货销售价格为 27500 元/吨，比当时现货销售价格高 246（=27746－27500）元/吨。

案例 9－7

利用期货市场采购降低资金占用成本

2005 年棉花现货价格由 1 月的 11300 元/吨上涨到 3 月 15 日的 12000 元/吨，某纺织企业认为现货价格还会上涨，非常担心生产成本还会增加。

如果按照计划采购1000吨棉花，按照现货市场12000元/吨的价格来计算，需要1200万元的资金量，企业一时无法筹集到大笔资金来买入现货。

通过圈内了解期货市场的人士介绍，该纺织企业领导意识到期货市场可以对未来棉花进行交易，按保证金制度，仅需10%左右的保证金就可以买卖一手棉花期货合约，资金占用成本较低，于是决定在棉花期货市场上买入期货。

2005年3月15日，CF0505（2005年5月交割的棉花期货合约）合约价格为13500元/吨，该企业买入200手此合约；到了4月28日现货价格涨到13000元/吨，期货价格涨到14000元/吨，该企业已经在买入期货的头寸上每手盈利2500元，合计50万元。再加上前期销售资金已经回款，资金压力缓解，4月28日按13000元/吨的价格买进现货，相对3月15日多付1000元/吨，共计多支出100万元，减去期货平仓盈利的部分，现货采购只需要多支出50万元。与没有进行期货避险的企业相比，该纺织企业既规避了一部分价格上涨风险，又缓解了企业在此期间的资金不足压力（见表9-2）。

表9-2　　　　操作方案表

操作步骤	现货	期货
3月15日	12000元/吨，需要1000吨	13500元/吨，买进1000吨
4月28日	13000元/吨	14000元/吨
结果	成本提高1000元/吨	赚500元/吨

值得注意的是，5月合约选择在4月底平仓，是因为进入交割月（5月）保证金提高到30%，交易成本太高。另外，现货价格13000元/吨，期货买价13500元/吨，也没必要对期货买货交割。

此外，企业参与套保等交易，除了缴纳保证金，还要做好期货市场价格剧烈波动时追加保证金的准备。对棉花终端消费企业而言，一方面要考虑企业正常的采购需求，另一方面要考虑资金套保中可能出现的超出预期的情形，提前在资金配置上预留出合理的空间。

案例9-8

纺织企业利用期权优化企业加工利润

（一）期现货市场基本情况

2020年开始，由于国际环境的不稳定和疫情的反复，国外棉纱加工订单减少，国内棉纱市场整体偏弱，局部价格出现下降，部分企业订单较少，经营困难；同时伴随着棉花价格处于高位，棉纱加工企业的加工利润持续走弱。外围市场的影响，加上行业不断淘汰过剩的产能，棉企的生存急需衍生品工具的辅助。

（二）企业基本情况

2020年特殊的国际和国内环境，导致纯棉纱生产成本极高，接近销售价格，企业利润被压缩得很严重，加工利润降得很低。

某棉纺集团有限公司（以下简称A棉纺），是纺织行业的龙头企业，该公司的业务和生产涉及棉纺织、棉印染等产业。在原材料端，A棉纺需要购入棉花，因此需要对冲棉花原材料端的价格上涨风险；在产成品端，需要卖出棉纱制品，因此需要对冲产品端的价格下跌风险。综合来看，在整个加工过程当中，需要增厚目前微薄的加工利润，加工利润的简单测算为：棉纱价格-棉花价格。

（三）策略选择

对于A棉纺来说，它未来将买入棉花，经过加工卖出棉纱。可以等同于假设A棉纺当前持有的头寸为：

（1）持有棉花空头头寸；

（2）持有棉纱多头头寸。

我们可以构建两个简单的备兑策略组合，来完成增厚加工利润的目的，分别是：

持有棉花空头头寸+卖出虚值的棉花看跌期权；

持有棉纱多头头寸+卖出虚值的棉纱看涨期权。

对上述两个备兑策略进行分解：对于A棉纺来说，期权端的操作也就是卖出虚值的棉花看跌期权头寸加上卖出虚值的棉纱看涨期权头寸。这一组合相当于期权备兑策略合成做多了棉花加工成棉纱的虚拟加工利润。备兑策略的盈亏损益见图 9－2。

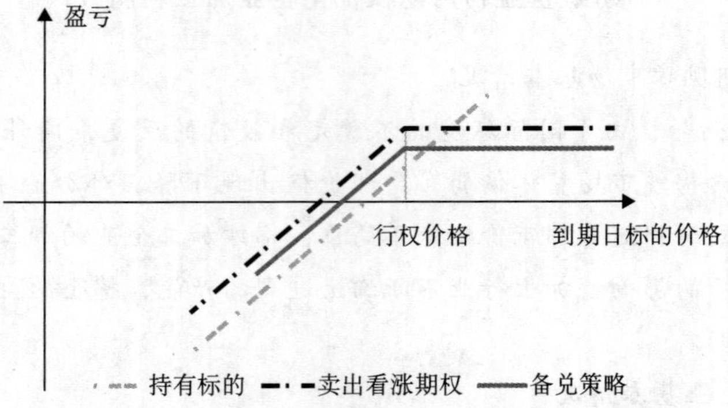

图 9－2　备兑策略盈亏损益情况

首先对客户提出需求时的盘面加工利润进行测算。以 2020 年 9 月 16 日的行情为依据，用棉纱 CY2101 合约和棉花 CF2101 合约盘面收盘价格相减，得出加工利润为：

CY2101－CF2101＝19695－12775＝6920（元/吨）

因此，当下的盘面加工利润为 6900 元/吨左右。我们总体考虑头寸，设定综合卖出约 6%～8% 虚值程度期权，结合入场当日盘面确定具体行权价格。

（四）策略执行

结合盘面的行权价档位以及风险管理子公司的场外期权报价情况，选定使用行权价格为 12200 元/吨、标的为棉花 2101 合约的看跌期权合约，以及执行价格在 21000 元/吨附近、标的为棉纱 2101 合约的看涨期权。二者的到期日都为 2020 年 12 月 3 日。在剩下的一个季度的时间内，A 棉纺计划用期权工具初步增厚约 6000 吨（1200 手）的棉花加工利润。

期权套保策略具体执行情况见表 9－3。

表 9－3　　期权套保策略

建仓时间	期权合约	方向	数量	建仓价格（均价）
2020 年 9 月 16 日	CF101P12200	卖开	1200 手	184 元/吨
2020 年 9 月 16 日	CY101C21000	卖开	1200 手	108 元/吨

上述一组单手两腿期权的卖方权利金之和为：

184 + 108 = 292（元/吨）

因此，对于 A 棉纺来说，上述策略可以弥补增厚 292 元/吨的加工利润。如果棉花期货在到期日跌破行权价格 12200 元/吨，棉花看跌期权被行权，卖方相当于以低于 12200 元/吨的价格采购棉花原材料。如果棉纱期货在到期日涨超 21000 元/吨，棉纱看涨期权被行权，卖方则相当于以高于 21000 元/吨的价格卖出棉纱期货。销售端上涨，企业的生产状况也将好转。如果价格在合约到期前都未行权，则企业卖权头寸无须履约，获取全部权利金。

（五）套保效果

2020 年 12 月 3 日，棉花 2101 合约与棉纱 2101 合约的盘面价格分别为 14425 元/吨与 20495 元/吨，盘面价格测算加工利润为 6070 元/吨，对于企业来说，棉花纺织加工利润进一步下降，对生产的不利影响扩大。但同时，在到期日棉花期货没有下跌到棉花看跌期权的行权价 12200 元/吨，因此，卖出棉花看跌期权不行权；棉纱期货没有上涨到看涨期权的行权价 21000 元/吨，因此，看涨棉纱期权头寸也不行权。此轮操作获得了 292 元/吨的权利金收入，相应增厚了加工利润，取得较好的套保效果。

（六）案例总结

1. 策略优势

通过期权备兑增厚利润策略，企业可以增厚大约 292 元/吨的加工利润，对冲了一部分的生产风险，并且操作相对简单。

2. 风险分析

这里使用的是棉花期权，其标的为棉花期货合约。由于棉花期权合约到期日为标的期货合约交割月份前一个月的第 3 个交易日，而棉花期货合约最后交易日为合约交割月份的第 10 个交易日，因此，在期权合约到期后，距离期货合约到期还有一段时间。如果企业持有的看跌期权合约到期被行权，企业将买入棉花期货合约。如果企业想要持有交割，则中间还需要等到期货合约到期再进行交割。这中间就存在一定的风险，如这期间的棉花期货合约价格风险，以及棉花现货与棉花期货的基差风险。如果企业没有管理好这段时间的风险敞口期限错配问题，则有可能遭受损失。

3. 经验及心得体会

相比于期货头寸，企业可以运用期权进行多样的策略组合，从多个维度将衍生品工具运用到生产经营的多个环节中，以规避生产风险和价格风险，或是增厚企业利润。在本案例中，通过两个品种的期权策略的简单组合，就可以起到增厚企业加工利润的作用。另外，企业除了参与场内期权之外，也可以积极运用场外期权工具进行避险和对冲。

案例 9－9

棉纺织企业通过仓单质押盘活资金流

2010 年，国内棉花在产量下降的同时，质量也在下降。某期货公司通过调研发现，高品质的棉花产量较少，符合期货交割标准的棉花更少，不少关注棉花期货市场的现货企业都看涨棉花后市走势。湖北某纺织企业在期货公司的帮助下，决定将 2009 年生产的高品质棉花放慢出库进度以期获得更高的利润。然而，为提高公司成品生产质量和效率，在市场中保持稳定的竞争力，需要对厂房车间进行改造升级。为了筹措资金进行车间改造升级，该公司将手上部分棉花做成仓单，然后在银行进行质押，获得资金 5000 万元。利用这笔资金，公司按期完成车间升级改造计划。到 8 月，现货价格已经高于期价，并与期价形成共振，出现价格节节攀高现象，该纺织企业抓住机会开始销售品质较差的棉花，适当保留高品质的棉花。随着棉花期货仓单主销期临近，该纺织企业通过出售低品级的棉花已获得足够的资金还清了银行的贷款，将质押仓单释放，转手在期货市场成了“香饽饽”。通过仓单质押业务，不仅囤积了高品质的棉花，更重要的是缓解了短期资金压力，保证了企业的正常运转。

小贴士

仓单质押

仓单质押指借款人（仓单持有人）以其自有的、经期货交易所注册的标准仓单为质押物向银行申请其正常生产经营周转所需的短期融资（包括各短期信用业务品种）的业务。标准仓单质押贷款期限为一年，且不得超过仓单有效期。严禁借款人挪用信贷资金从事期货、股票交易或进行固定资产投资、股本权益性投资等。

交易所开展仓单质押业务，有利于企业进行短期融资以缓解资金压力。棉花企业每年收购棉花均需要大量的资金，给企业进行正常的套期保值带来较大的压力。仓单质押既可以解决货主企业流动资金紧张的困难，同时保证银行放贷安全，又能拓展仓库服务功能，增加货源、提高效益，可谓“一举三得”。

五、终端消费企业如何建立完善的风险管理机制?

纺织企业处在棉花产业链的下游，面临着较高的原料价格波动风险。对于终端消费企业而言，棉花等纺织原料的采购成本占企业总成本的70%左右，控制棉花的采购成本对于国内纺织企业的生存与发展显得尤为重要。棉花的价格会影响到整个行业的成本及盈利状况，如何利用好棉花期货市场规避棉花价格的剧烈波动、降低采购成本，成为国内纺织企业必须面临的课题。终端消费企业要尽可能利用棉花期货市场套期保值来规避市场风险。具体来看，可以从以下方面来完善企业风险机制的建设。

（一）为开展棉花期货做准备

公司董事会授权主管经营工作的人员负责棉花期货业务，授权公司经营部具体进行业务操作。制定《套期保值管理制度》，以规范棉花期货操作，相关参与人员要充分理解棉花期货业务的特点与风险。

（二）棉花期货投资的风险分析

1. 产品价格波动风险

因价格变化使持有的期货合约价值发生变化的风险，以及价格波动使投资者的期望利益受损的风险。

对策：投资前要周密考虑，制订正确、完善的交易计划，在确定的交易计划框架内进行交易。同时在期货预案中对一旦出现期现背离的情况，采取分级设置合理止损位，或及时追加保证金的方式，尽量减少产品价格波动风险。

2. 流动性风险

棉花期货交易面临期货合约流通量风险和公司资金量风险。

对策：经过棉花期货市场几年的发展，目前棉花期货品种持仓数量较大、交易活跃，因此通过合理计划、周密安排资金使用，可有效降低流动性风险。

3. 信用风险

信用风险是由于交易对手不履行合约责任而导致的风险。

对策：棉花期货在郑商所上市5年多以来，各项管理制度日趋完善，期货交易由交易所担保履约责任，因而几乎不存在信用风险。

4. 操作风险

操作风险是因信息系统或内部控制方面的缺陷而导致意外损失的可能。

对策：在投资过程中，严格按照公司《套期保值管理制度》制订翔实的操作预案，合理设置止损位置，加强业务管理，减少操作风险。

5. 法律风险

在期货交易中，由于相关行为与相应的法规发生冲突，致使无法获得当初所期待的经济效果甚至蒙受损失的风险。

对策：在业务操作过程中，遵守国家法律和公司相关规定，与具备资格的经纪公司签订期货经纪合同，降低法律风险。

（三）风险管理策略说明

一是公司开户的经纪公司均应为具备经纪资格的合法公司，并与之签订经纪合同。

二是公司资金较充裕，具有一定的期货投资经验。公司制定了《套期保值管理制度》对期货业务进行管理，可最大限度避免制度不完善、工作程序不恰当等造成的操作风险。

三是在每一次业务开展前，首先制订详细的投资策略与计划，将风险降至可以承受的程度，并充分评估投资风险与收益。

四是在每一次业务开展过程中，由公司审计部对投资过程进行监控，授权操作部门及时将有关情况进行上报，确保风险可控。

（四）棉花期货公允价值分析

期货交易的价格形成具有预期性、连续性、公开性、权威性等特点。通过投资棉花期货，可以实现规避风险、发现价格的功能。通过套期保值等投资操作，可以锁定生产成本，实现预期利润，利用价格信号组织安排生产，拓展采购渠道。具体操作过程中，都要在事前计划中进行定量分析，计算出投资风险与收益。

（五）会计政策及核算原则

公司根据经营实际需要从事与主业相关的简单期货投资。公司在运用期货市场规避棉花现货价格变动所带来的实际价格风险时，应按以下会计方法进行处理：

属于公允价值套期的，套期工具公允价值变动形成的利得或损失计入当期损益；被套期项目因被套期风险形成的利得或损失计入当期损益，同时调整被套期项目的账面价值。

属于现金流量套期的，套期工具利得或损失中属于有效套期的部分，直接确认为所有者权益，并单列项目反映；套期工具利得或损失中属于无效套期的部分（即扣除直接确认为所有者权益后的其他利得或损失），计入当期损益。公司采用比率分析法评价套期有效性。

公司将不作为有效套期工具的衍生品投资划分为交易性金融资产或金融负债，按照取得时的公允价值作为初始确认金额，相关交易费用在发生时计入当期损益。支付价款中包含已宣告但尚未发放的现金股利或已到付息期但尚未领取的债券利息，单独确认为应收项目处理。持有期间取得的利息或现金股利确认为投资收益。资产负债表日，将持有的交易性金融资产或金融负债的公允价值变动计入当期损益。处置该金融资产或金融负债时，其公允价值与初始入账金额之间的差额确认为投资收益，同时调整公允价值变动损益。

自测题

一、填空题

1. 纺织企业需要高品质棉花时，现货市场一时难以实现，企业可以通过期货市场买入进行交割，这主要是基于期货市场______，可以增加买卖双方的成交效率。

2. 纺织企业可以利用棉花价格信息进行采购的基础，在于期货价格反映了大多数市场参与者的预测，具有______。

3. 当期货价格发出明确的走软信号时，企业可以根据消费情况放缓采购进度，推迟采购时间点。若库存较高，可以在期货市场______以防止极端行情出现造成的贬值。

4. 通过期货市场的实物交割来采购原材料具有______和______两大优点。

5. 根据《郑州商品交易所套期保值管理办法》，按合约方式申请一般月份套期保值持仓额度的，应当在套期保值期货合约挂牌至交割月前一个月的第______个日历日之间提出，逾期交易所不再受理该合约套期保值持仓额度的申请。

二、选择题

1. (　　)情况下，考虑买期保值。

A. 根据现货合同需按议定价买进，但是担心价格上涨对方会违约

B. 找到供货方，未确定价格。一旦将来现货价格上涨，加工成本就会提高

C. 未找到供货方，如果价格上涨，只能随行就市

D. 为了防止日后购进现货商品时价格下跌

2. 用于期货套期保值的资金由企业法人授权期货部门经理进行调拨。期货部门在保值方案中应制订资金需求计划。在保值方案确定后，按方案所

需资金和时间要求及时足额提供保证金。如遇行情突变需临时增加保证金时，则由期货部门提出书面报告，经有关领导批准后由财务部增拨资金，平时保证金有富裕时应及时调回企业。用于交割提货的资金由期货部门在接到现货部门提出的交割数量后在交割月的前一个月向财务部提出申请；卖出保值头寸交割后，要求期货公司必须将（　　）尽快汇到企业资金账户上。

A. 全部交割货款　　　　B. 80%货款

C. 70%货款　　　　D. 50%货款

3. 棉花期货交易面临期货合约流通量风险和公司资金量风险。经过棉花期货市场几年的发展，目前棉花期货品种持仓数量较大，交易活跃。公司投资金额较小且资金较充裕，通过合理计划、周密安排资金的使用，可有效降低（　　）风险。

A. 流动性　　　　B. 产品价格波动风险

C. 信用风险　　　　D. 法律风险

4. 在期货市场进行预买时，只要价格在成本预算之内，就可以大胆买入。因为如果期货价格上涨，可以平仓盈利，若期货价格下跌，只要在可承受的亏损范围内接货，也可认亏平仓。在现货市场购棉花，前提是在预买时一定要设定期货部位的（　　），超出该价位及时止损。

A. 止损价位　　　　B. 止盈价位

C. 预期目标　　　　D. 盈利最低目标

5. 企业可以在期货市场卖出现货。当期货价格与现货价格差别大时，可以选择交割实现价差。比如，棉花现货价格为9000元/吨，而棉花期货价格为10000元/吨，只要实现了交割，其价差1000元/吨是一定可以得到的。尽管期间期货价格的变化可能会使账面出现浮动亏损，但只要按要求追加保证金，坚持到交割月交割，期间的浮动亏损就不会成为实际亏损。如果当初卖出期货时，考虑的是未来价格会下跌，但后来证明判断错了，或认为交割比平仓划算，这时可以选择交割，这属于（　　）。

A. 套期保值　　　　B. 现货贸易

C. 及时止损　　　　D. 仓单贸易

参考答案

一、填空题

1. 充裕的流动性　　2. 权威性　　3. 卖出
4. 质量能够得到保证、采购合约履行能够得到保障　　5. 5

二、选择题

1. ABC　　2. A　　3. ABCD　　4. A　　5. D

第十章

棉花和棉纱期货实物交割

本章要点

实物交割是期货市场联系现货市场的纽带，是期货和现货价格回归、趋向一致的重要节点。当投资者交割时，就需要对棉花和棉纱期货的交割规则进行了解。学习并了解棉花期货交割规则对投资者尤其是法人客户具有很重要的意义。

为与国家政策保持一致，推进棉花质检体制改革，实现期现充分结合，2020 年 7 月 28 日，郑州商品交易所对期棉合约及规则的内容进行修改，修改后的规则更加简洁，便于广大投资者理解和掌握。新棉花合约规则主要涉及《郑州商品交易所期货交割细则》（以下简称《交割细则》）、《郑州商品交易所标准仓单管理办法》（以下简称《仓单管理办法》）、《郑州商品交易所期货结算细则》（以下简称《结算细则》）、《郑州商品交易所期货交易风险控制管理办法》（以下简称《风险控制管理办法》）、《郑州商品交易所保税交割实施细则》（以下简称《保税交割实施细则》）。其中，《交割细则》

和《仓单管理办法》修改内容较多。《交割细则》改动主要涉及交割名称、交割方式、棉花标准仓单的有效期等；《仓单管理办法》的修改主要包括标准仓单适用范围、入库的质量要求、仓单有效期等。

一、棉花质量如何鉴定？

棉花期货合约是标准化合约，对棉花质量有比较严格的要求，加强对棉花质量的监督管理，不仅可以维护棉花市场秩序，也有助于保护棉花交易各方的合法权益。因此，各国都对棉花期货质量制定了不同的标准，下面将具体进行介绍。

（一）棉花品级规定

我国棉花的质量检验是按照国家标准 GB1103－2012 进行的。国家标准化委员会于 2012 年 11 月 21 日发布了新修订的棉花国家标准，并从 2013 年棉花年度（2013 年 9 月 1 日起）实施。本次新国标创新性地构建了棉花颜色级质量分级体系，实现了棉花颜色级的仪器化检验，将棉花标准划分得更为细致。根据棉花加工方式将棉花标准细分为两个部分，即 GB1103.1－2012《棉花第 1 部分：锯齿加工细绒棉》和 GB1103.2－2012《棉花第 2 部分：皮混加工细绒棉》。为了进一步实现全面棉花质量仪器化检验目标，本次新国标修订取消锯齿细绒棉按照品级分级，采用颜色分级指标体系。

颜色级概念：根据棉花的明暗程度和黄色深度来决定，划分为白棉、淡点污棉、淡黄染棉、黄染棉四种类型，共计 13 个颜色级。白棉三级为颜色级标准级。颜色级用两位数字表示，第一位是级别，第二位是类型（见表 10－1）。

表 10－1　　颜色级代号

级别	白棉	淡点污棉	淡黄染棉	黄染棉
1 级	11	12	13	14
2 级	21	22	23	24
3 级	31	32	33	
4 级	41			
5 级	51			

主体颜色级的定义主要包含以下四层含义：一是针对按批检验的棉花；二是一批棉花中主体颜色级的棉花要占 80% 及以上；三是其余的颜色级要与主体颜色级相邻；四是一批棉花中，包括主体颜色级在内，颜色级不能超过 3 个，类型不能超过 2 个。

如果一批棉花中，一个颜色级没有占到 80% 及以上，或者颜色级超过了 3 个，或者颜色级类型超过了 2 个，或者有的颜色级不与主体颜色级相邻，这批棉花就没有主体颜色级（见表 10－2）。

表 10－2　　我国棉花颜色级文字描述

颜色级	颜色特征	对应的籽棉形态
白棉一级	洁白或乳白，特别明亮	早、中期优质白棉、棉瓣肥大、有少量的一般白棉
白棉二级	洁白或乳白，明亮	早、中期好白棉棉瓣大、有少量雨锈棉和部分的一般白棉
白棉三级	白或乳白，稍亮	早、中期一般白棉和晚期好白棉，棉瓣大小都有，有少量雨锈棉
白棉四级	色白略有浅灰，不亮	早、中期失去光泽的白棉
白棉五级	色灰白或灰暗	受到较重污染的一般白棉
淡点污棉一级	乳白带浅黄，稍亮	白棉中混有雨锈棉，少量僵瓣棉，或白棉变黄

续表

颜色级	颜色特征	对应的籽棉形态
淡点污棉二级	乳白带阴黄，显淡黄点	白棉中混有部分早、中期僵瓣棉或少量轻霜棉，或白棉变黄
淡点污棉三级	灰白带阴黄，有淡黄点	白棉中混有部分中、晚期僵瓣棉或轻霜棉，或白棉变黄、霉变
淡黄染棉一级	阴黄，略亮	中、晚期僵瓣棉、少量污染棉和部分霜黄棉，或淡点污棉变黄
淡黄染棉二级	灰黄，显阴黄	中、晚期僵瓣棉、部分污染棉和霜黄棉，或淡点污棉变黄、霉变
淡黄染棉三级	暗黄，显灰点	早期污染僵瓣棉、中晚期僵瓣棉、污染棉和霜黄棉，或淡点污棉变黄、霉变
黄染棉一级	色深黄，略亮	比较黄的籽棉
黄染棉二级	色黄，不亮	较黄的各种僵瓣棉、污染棉和烂桃棉

根据皮棉外观形态粗糙程度、所含疵点种类及数量的多少，轧工质量分好、中、差三档，分别用 P1、P2、P3 表示（见表 10－3、表 10－4）。

表 10－3　　　　轧工质量分档条件

轧工质量分档	外观形态	疵点种类及程度
好	表面平滑，棉层蓬松、均匀，纤维纠结程度低	带纤维籽屑少，棉结少，不孕籽、破籽很少，索丝，软籽表皮，僵片极少
中	表面平整，棉层较均匀，纤维纠结程度一般	带纤维籽屑多，棉结较少，不孕籽、破籽少，索丝，软籽表皮，僵片很少
差	表面不平整，棉层不均匀，纤维纠结程度较高	带纤维籽屑很多，棉结稍多，不孕籽、破籽较少，索丝，软籽表皮，僵片少

表 10－4　　轧工质量参考指标　　（单位：粒/100 克）

轧工质量分档	索丝、僵片、软籽表皮	破籽，不孕籽	带纤维籽屑	棉结	疵点总粒数
好	≤230	≤270	≤800	≤200	≤1500
中	≤390	≤460	≤1400	≤300	≤2550
差	>390	>460	>1400	>300	>2550

注：（1）疵点包括索丝、软籽表皮、僵片、破籽、不孕籽、带纤维籽屑及棉结七种；（2）轧工质量参考指标仅作为制作轧工质量实物标准和指导棉花加工企业控制加工工艺的参考依据；（3）疵点检验按 GB/T 6103 执行。

本次新国棉修订，改变了长期惯用的品级分级，实现由感官检验向全面仪器化检验的推进，更加深入地推进棉花质检体制改革。新棉花标准更注重棉花的内在质量，含杂率、异性纤维、短绒率等与棉纺企业实际生产需要密切相关的指标在标准中有更充分的体现。新国标的推出有利于国棉在棉花质量检验指标体系和检验方法上与国际通行做法全面接轨，有利于中国棉花产业健康发展，满足下游纺织行业需求。

新国标的推出对于国内棉花生产领域也有重要的指导意义。新的棉花标准将棉花质量仪器化检验方法以及对棉花内在质量的考核放在了更加突出的位置，有利于引导农业部门培育优良品种，有利于引导棉农多种优质棉，引导棉花收购实行优质优价，从而达到促进棉花品种改良、品质提高、棉农增收的目的。

（二）棉花长度分级及检验方法

按照棉花国标 GB1103－2012 规定，棉花纤维长度以 1 毫米为级距，分为 25～32 毫米 8 个长度级，28 毫米为长度标准级。25 毫米，包括 25.9 毫米及以下；26 毫米，包括 26.0～26.9 毫米；27 毫米，包括 27.0～27.9 毫米；28 毫米，包括 28.0～28.9 毫米；29 毫米，包括 29.0～29.9 毫米；30 毫米，包括 30.0～30.9 毫米；31 毫米，包括 31.0～31.9 毫米；32 毫米，包括 32.0 毫米及以上。

棉花手扯长度实物标准，根据纤维快速测试仪测定的棉花上半部平均长度结果定值。

棉花长度检验分手扯尺量法检验和纤维快速测试仪检验，以纤维快速测试仪检验为准。棉花手扯长度实物标准作为校准手扯尺量长度的依据，用手扯尺量法检验时，按 GB/T 19617 执行，并经常采用棉花手扯长度实物标准进行校准。使用纤维快速测试仪检验时，按 GR/T 20392 执行。按批检验时，计算批样中各试样长度的算术平均值及各长度级的百分比，长度平均值对应的长度级定为该批棉花的长度级；逐包检验时，逐包出具长度值检验结果，长度检验结果修约到一位小数。

（三）棉纤维长度的影响因素

不同品种、不同棉株、不同棉铃上的棉纤维长度有很大差别，即使同一棉铃不同瓣位的棉籽间，甚至同一棉籽的不同位置上，其纤维长度也有差异。一般来说，棉株下部棉铃的纤维较短，中部棉铃的纤维较长，上部棉铃的纤维长度介于二者之间；同一棉铃中，每瓣籽棉的中部棉籽上着生的纤维较长。

（四）棉花马克隆值的测量

马克隆是英文 Micronaire 的音译，马克隆值是反映棉花纤维细度与成熟度的综合指标，是棉纤维重要的内在质量指标之一，与棉纤维的使用价值关系密切。按照国标棉花国标 GB1103－2012 规定，马克隆值分为 A、B、C 三级，B 级为标准级。A 级取值范围为 3.7～4.2，品质最好；B 级取值范围为 3.5～3.6 和 4.3～4.9；C 级取值范围为 3.4 及以下和 5.0 及以上，品质最差。按批检验时按 GB/T 6498 或 GB/T 20392 逐样测试马克隆值。各个试验样品，根据马克隆值分别确定其马克隆值级及档次。计算批样中各马克隆值级所占的百分比，其中百分比最大的马克隆值级定为该批棉花的主体马克隆值级；计算批样中各档百分比及各档平均马克隆值。逐包检验时，采用纤维快速测试仪检验，按 GB/T 20392 执行。逐包出具马克隆值及相应值级及档次检验结果，检验结果修约到一位小数。

（五）马克隆值与成纱质量的关系

马克隆值与成纱质量有密切的关系。马克隆值高的棉纤维能经受机械打击，易清除杂质，成纱条干均匀，外观光洁，疵点少，成品的制成率高。但马克隆值过高，会影响成纱强力。马克隆值过低的棉纤维往往成熟度差，容易产生有害疵点，染色性差。所以，只有马克隆值适中的棉花，才能兼顾两方面，获得较全面的经济效益。

马克隆值与成纱质量的关系不能一概而论，与成纱纱支的粗细密切相关：低支纱高马克隆值纤维堆成纱质量好，细支纱特别是特细支纱要求比较低的好；纱支粗，单位截面纤维根数多，纤维的强力直接影响成纱强力；纱支细，单位截面纤维根数少，纤维的根数直接影响成纱强力。

马克隆值级是一个细度指标范围，原来的单位是10—6 克/英寸。由于测试的不稳定性，现在的马克隆值作为无量纲值处理。

（六）棉纤维的成熟度判定

棉纤维成熟度是指纤维细胞壁加厚的程度，细胞壁愈厚，其成熟度愈高，纤维转曲多、强度高、弹性强、色泽好，相对的成纱质量也高；成熟度低的纤维，各项经济性状均差，但过熟纤维也不理想，纤维太粗、转曲也少，成纱强度反而不高。

（七）棉花回潮率的测算

回潮率是指棉花中所含的水分与干纤维重量的百分比。回潮率与含水率不同，含水率是指棉花中所含的水分与湿纤维重量的百分比。国标规定，棉花公定回潮率为8.5%，回潮率最高限度为10.0%。具体计算公式为：回潮率=（湿纤维重量-干纤维重量）/干纤维重量×100%。实际工作中回潮率是用电测器法测定的，回潮率检验按 GB/T6102.1 或 GB/T 6102.2 执行。对检验结果有异议时，以 GB/T 6102.1 为准。回潮率检验结果修约到一位小数。

（八）含杂率的测定

含杂率指棉花中含有的如沙土、枝叶、铃壳、软籽表皮等非危害性杂物的比例。国标规定锯齿棉标准含杂率为2.5%。实际工作中一般用原棉杂质分析机测定原棉含杂率。成包皮棉含杂率检验按 GB/T 6499 执行，含杂率检验结果修约到一位小数。

（九）棉花成本和仓单成本的计算

折算皮棉价格 = ［籽棉收购价 ×100 - 棉籽价格 × （100 - 衣分 - 损耗）］ ×10/［（衣分/100） + 加工费］

棉花的衣分：棉花的衣分表示籽棉加工成皮棉的比例，也是构成皮棉产量的一个重要因素。皮棉不能散放，必须经打包机打成符合国家标准的棉包。正常年份，棉花的衣分为36% ~40%，也就是说，100公斤籽棉能够加工出36~40公斤皮棉。

衣分的高低与种子表面单位面积的纤维数、纤维长短、纤维粗细成正比，与种子重量成反比。它主要受品种遗传特性的影响，同时也受纤维发育期间的温、光、水、肥等条件和棉铃着生部位的影响，但相对来说比较稳定。衣分高的品种可达45%左右，退化的品种衣分只有30%左右，甚至更低。

仓单成本价 = 收购价① + 成本（交易手续费② + 交割手续费② + 运输成本③ + 入库费用④ + 仓储费⑤ + 配合公检费⑥ + 资金占用利息⑦ + 增值税⑧）+ 等级升贴水⑨

注：①收购价视各自的收购情况而定。

②交易手续费和交割手续费由每家期货公司确定。

③运输费视货物所在地与仓库间距离而定，还包括人工成本、货物一旦不合格的整理费、往返费用等。

④入库费用是仓库收费，新疆地区火车运输入库费用45元/吨；非新疆地区汽车运输入库：30元/吨，火车运输入库：50元/吨。

⑤仓储费：新疆地区0.6元/天·吨，非新疆地区0.8元/天·吨，只要货物在仓库，就要付费。

⑥入库配合公检费：非新疆地区25元/吨。

⑦利息：如果是自有资金，则此费用可以忽略不计；如果是银行贷款，则视贷款时限与利率决定。

⑧增值税计税价格是交割结算价（交割月10个交易日的加权平均价），而非建仓价。这个价格可能高于建仓价，也可能低于建仓价。也就是说，既可能多交税，也可能少交税。

⑨等级升贴水见郑商所规定。

如收购价成本为13000元/吨，交割的是428（贴水500），则仓单成本为13500元/吨，若期货价格为14000元/吨，则利润为500元/吨。为什么要计算等级升贴水呢？因为这涉及交易所规定的升贴水与现货实际可能会有出入。如果货物到指定交割仓库后发现质量不合格，发生的交割费用就会增加。因此，在计算收益水平时，一定要考虑一旦不合格的成本；另外，还需要考虑交割仓库是否具有升贴水，如内地库：湖北储备物资管理局338处仓库升贴水是“950－运费补贴”元/吨，新疆库：库尔勒银星物流有限责任公司仓库升贴水是0元/吨。

（十）公定重量的计算

公定重量是准重按棉花公定回潮率折算后的重量。计算方法是：毛重减去包装物重量（皮重）得到净重，净重按标准含杂率扣补后得到实际回潮率下的准重，准重按公定回潮率折算后得到公定重量。计算公式如下：

净重＝毛重－包装物重；

准重＝净重×（100－实际含杂率）÷（100－标准含杂率）；

公定重量＝准重×（100＋棉花公定回潮率）÷（100＋棉花实际回潮率）。

国标规定：锯齿棉标准含杂率为2.5%；棉花公定回潮率为8.5%。

公定重量与净重的关系：

公定重量＝准重×（100＋棉花公定回潮率）÷（100＋棉花实际回潮率）

＝净重×（100－实际含杂率）÷（100－标准含杂率）×（100＋棉花公定回潮率）÷（100＋棉花实际回潮率）

＝（毛重－包装物重）×（100－实际含杂率）÷（100－标准含杂率）×（100＋棉花公定回潮率）÷（100＋棉花实际回潮率）

案例10－1

公定重量的计算

一批棉花毛重为20吨，包装物重量为100公斤，经检验，实际含杂率为3%，实际回潮率为10%，则这批棉花公定重量为19.62吨。具体计算公式如下。

净重：20 - 0.01 = 19.9（吨）

准重：19.9 ×（100 - 3）÷（100 - 2.5）= 19.80（吨）

公定重量：19.80 ×（100 + 8.5）÷（100 + 10）= 19.53（吨）

二、棉花期货交割仓库有哪些？是否设置升贴水？

棉花期货交割仓库共 26 家，新疆为棉花期货基准交割地，对内地交割仓库设置 900 ~ 1000 减去“运费补贴”不等的仓库升贴水（见表 10 - 5）。

表 10 - 5 郑州商品交易所指定棉花交割仓库名录

编号	仓库名称	升贴水
0301	国家粮食和物资储备局河南局四三二处	900 元/吨减去“运费补贴”
0303	河南豫棉物流有限公司	900 元/吨减去“运费补贴”
0304	衡水市棉麻总公司储备库	950 元/吨减去“运费补贴”
0305	菏泽市棉麻公司巨野棉麻站	950 元/吨减去“运费补贴”
0305	菏泽市棉麻公司菏泽转运站	950 元/吨减去“运费补贴”
0313	滨州中纺银泰实业有限公司	950 元/吨减去“运费补贴”
0314	江阴市协丰棉麻有限公司	1000 元/吨减去“运费补贴”
0317	国家粮食和物资储备局湖北局三三八处	950 元/吨减去“运费补贴”
0319	中棉集团山东物流园有限公司	950 元/吨减去“运费补贴”
0320	江苏银海农佳乐仓储有限公司	1000 元/吨减去“运费补贴”
0323	库尔勒银星物流有限责任公司	0
0324	中国供销集团南通供销产业发展有限公司	1000 元/吨减“运费补贴”
0325	中储棉漯河有限公司	900 元/吨减去“运费补贴”
0326	新疆中新建现代物流股份有限公司	-100 元/吨
0327	江苏银隆仓储物流有限公司	1000 元/吨减去“运费补贴”
0328	新疆农资（集团）有限责任公司	0
0329	新疆银棉储运有限公司	0

续表

编号	仓库名称	升贴水
0330	中储棉库尔勒有限责任公司	0
0331	新疆汇锦物流有限公司	0
0332	新疆伊犁州陆德棉麻有限责任公司	0
0333	中储棉菏泽有限责任公司	950元/吨减去“运费补贴”
0334	中储棉武汉有限公司	950元/吨减去“运费补贴”
0336	新疆中锦胡杨河仓储物流有限公司	0
0337	新疆兵棉宏泰物流有限公司	0
0338	阿拉尔市鹏宇棉花仓储物流有限责任公司	-50元/吨
0516	张家港保税区外商投资服务有限公司	1000元/吨减去“运费补贴”

仓库名录以交易所最新公布为准。

三、棉花和棉纱期货合约中对交割标准棉花和棉纱有什么要求?

(一) 棉花期货合约棉花交割标准要求

棉花期货合约的交割品是符合《中华人民共和国棉花细绒棉》(GB 1103-2012) 规定的328B国产锯齿细绒白棉，具体要求是:

1. 交割品级

符合GB1103.1-2012《棉花第1部分：锯齿加工细绒棉》规定的3128B级。

2. 颜色级

11级、21级、41级、12级、22级，标准颜色级为31级。

3. 平均长度级

27毫米、29毫米及以上，标准长度级为28级。

4. 主体马克隆值

A、B、C级C2档，其中标准等级为B级；C1级不得参与交割。

5. 断裂比强度

为 S1、S2、S4 档，标准等级为 S3 档。

6. 轧工质量

为 P1 档、P3 档的棉花，可以替代交割。

7. 回潮率

单包回潮率大于 10% 的；采用塑料套包法包装的，一批棉花中单包回潮率超过 9%，或者按批计算的平均回潮率超过 8.5% 的。

8. 交割单位

185 ±5 包（227 ±10 公斤/包），对应 8 手期货合约。

9. 包装

符合《中华人民共和国国家标准棉花包装》（GB6975 - 2013）规定的Ⅰ型号棉包（227 ±10 公斤），且须附有检验证书及原码单。

10. 棉花来源

同一包棉花源于同一产地、同一棉花加工厂生产的棉花。

（二）棉纱期货合约棉花交割标准要求

1. 交割方式

根据棉纱现货流通特点，棉纱期货实行“厂库 + 仓库”交割，上市初期以厂库交割为主，仓库交割备用。

2. 交割单位

20 吨（公定重量）。同一交割单位内的交割商品应满足同一生产厂家及同一生产批次要求。

3. 交割地点

棉纱期货基准交割地：山东、河南、江苏。辅助交割地：浙江。浙江交割棉纱较基准交割地区域性升水 380 元/吨。

4. 包装要求

棉纱交割包装执行《棉及化纤纯纺、混纺本色纱线标志与包装》（FZ/T10008 - 2009），同一客户同一批次交割的棉纱包装规格应当统一。

棉纱交割采用纸管、塑料内膜袋和塑料编织袋的组合包装方式，由打包绳缝口捆扎，中间加固拦腰围带。筒纱按定重量成包，按公定回潮率时的净重量确定，每包净重 25 千克，误差不超过 ±0.2%。纸管硬度以不变形为准，每批号纸管头颜色一致，不易掉色，污染纱线；塑料内膜袋及塑料编织袋要求装纱后无破损。筒纱包装要求捆扎紧牢，筒纱不外露，满足搬运及运输要求。

（三）交割棉的主体品级

棉花国标规定：按批检验时，占有 80% 及以上的颜色级，其余颜色级仅与其相邻，且类型不超过 2 个、级别不超过 3 个。

有主体颜色级的棉花，升水 100 元/吨。无主体颜色级的棉花，以其中占比例最大的颜色级为标注颜色级。

1. 棉纱交割品级

符合郑商所棉纱期货交割质量标准的 18.5tex（32 英支）普梳棉本色筒子单纱（环锭纺）基准交割品的交割质量指标（见表 10－6）。

表 10－6　郑州商品交易所棉纱期货交割质量标准

质量指标	线密度	棉纤维含量	实际捻系数	单纱断裂强度	单纱断裂强力变异系数	条干均匀度变异系数
允许数值	18.5t ex	100%	300～420	≥15.0 cN/t ex	≤9.0%	≤16.0%

质量指标	－50% 千米细节	+50% 千米粗节	+200% 千米棉结	十万米纱疵	百米重量偏差	百米重量变异系数	异性纤维含量
允许数值	≤25 个/10^3m	≤340 个/10^3m	≤520 个/10^3m	≤10 个/10^5m	±2.0%	≤2.2%	≤80 处/20kg

资料来源：郑州商品交易所。

2. 替代品及升贴水

棉纱期货异性纤维含量符合郑商所相关规定的，可通过贴水替代交割：80 处/20 千克＜异性纤维含量≤100 处/20 千克的，每吨贴水交割结算价的 2%；100 处/20 千克＜异性纤维含量≤120 处/20 千克的，每吨贴水交割结算价的 3%；异性纤维含量＞120 处/20 千克的，每增加 10 处/20 千克，每吨增加贴水交割结算价的 1%，增加不足 10 处/20 千克的，按增加 10 处/20

千克计。异性纤维含量不得高于200处/20千克。

（四）棉花和棉纱期货合约交割品的升贴水规定

郑商所棉花期货合约对替代交割品设置升贴水，其升贴水标准根据不同市场年度生产的棉花可能会进行调整。

根据郑商所棉花交割相关制度规定，棉花期货交割品的升贴水规定见表10－7。

表10－7　2021～2022年度棉花期货替代交割品升贴水

序号	指标	升水替代品（元/吨）		基准品	贴水替代品（元/吨）		
1	颜色级	11	21	31	41	12	22
	升贴水	300	150	0	－200	－100	－400
2	长度（毫米）	≥30	29	28	27		
	升贴水	400	200	0	－250		
3	马克隆值	A		B（B1、B2）	C2		
	升贴水	100		0	－100		
4	断裂比强度	S1	S2	S3	S4		
	升贴水	350	100	0	－200		
5	长度整齐度	U1	U2	U3	U4		
	升贴水	200	100	0	－200		
6	轧工质量	P1		P2	P3		
	升贴水	100		0	－300		
7	异性纤维	/		发现未超过1包的	发现超过1包的，每多发现1包增加贴水		
	升贴水	/		0	－200		

资料来源：郑州商品交易所。

另外值得注意的是，郑商所棉花期货对交割品设置了时间升贴水和产地升贴水。时间升贴水是指N年产锯齿细绒白棉从N＋1年8月1日起每日历日贴水4元/吨，至N＋1年11月的第15个交易日（含该日）止。产地升贴水是指新疆棉无升贴水，内地棉贴水200元/吨（见表10－8）。

表 10-8　　2021～2022 年度棉纱期货替代交割品升贴水

指标	升水替代品		基准品	贴水替代品		
单纱断裂强度（cN/tex）	15.8≤ ≤16.2	14.7≤ <15.8	14.0≤ <14.7	13.2≤ <14.0	12.6≤ <13.2	12.0≤ <12.6
升贴水	250 元/吨	150 元/吨	0	-150 元/吨	-250 元/吨	-600 元/吨
单纱断裂强力变异系数（%）	7.5< <8.0	8.0≤ <8.5	8.5≤ ≤9.0	9.0< ≤9.5	9.5< ≤10.0	10.0< ≤10.5
升贴水	300 元/吨	150 元/吨	0	-150 元/吨	-300 元/吨	-600 元/吨
异性纤维含量（处/20 千克）	≤22	22< ≤38	38< ≤81	81< ≤119	119< ≤200	
对应折算异性纤维含量（处/200 千米）	≤4	4< ≤7	7< ≤15	15< ≤22	22< ≤37	
升贴水	1200 元/吨	600 元/吨	0	-800 元/吨	-1600 元/吨	

注：异性纤维含量测算以对应折算异性纤维含量（处/200 千米）为准。异性纤维含量（处/20 千克）与对应折算异性纤维含量（处/200 千米）间的换算关系参照公式：20 千克样布异纤含量 = 5.4×200 千米纱线异纤含量。

资料来源：郑州商品交易所。

案例 10-2

棉花期货合约交割品升贴水的计算

某标准仓单对应的交割棉为 2019 年 40 吨新疆棉花，其检验结果交割品级为 2127，马克隆值为 C2，纤维长度 32，其中检出 29 包棉花含有异性纤维。请问该客户在 CF2205 合约上进行交割，升贴水是多少？

①新疆棉升水：0 元/吨；

②主体品级升水：150 元/吨；

③马克隆值贴水：-100 元/吨；

④时间贴水：0；

⑤长度升水：400 元/吨；

⑥异性纤维贴水：（29-1）×200=5600（元）。

该仓单总升贴水为：（0+150-100+400）元/吨×40 吨-5600 元=12400 元。

小贴士

马克隆值为 C1 的棉花是否可以用于郑州棉花期货交割?

不可以。按照郑商所交割规则中关于马克隆值的规定，B 级为标准交割等级，A 级、C2 级施行升贴水，其中 A 级升水 100 元/吨，C2 级贴水 100 元/吨，C1 级不得参与交割。

新疆棉和湖北仙桃棉花凑成的棉花包能不能入库交割?

不能。按照郑商所棉花期货交割品的规定，用于交割的同一包棉花必须为源于同一产地、同一棉花加工厂生产的棉花。

四、什么是棉花和棉纱期货合约的标准化仓单?

(一) 棉花期货合约标准化仓单

棉花标准仓单是指指定交割仓库在完成入库棉花验收、确认承检机构出具的检验结果符合棉花期货合约规定的质量标准并签发“货物存储证明”等实物所有权单据后，经郑商所注册可以在郑商所流通的有效凭证。

棉花标准仓单的表现形式为“棉花标准仓单持有凭证”，其内容包括：期货经纪公司号，期货经纪公司名称，投资者名称，投资者编码，棉花品种、等级、生产年度、类别，标准仓单数量、冻结数量、抵押数量、质押数量等。

(二) 棉纱期货合约标准化仓单

1. 棉纱期货合约对交割标准棉纱的要求

棉纱期货交割单位为 20 吨（公定重量），同一交割单位内的交割商品应满足同一生产厂家要求。基准交割品为符合以下质量指标的 32 英支普梳本色筒子单纱（环腚纺）：

线密度 18.2tex（允许偏差 ±2%）、棉纤维含量 100%、14.0cN/tex≤单纱断裂强度 <14.7cN/tex、8.5%≤单纱断裂强力变异系数≤9.0%、条干均匀度变异系数≤15.5%、50% 千米细节≤10 个/103 米、+50% 千米粗节≤220 个/10 米、+200% 千米棉结≤450 个/10 米、百米重量变异系数≤2.2%、实际捻系数 360～420、38 处/20 千克 <异性纤维含重≤81 处/20 千克（对应折算 7 处/200 千米 <异性纤维含量≤15 处/200 千米）。

2. 郑商所棉纱期货基准交割品质量要求（见表 10－9）

表 10－9　　郑商所棉纱期货基准交割品质量要求

	属性指标	参数值
基准交割品：32 英支普梳棉本色筒子单纱（环锭纺）	棉纤维含量	100%
	线密度（tex）	18.2（允许偏差 ±2%）
	实际捻系数	360～420
	单纱断裂比强度（CN/tex）	14.0～14.7
	单纱断裂比强度折强力	255～268
	单纱断裂强力变异系数（%）	8.5～9
	条干均匀度变异系数（%）	≤15.5
	－50% 千米细节（个/10^3 米）	≤10 个
	+50% 千米粗节（个/10^3 米）	≤220
	+200% 千米棉结（个/10^3 米）	≤450
	十万米纱疵（个/10^5 米）	—
	百米重量变异系数	≤2.2%
	异性纤维含量（处/20 千克）	38 <≤81

资料来源：郑州商品交易所。

棉纱单纱断裂强度、单纱断裂强力变异系数和异性纤维含量指标符合以下规定，且其他指标符合基准品要求的，可以替代交割。

12.0cN/tex≤单纱断裂强度 <14.0cN/tex 及 14.7cN/tex≤单纱断裂强度≤16.2cN/tex；

7.5% <单纱断裂强力变异系数 <8.5% 及 9.0% <单纱断裂强力变异系

数≤10.5%；

异性纤维含量≤38 处/20 千克及 81 处/20 千克 < 异性纤维含量≤200 处/20 千克（对应折算异性纤维含量≤7 处/200 千米及 15 处/200 千米 < 异性纤维含量≤37 处/200 千米）。

棉纱质量指标中，棉纤维含量的定义及检验方法按照《中华人民共和国纺织行业标准纺织纤维鉴别试验方法》（FZ/T01057－2007）执行，异性纤维含量的定义及检验方法按照《纺织品纱线异性纤维分级与检验方法》（DB41/T1662－2018）执行，棉纱其他指标定义及检验方法按照《中华人民共和国国家标准棉本色纱线》（GBT 398－2008）执行。

《纺织品纱线异性纤维分级与检验方法》及上述标准中单纱断裂强度、单纱断裂强力变异系数、线密度、－50% 千米细节、＋50% 千米粗节、＋200% 千米棉结对检验仪器和检验方法的具体要求由交易所另行公告。

五、棉花和棉纱期货交割制度是怎样的？

期货交割是指期货合约到期时，交易双方通过该期货合约所载商品所有权的转移，了结到期未平仓合约的过程。交割方式有现金交割和实物交割两类。现金交割是指合约到期日，核算交易双方买卖价格与到期日结算价格相比的差价盈亏，把盈亏部分分别结算到相应交易方，期间不涉及标的实物交割；实物交割是指合约到期日，卖方将相应货物按质按量交入交易所指定交割仓库，买方向交易所交付相应货款，履行期货合约。

（一）棉花期货交割方式

棉花期货实行集中交割和滚动交割相结合的交割制度，采用 3 日交割法（见图 10－1）。

1. 配对日

自进入交割月第一个交易日起至最后交易日的前一交易日，持有交割月

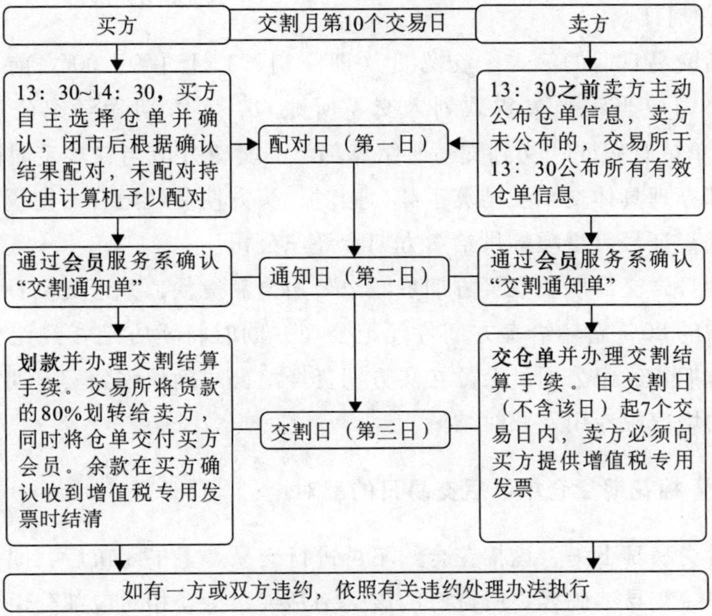

图 10－1 棉花期货交割制度

资料来源：郑州商品交易所。

合约和标准仓单的卖方期货经纪公司可在每个交易日下午 2：30 之前的交易时间内，通过期货经纪公司服务系统提出交割申请。卖方提出棉花期货交割申请时，需同时提交相应的棉花仓单信息。

买方期货经纪公司在期货经纪公司服务系统响应卖方期货经纪公司的交割申请（选择棉花仓单）；买方期货经纪公司响应的，即视为确认，买卖双方均不得撤销。未得到买方期货经纪公司响应的，卖方期货经纪公司可于申请当日下午 2：30 之前撤销交割申请；没有撤销的，由计算机系统判为作废。当日闭市后，交易所按确认结果进行配对（即配对日）。配对后，卖方相应的标准仓单予以冻结，相应的交易保证金予以释放。

2. 通知日

配对后的下一交易日（即通知日），买卖双方通过期货经纪公司服务系统确认“交割通知单”。期货经纪公司在通知日下午 5：00 之前没有提出异议的，则视为对“交割通知单”的认可。

3. 交割日

最后交易日后的第二个交易日（即交割日）上午9：00之前，买方期货经纪公司应当将尚欠货款划入交易所账户，卖方期货经纪公司应当将“标准仓单持有凭证”交到交易所结算部。买卖双方应当在规定时间到交易所结算部办理具体交割及结算手续，同时，买方期货经纪公司把投资者名称和税务登记证号等事项提供给卖方期货经纪公司。

交割日，交易所收取买方期货经纪公司全额货款，并于交割日结算后将全额货款的80%划转给卖方期货经纪公司，同时将卖方期货经纪公司仓单交付买方期货经纪公司。余款在买方期货经纪公司确认收到卖方期货经纪公司转交的增值税专用发票时结清。

（二）棉花期货仓单最后交易日的配对

最后交易日下午，该棉花合约不再进行交易。上午闭市后，同一期货经纪公司同一交易编码客户所持有的该交割月买卖持仓相对应部分由计算机自动平仓，平仓价按当日结算价计算。其他未平仓合约，一律视为交割合约。

下午1：30之前，卖方应主动公布用于该棉花合约交割的仓单信息。卖方未主动公布的，交易所于下午1：30公布卖方所有棉花有效仓单信息供买方挑选；买方挑选卖方仓单的总数量不超过卖方该合约的持仓量。

下午1：30~2：30，买方根据卖方的仓单信息，自主选择仓单并确认（棉花仓单属于非通用仓单，提货仓库不可更改）。

当日闭市后，交易所按确认结果进行配对；其他仍未配对的持仓，由计算机按数量取整、最少配对数原则予以配对。

（三）棉纱期货仓单交割流程

棉纱期货在“三日交割法”基础上，为充分满足棉纱期货的个性化交割需求，引入厂库非标准仓单棉纱交割。

1. 棉纱期货仓单最后交易日前的配对原则

（1）棉纱期货最后交易日之前的配对原则：自进入交割月第一个交易日起至最后交易日的前一个交易日，持有交割月合约、标准仓单的卖方会员可在每个交易日下午2：30之前，通过会员服务系统提出交割申请。卖方提出标准仓单交割申请时，应提交相应的标准仓单信息。

（2）买方会员在会员服务系统响应卖方会员的交割申请。买方会员响应的，即视为确认，买卖双方均不得撤销。未得到买方会员响应的，卖方会员可于申请当日下午2：30之前撤销交割申请；没有撤销的，由计算机系统判为作废。

（3）当日闭市后，交易所按确认结果进行配对。

2. 棉纱期货仓单最后交易日的配对原则

（1）棉纱期货最后交易日的配对原则：当日下午不再进行交易。闭市后，同一会员同一交易编码客户所持有的该交割月买卖持仓相对应部分由计算机自动平仓，平仓价按当日结算价计算。其他未平仓合约，一律视为交割合约。

（2）当日下午1：30之前，卖方应主动公布用于交割的仓单信息，未主动公布的，交易所于下午1：30公布卖方相应品种所有有效标准仓单信息供买方挑选；买方挑选卖方标准仓单的总数量不超过卖方该合约的持仓量。

（3）当日下午1：30～2：30，买方根据卖方提交的仓单信息，自主选择并确认。

（4）当日闭市后，交易所按确认结果进行配对；其他仍未配对的持仓，由计算机按数量取整、最少配对数原则予以配对。

（5）此外，为适应棉纱品种规格多、个性化需求强的特点，进入交割月后，在最后交易日之前，棉纱期货允许卖方使用其他规格的棉纱进行自主配对，自报交割货物质量等信息及升贴水，买方进行响应，以满足买卖双方多规格的交货及接货需求；未获响应的，卖方须使用标准仓单参与最后交易日的集中配对交割，以确保交割标的的一致性。同时，为有效监督其他规格棉纱交收，防止卖方恶意虚报信息，保护买方个性化交割的积极性，规定只允许卖方使用厂库非标准仓单棉纱交割，即由交易所指定交割厂库生产；未经交易所注册生成标准仓单的棉纱，其交收地点限该生产厂库。

（6）进入交割月后，在最后交易日之前，厂库非标准仓单棉纱的配对流程与标准仓单保持一致；在该期间，厂库非标准仓单棉纱的交割申请未获买方响应的，进入最后交易日，卖方需持标准仓单进行配对交割，确保交割标的的一致性。使用厂库非标准仓单棉纱交割的买卖双方有权协商选择委托交易所结算，相关交割结算流程参照车（船）板交割。

小贴士

自然人能否进入交割月?

按照郑商所规定，自然人不能进入交割月，只有法人客户才能进入交割月。如果在进入交割月的前一天，非法人客户不自行了结头寸，交易所会对非法人客户的头寸进行强平。因此，非法人客户需要注意，在进入交割月之前，一定要择机了结头寸。

（四）棉花交割仓库不允许转存为期货交割商品的情形

1. 棉花交割仓库不允许转存为期货交割商品的情形

（1）掺杂使假的；

（2）不符合 GB1103.1－2012 组批规则的；

（3）棉包出现严重污染、水渍，发现火烧、霉变等，或者有异味的以及包装不完整的；

（4）未经检验，棉包标志不符合国家标准规定的；

（5）崩包率大于5%的；

（6）含杂率大于3.5%的；

（7）非本棉花年度生产的；

（8）单包回潮率大于10%的；采用塑料套包法包装的，一批棉花中单包回潮率超过9%，或者按批计算的平均回潮率超过8.5%的；

（9）经检验发现颜色级有51、32、13、23、33、14、24，长度有小于27毫米，长度整齐度有U5档，马克隆值有C级C1档，断裂比强度有S5档的棉花；

（10）其他不符合交割规定的条件。

2. 棉纱出库发生质量变化，可以正常办理出库的范围

出库棉纱质量与注册时相比，单纱断裂强度、单纱断裂强力变异系数、条干均匀度变异系数、百米重量变异系数发生变化但未超过5%的，－50%千米细节、＋50%千米粗节、＋200%千米棉结发生变化但未超过5个/10米的，异性纤维含量发生变化但未超过10%的，可以正常办理出库手续，提货人不得拒绝接货。

条干均匀度变异系数、百米重量变异系数、-50%千米细节、+50%千米粗节、+200%千米棉结发生变化超过上述标准，但仍然符合交割质量要求的，仓库对提货方进行300元/吨的补偿。

单纱断裂强度、单纱断裂强力变异系数、异性纤维含量发生变化超过上述标准，但仍符合交割质量要求的，由仓库按照交易所公告的贴水标准进行补偿。

（五）棉花交割仓单的生成、注销和交割（见图10-2、图10-3、图10-4）

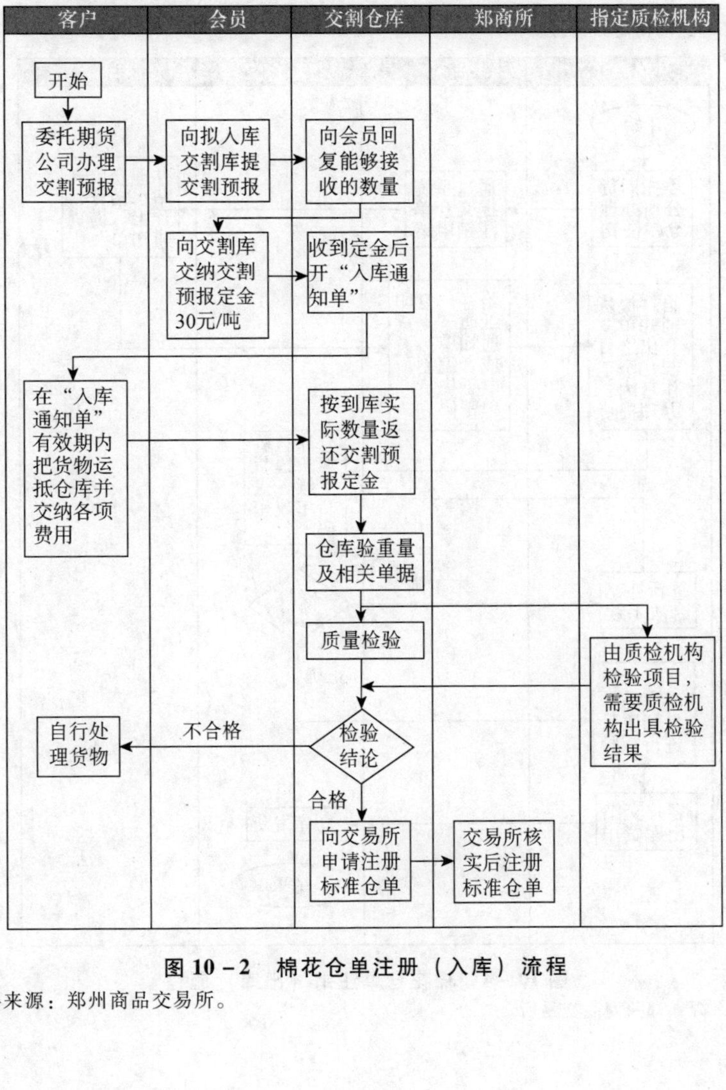

图10-2　棉花仓单注册（入库）流程

资料来源：郑州商品交易所。

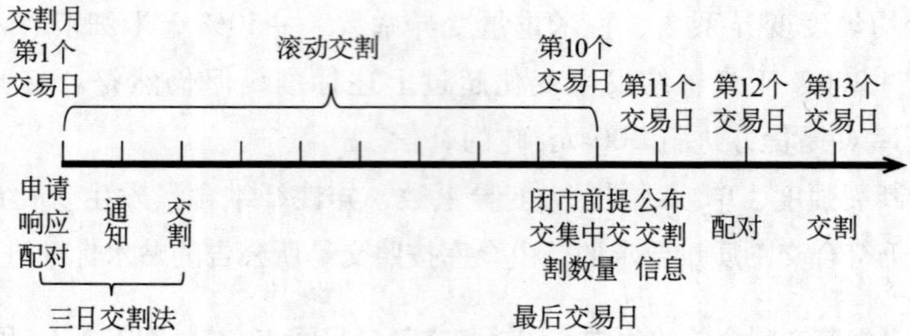

图 10－3　棉花期货实物交割流程

资料来源：郑州商品交易所。

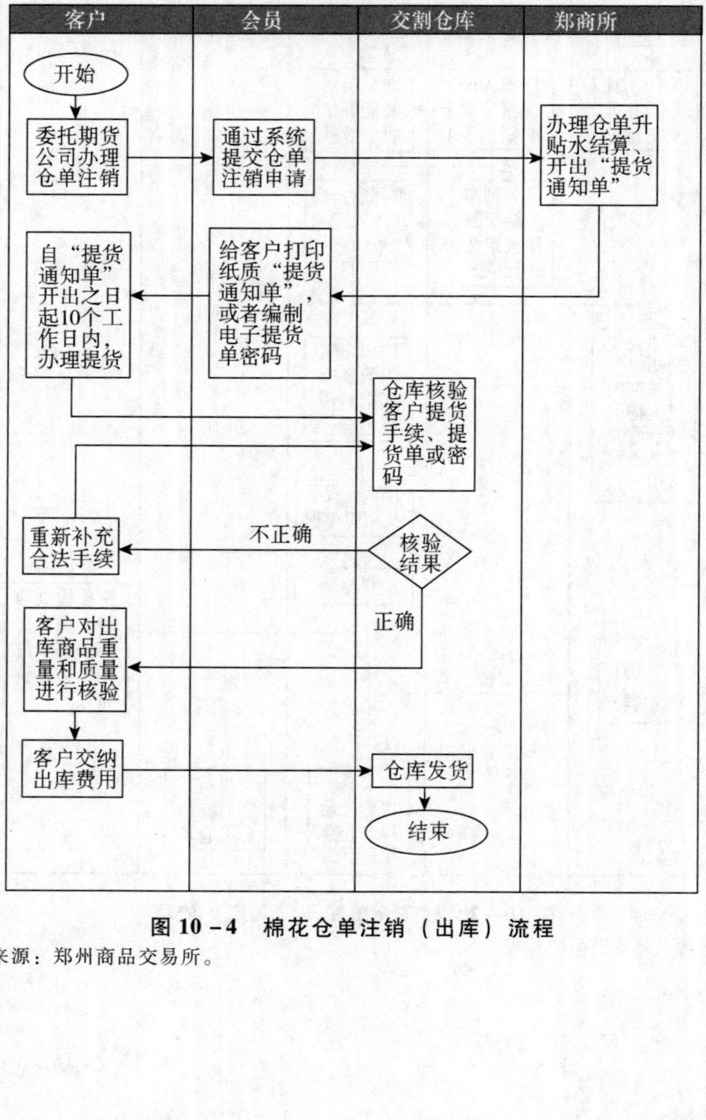

图 10－4　棉花仓单注销（出库）流程

资料来源：郑州商品交易所。

（六）棉纱期货交割方式

在棉纱期货上市初期，为厂库交割。2019 年 3 月 4 日，棉纱期货业务规则修订，在山东、河南、江苏和浙江四地保留厂库交割的同时引入仓库交割，在湖北和河北两地增设交割厂库，使参与棉纱期货交割的市场主体大幅增加，达到要求的贸易商以及其他 10 万锭以上生产交割品的纺企均可参与进来，满足现货市场多样化的需求，提高棉纱期货的活跃度。截至 2021 年 4 月，棉纱期货已有交割厂库 31 家、交割仓库 8 家。

六、如何质押棉花仓单贷款？

由于仓单质押业务涉及交易所、棉花货主和银行三方的利益，因此要有一套严谨、完善的操作程序。表 10－10 是郑商所标准仓单质押登记表样本。

表 10－10　　　　郑州商品交易所标准仓单质押登记表

<table>
<tr><td colspan="3">转出会员号：</td><td colspan="3">质权人通道号：</td></tr>
<tr><td colspan="3">转出会员名称：</td><td colspan="3">质权人通道名称：</td></tr>
<tr><td colspan="3">出质人（客户或非期货公司会员）编码：</td><td colspan="3">特别专用交易编码：</td></tr>
<tr><td colspan="3">出质人（客户或非期货公司会员）名称：</td><td colspan="3">质权人名称：</td></tr>
<tr><td>品种</td><td>年度</td><td>等级</td><td>类别</td><td>仓单数量（张）</td><td>备注</td></tr>
<tr><td></td><td></td><td></td><td></td><td></td><td rowspan="4"></td></tr>
<tr><td></td><td></td><td></td><td></td><td></td></tr>
<tr><td></td><td></td><td></td><td></td><td></td></tr>
<tr><td>合计</td><td></td><td></td><td></td><td></td></tr>
</table>

续表

声明：质押各方已就上述标准仓单质押事宜达成协议，特向郑州商品交易所申请办理有关手续。 出质人签章： 转出会员（公章）　　质权人（公章）：　　交易所（章）： 转出会员经办人：　　质权人经办人：　　结算部经办人： 办理日期：　　年　　月　　日

注：(1) 协议各方对上述填写内容的真实性负责。

(2) 本“标准仓单质押登记表”一式三联，交易所结算部、质权人、会员各留存一联。

资料来源：郑州商品交易所。

首先棉花货主（借款人）联系银行，银行对贷款人进行评估授信后双方签署贷款协议；银行、贷款人委托的期货经纪公司（以下简称期货公司）填写质权登记表后，银行与期货公司到交易所办理质权登记。

交易所将仓单登记到银行在交易所“质权登记及质权行使通道”名下，棉花货主可获得银行的贷款。

棉花货主贷款偿还后，期货公司与银行到交易所办理解除登记手续，交易所将仓单重新登记回期货公司席位之下，棉花货主再次获得该棉花仓单的所有权。

目前，郑商所已与中国建行、光大银行、民生银行、平安银行（原深发展）、招商银行、交通银行、兴业银行、中国银行、农业银行、浦发银行、工商银行、浙商银行、农发行、恒丰银行14家银行开通了仓单质押业务。

案例10-3

棉花公司为缓解当前资金紧缺，进行棉花仓单质押业务。其办理流程见图10-5。

(一) 提交申请材料。借款人须向交易所所在地银行或当地银行提供以下资料：

1. 营业执照（正副本）、组织机构代码证、税务登记证、公司章程、贷款卡原件和复印件；

2. 借款人近三年审计报告和最近月份财务报表；

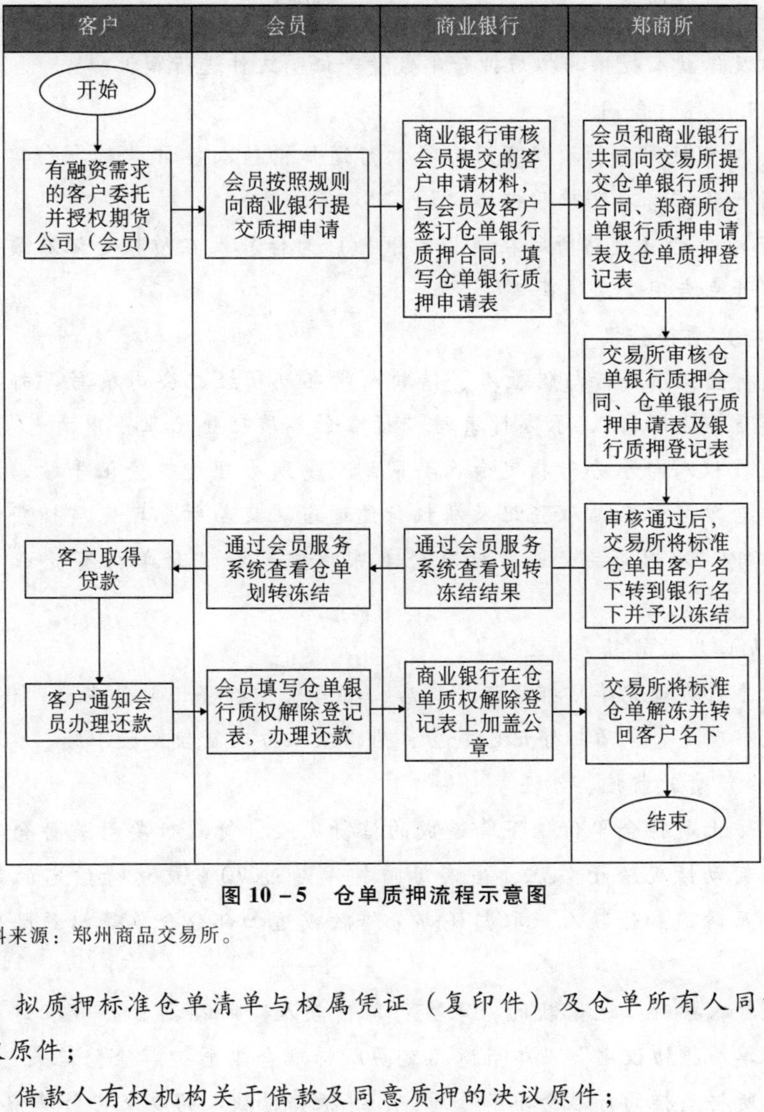

图 10－5　仓单质押流程示意图

资料来源：郑州商品交易所。

3. 拟质押标准仓单清单与权属凭证（复印件）及仓单所有人同意质押的决议原件；

4. 借款人有权机构关于借款及同意质押的决议原件；

5. 借款人法人代表身份证复印件，董事会成员及授权人签字样本。

（二）银行审查、审批

1. 贷款行受理借款人的申请资料，根据借款人财务状况和经营规模进行授信（不参与授信评级），然后在核定的期限和额度内受理单笔仓单质押授信业务；

2. 贷款行信贷审批部门根据经营部门上报的借款人的授信额度、期限、金额以及借款人提供的拟质押仓单数量等证明文件进行审批。

（三）签订合同

1. 对审批同意的授信项目，贷款行通知借款人签订“标准仓单质押授信合同”和“标准仓单质押协议”；

2. 承办行（交易所所在地指定银行）为借款人在质权登记及质权行使通道下开立专用交易编码。

（四）质押登记

质押登记承办行与借款人、借款人所在期货经纪公司填写“郑商所标准仓单质押登记表”，承办行填写“标准仓单质押登记业务申请表”，期货公司被授权人与承办行指定专人共同到交易所办理质押登记手续。交易所将标准仓单登记到质权登记及质权行使通道。交易所办理完质押登记手续后，打印“郑州商品交易所标准仓单冻结单”和“仓单持有凭证”给承办银行。

（五）发放贷款

承办行办理完毕质押登记手续后，填写“质押登记确认书”，贷款行凭该确认书确定仓单质押登记已成功，为借款人办理贷款发放手续。

（六）贷款监控、偿还

为防止质押仓单价值下降造成的信贷风险，贷款行要对质押仓单品种的价值变动情况给予关注，当实际质押率超过70%或总行核定的警戒线时，要及时通知借款人采取归还部分借款或追加部分仓单等措施降低信贷风险。

借款人按时归还借款的，承办行与借款人、所在期货公司填写“解除标准仓单质押协议书”“郑州商品交易所标准仓单质押解除登记表”，共同到交易所将质押的标准仓单解除质押，并根据借款人的要求将仓单登记到原期货经纪公司。

（七）处置仓单

借款人确认要采取仓单转让、交易等方式归还银行借款的，承办行负责协助借款人进行仓单过户。

七、什么是交割结算价？交割结算价与增值税发票有何关系？

期货市场中，了结一笔期货交易的方式有三种：对冲平仓、实物交割和现金交割。相应的也有三种结算方式。棉花期货和棉纱期货均采用实物交割方式。交割结算价是实物交割商品计价的基础，对不同等级、地点的商品还要加上质量升贴水和异地交割仓库与基准交割仓库的升贴水。棉花期货合约的交割结算价为期货合约配对日前 10 个交易日（含配对日）交易结算价的算术平均价。实际计算增值税是按结算价计算的。例如，假如 CF2205 交割结算价为 14200 元/吨，则开票价格为 14200 元/吨，交割买方按 14200 元/吨支付交割货款，交割卖方按 14200 元/吨（含税价）开增值税发票。

八、怎么计算违约合约数量？

构成交割违约的，由违约方支付违约部分合约价值（按交割结算价计算）20% 的违约金给守约方。买卖双方终止交割。

交易所在计算买方交割违约合约数量时，应对违约部分预扣合约价值 20% 的违约金。

（一）计算卖方交割违约合约数量的计算公式

卖方交割违约合约数量（手）=［应交标准仓单数量（张）－已交标准仓单数量（张）］×交割单位÷交易单位

（二）计算买方交割违约合约数量的计算公式

①买方接到的仓单为完税标准仓单的，买方交割违约合约数量（手）=（应交货款－已交货款）÷（1－20%）÷（交割结算价＋包装物单价）÷交易单位

②买方接到的仓单为保税标准仓单的，买方交割违约合约数量（手）=［保税应交货款（元）－已交货款（元）］÷保税交割结算价（元/吨）÷（1－20%）÷交易单位

（三）买卖双方同时违约情形

买卖双方同时违约的，交易所按终止交割处理，并对双方分别处以违约部分合约价值5%的罚款。

九、发生交割违约情况后，怎么处理？

发生交割违约的，交易所于违约发生当日上午9：30前通知违约方和对应的守约方。守约方应当在当日上午10：30以前将终止交割或者继续交割的选择意向书递交交易所。逾期未递交选择意向的，交易所按终止交割处理。构成交割违约的，由违约方支付违约部分合约价值（按交割结算价计算）20%的违约金给守约方。买卖双方终止交割。违约金支付后，根据违约主体的不同另行处理。

（一）卖方违约

卖方违约的，买方可作以下一项选择：（1）终止交割：交易所退还买方货款；（2）继续交割：交易所在认定卖方违约的下一交易日发布标准仓单征购公告，并在7个交易日内组织征购。征购成功，交易所支付给买方标准仓单；征购失败，卖方支付给买方违约部分（此处指征购失败部分）合

约价值10%的赔偿金，交易所退还买方交割货款后终止交割。卖方承担因征购产生的一切经济损失和费用。

（二）买方违约

买方违约的，卖方可作以下一项选择：（1）终止交割：交易所退还卖方标准仓单；（2）继续交割：交易所在认定买方违约的下一交易日发布标准仓单竞卖公告，并在7个交易日内组织竞卖。竞卖成功，交易所支付给卖方交割货款；竞卖失败，买方支付给卖方违约部分（此处指竞卖失败部分）合约价值10%的赔偿金，交易所退还卖方标准仓单后终止交割。买方承担因竞卖产生的一切经济损失和费用（征购价格不高于交割结算价的120%，竞卖价格不低于交割结算价的80%）。

（三）买卖双方同时违约

买卖双方同时违约的，交易所按终止交割处理，并对双方分别处以违约部分合约价值5%的罚款。

例如，某机构客户张某在棉花某合约上持有20张卖单，交割日被配对，同时在交易所规定时间仅凑齐棉花仓单15张。那么张某属于违约，其需要支付5张棉花仓单价值30%的违约金和赔偿金。

十、如何进行期转现业务？

期货转现货是指持有同一交割月份合约的多空双方之间达成现货买卖协议后，变期货部位为现货部位的交易行为。

（一）重要节点注意事项

一是期货合约自上市之日起至该合约最后交易日期间，均可进行期转现，普麦及适用非通用标准仓单的品种期货合约，最后交易日当日不办理相应的期转现业务。

二是期转现申请中平仓价格必须在该期货合约当日涨跌幅之内。

三是期转现不影响当日结算价。

四是非标准仓单期转现购销协议必须有双方客户加盖的公章（至少一方公章不为复印）。

（二）期转现的方法

买卖双方委托并书面授权期货公司（会员）办理期转现申请，卖方通过会员服务系统提交期转现申请，买方通过会员服务系统确认期转现并提交期转现申请，当日下午3：00交易所办理相应客户期货持仓平仓，买卖双方可通过会员服务系统查看平仓结果；次日上午9：00，交易所办理相应客户仓单过户及货款划转。

棉花期货合约自上市之日起到该合约倒数第二个交易日期间，均可进行期转现。最后交易日郑商所将不再受理期转现业务。交易流程见图10－6。

（1）持有同一交割月份合约的买卖双方达成协议并按规定填写“期货转现货协议表”后，在每个交易日的14：00之前到交易所办理期转现审批手续。

（2）交易所批准后，期转现的买卖双方持有的期货头寸，由交易所在批准日的15：00之后，按买卖双方达成的平仓价格平仓。买卖双方达成的平仓价格应当在审批日合约价格限制的范围内。

（3）用标准仓单进行期转现，可由交易所进行货款划转。如买卖双方持有的头寸平仓后，办理标准仓单过户手续时，卖方未能如数交付标准仓单或买方未能如数解付货款的，由交易所按照买卖双方达成的交货价格代扣违约方违约部分20%的违约金支付给守约方。

（4）用标准仓单以外符合规定的现货进行期转现时，应当提供相关现货买卖协议和拥有货物的合法凭证。

（5）用标准仓单以外的货物进行期转现，货物交收和货款划转由买卖双方自行协商确定，由此产生的纠纷自行解决，交易所对此不承担责任。

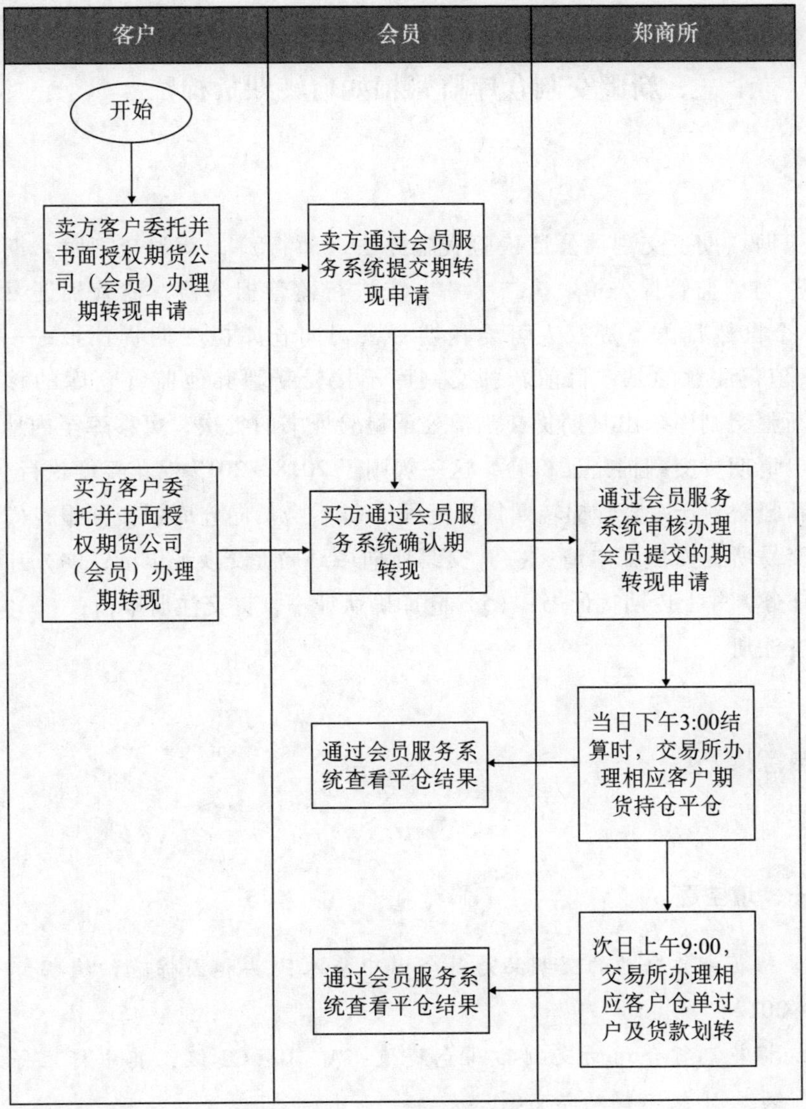

注：棉花期货合约的最后交易日，交易所不办理棉花的期转现业务。

图 10－6　棉花期货转现货流程

十一、新疆交割仓库监管棉如何转期货棉？

根据《期货交割棉公证检验实施办法（暂行）》，新疆交割库“期货棉公检”与“监管棉公检”合二为一：先进行监管棉公检，监管棉证书生效后30个自然日内，货权人可委托期货公司向仓库提交期货预报——“换证”。值得注意的是，目前新疆交割库不接受新疆其他监管仓库的移库报检。新疆交割库未出具期货交割棉公证检验证书的批次，可移库至内地交割仓库申请期货交割棉公证检验，这一规则于2018～2019棉花年度执行。

新疆交割仓库监管棉转期货棉流程：（1）会员向仓库提交预报；（2）仓库向交易所提交换证申请；（3）交易所向中纤局提交换证申请；（4）中纤局下达任务，并上传期货证书；（5）仓库确认证书，提交注册申请；（6）交易所批准注册。

自测题

一、填空题

1. 棉花期货合约的交割品是符合《中华人民共和国棉花细绒棉》（GB 1103－2012）规定的______。

2. 棉花期货合约的交割品马克隆值：A、B、C2级，其中标准等级为______级；C1级不得参与交割。

3. 棉花期货合约的交割品回潮率：单包回潮率不大于10%，采用塑料袋包装的单批单包回潮率不超过9%，若按批计算平均回潮率不超过______。

4. 棉花期货合约的交割品包装：符合《中华人民共和国国家标准棉花包

装》（GB6975－2012）规定的Ⅰ型号棉包______，且须附有检验证书及原码单。

5. ______的表现形式为“棉花标准仓单持有凭证”，其内容包括：期货经纪公司号、期货经纪公司名称、投资者名称、投资者编码、品种、等级、生产年度、类别、标准仓单数量、冻结数量、抵押数量、质押数量等。

6. 按照郑商所规定自然人不能进入交割月，只有______才能进入交割月。

7. 最后交易日后的第一个交易日（即通知日），买卖双方到交易所结算部签领______。

8. 仓单质押指借款人（仓单持有人）以其自有的、经期货交易所注册的标准仓单为质押物向银行申请其正常生产经营周转所需的短期融资（包括各短期信用业务品种）的业务。标准仓单质押贷款期限为______，且不得超过仓单有效期。

9. 棉花期货合约的交割结算价为期货合约配对日前______个交易日（含配对日）交易结算价的算术平均价，实际计算增值税是按结算价计算价差的。

10. ______是指持有同一交割月份合约的多空双方之间达成现货买卖协议后，变期货部位为现货部位的交易。

二、选择题

1. 国标规定：含有相邻品级的一批棉花中，所占比例 80% 及以上的品级为主体品级。这个规定有以下含义（　　）。

A. 主体品级的棉花要占该批棉花 80% 及以上

B. 一批棉花中，要有一个品级至少占该批棉花 80% 及以上的比例。否则，这批棉花无主体品级，质量不符合要求

C. 一批棉花中，不允许有跨主体品级（跨主体品级是指主体品级及其上下相邻品级之外的其他品级）的棉花存在，只允许有相邻品级的棉花

D. 一批棉花中，与主体品级上下相邻品级的棉花所占比例之和不得超过 20%

2. 马克隆是英文 MICRONAIRE 的音译，马克隆值是反映棉花纤维细度与成熟度的综合指标，是棉纤维重要的内在质量指标之一，与棉纤维的使用价值关系密切。下面描述正确的是（　　）。

A. 马克隆值分为A、B、C三级，B级为标准级

B. A级取值范围为3.7~4.2，品质最好

C. B级取值范围为3.5~3.6和4.3~4.9

D. C级取值范围为3.4及以下和5.0及以上，品质最差

3. 国标规定，棉花公定回潮率为（　　），回潮率最高限度为10.0%。具体计算公式为：回潮率=（湿纤维重量-干纤维重量）/干纤维重量×100。实际工作中回潮率是用电测器法测定的。

A. 10%　　B. 9.5%

C. 9%　　D. 8.5%

4. 含杂率指棉花中含有的如沙土、枝叶、铃壳、软籽表皮等非危害性杂物的比例。国标规定锯齿棉标准含杂率为（　　）。实际工作中一般用原棉杂质分析机测定原棉含杂率。

A. 2.5%　　B. 3%

C. 4%　　D. 5%

5. 如果籽棉5.94元/斤，衣分率是35%，棉籽价格2.3元/斤，不算加工费，折合成皮棉价值为（　　）元/吨。

A. 12700　　B. 11800

C. 13200　　D. 14500

6. 棉花的衣分表示籽棉加工成皮棉的比例。正常年份，棉花的衣分为36%~40%，也就是说，100公斤籽棉能够加工出36~40公斤皮棉。衣分高的品种可达（　　）左右，退化的品种衣分只有30%左右，甚至更低。

A. 25%　　B. 35%

C. 45%　　D. 50%

7. 毛重减去包装物重量（皮重）得到净重，净重按标准含杂率扣补后得到实际回潮率下的准重，准重按公定回潮率折算后得到（　　）。

A. 公定重量　　B. 公定毛重

C. 国标质量　　D. 国标重量

8. 一批棉花毛重为20吨，包装物重量为100公斤，经检验，实际含杂率为3%，实际回潮率为10%，则这批棉花公定重量为（　　）吨。

A. 19.53　　B. 20.15

C. 21.85　　D. 19.27

9.（　　）可用于郑州棉花期货交割。

A. 美棉　　B. 新疆棉

C. 澳棉　　D. 印度棉

10. 棉花交割：是指棉花期货合约的买卖双方于合约到期时，根据交易所制订的规则和程序，通过（　　）的所有权转移，将到期未平仓合约进行了结的行为。

A. 期货保证金　　B. 棉花期货合约

C. 棉花现货　　D. 棉花期货仓单

参考答案

一、填空题

1. 328B 国产锯齿细绒白棉　2. B　3. 8.5%

4. 227 ± 10 公斤　5. 棉花标准仓单　6. 法人客户

7. 交割通知单　8. 1 年　9. 10　10. 期货转现货

二、选择题

1. ABCD　2. ABCD　3. D　4. A　5. A

6. C　7. A　8. A　9. B　10. D

第十一章

产业政策及其发展前景

本章要点

本章主要介绍了我国棉花市场开放后国家的调控政策以及这些政策出台的背景和历程，帮助投资者了解我国棉花市场的调控政策，充分理解这些政策出台的背景，过去这些政策对市场产生了哪些影响，了解这些政策如何组合运用，对投资者研究后期政策对市场的影响具有参考意义。

一、我国棉花流通体制改革过程是怎样的？

棉花流通体制改革，实际上是一个逐步由计划经济走向市场经济的过程。1983 年国发 177 号文件和 1984 年国发 36 号文件，开始了棉花流通体制改革，从此絮棉供应无须凭票。1985 年中共中央 1 号文件，决定棉花实行合同定购制，国家按合同收购棉花。1989 年国发 18 号文件对棉花调拨供应实行了调出调入包干政策，但由于当时市场经济与计划经济难以磨合，合同定购和棉花调出调入包干都没有得到落实。1992 年国发 55 号文件，确定山东、河南、江苏三省为改革试点，但当年棉花年度减产，供应总量有缺口，这一改革措施因混乱的棉花市场形势而被迫宣布停止。1996 年国发 40 号文件，出台了棉花市场交易制度，即以棉花市场交易形式搞活棉花销售环节，保留原有的棉花收购政策，使棉花流通体制改革终于走出了关键的一步。1998 年年底国发 42 号文件，对棉花流通体制进行了全方位的改革，使棉花流通出现了重大转变。2001 年 7 月国发 27 号《国务院关于进一步深化棉花流通体制改革的意见》，是棉花流通体制彻底结束计划经济、走向市场经济的重要标志。

从棉花流通体制改革至今，棉花已从单纯的计划经济一步一步地走向了市场经济，棉花经营渠道逐步拓宽，棉花购销价格放开并基本通过市场形成，国家对棉花市场的宏观调控进一步增强。

从 2001 年 7 月的《国务院关于进一步深化棉花流通体制改革的意见》（国发〔2001〕27 号）来看，棉花政策主要包括以下几方面：

（一）放开棉花收购

在原有放开价格、放开经营的基础上，放开棉花收购，鼓励公平有序竞争，打破棉花经营中的行业垄断和地区封锁，实现多渠道经营和有序竞争。

（二）实行社企分开，加大供销社棉花企业改革力度

在清产核资、界定产权的基础上，将棉花购销、加工企业与供销社彻底分开，供销社各级联社按其出资份额行使出资人代表职能。

（三）实行棉花储备与经营分开，确保储备棉优质安全、经济合理

组建国家储备棉管理公司，实现储备与经营彻底分开。国家储备棉管理公司由中央管理，具体事宜按有关文件规定办理，原国家计委对国家储备棉管理公司实行业务指导。全国棉花交易市场进一步完善交易规则，降低交易费用，扩大会员范围，更好地发挥储备调控的载体作用。

（四）加强和改进对棉花市场的宏观调控

综合运用进出口及储备等宏观调控手段，调节棉花供求关系和价格水平，稳定国内棉花市场。加快改革棉花进出口体制，建立和完善棉花进出口贸易管理制度及关税配额管理制度。逐步赋予具备条件的纺织企业、棉花经营企业、外贸流通企业等各类企业棉花进出口经营权。

（五）加强棉花市场管理和质量监督

工商行政管理部门、质量监督部门及其所属纤维质量监督机构根据各自职能分工，加强对棉花购销、加工活动的监督管理。各地不得盲目兴建棉花现货交易市场，进一步完善棉花公证检验制度。

（六）改进棉花信贷资金管理

按照金融体制改革方向，政策性贷款将逐步退出商品棉经营活动。为保证收购资金供应上的有效衔接和平衡过渡，2001 年度棉花信贷资金继续由农业发展银行按现行办法管理。农业发展银行在确保国家储备棉资金供应的同时，根据企业资质条件、经营情况和信用等级，对商品棉收购资金进行发放和管理，并积极创造条件，为政策性贷款退出商品棉经营领域做好准备。

（七）大力推进棉花产业化经营

实施科技兴棉，发展订单农业，培育棉农合作组织，积极推进产业化经营。

现行棉花流通体制改革的实质是：加强宏观调控，全面放开棉花购销市场；实行社企分开，加强棉花市场管理和质量监督；改进棉花信贷资金管理，实行棉花储备与经营分开；推进棉花产业化经营。

二、我国棉花产业有哪些调控政策？

我国棉花产业的政策取向随着形势的变化在不断调整，总是围绕着产业政策三大取向来调整变化：一是保护棉农利益，保持棉花种植面积的相对稳定；二是保证纺织用棉的需求；三是促进棉花市场的基本稳定和持续健康发展。

到目前为止，我国棉花产业优惠政策主要有良种补贴政策、农发行棉花收购贷款政策、棉花收储及抛储政策、棉花进口配额政策、新疆出疆移库补贴政策以及纺织品与服装的出口退税政策等（见图 11－1）。

图 11－1　中国棉花产业优惠政策一览

延伸阅读

市场没有放开前，国家采取什么政策来调控棉价？

1999 年以前，我国棉花市场没有放开，生产和价格都由国家控制，其流通体制及棉花价格的基本特征可概括为：在收购环节实行合同定购，由供销社统一收购；在销售环节由国家计划分配，供销社统一经营，不放开棉花市场。所以，多年来我国棉花价格不是市场竞争形成的，而是由政府根据国内棉花的供需状况来确定棉价。

这种购销体制及棉花价格形成的最突出的特点是：不能及时适应动态的市场行情，少则一年，多则几年价格不动。当棉花供不应求时，国家往往不能及时提高价格（如 1992 年、1993 年）；当棉花供过于求时，价格也不能及时下调（如 1996 年、1997 年）；“卖棉难”与“买棉难”交替出现。供不应求时收购环节抬级抬价，供过于求时压级压价，棉农面临的价格风险较大。

市场没有放开以前，我国棉花价格变化大致可分为以下几个阶段：

第一阶段：1949～1977年，价格稳定期。国民经济实行高度计划管理，全国棉花统购统销，价格相对稳定在1800元/吨上下。

第二阶段：1978～1988年，调整期。国家先后8次调整棉花收购价格，其中5次上调，3次下调，但调整幅度都不大。这也是我国棉花生产发展较快的时期，1984年棉花产量为625.8万吨，为迄今为止棉花产量最高的年份。

第三阶段：1989～1998年，价格上涨期。国家先后7次上调棉花收购价格，仅1994年就调整3次，累计调价幅度达130.3%，期间棉花播种面积呈下降趋势。因为国家制定棉花收购价格的主要依据是粮棉比价关系，由于粮食价格长期偏低，导致棉花收购价格也偏低，而种棉花投入多、风险大、劳动强度大、费工费时，不如种植其他经济作物及水果、蔬菜划算，因此农民种棉积极性不高。

三、棉花进口实行什么政策？

2004年以前，我国对棉花的进口实行比例配额制，即对配额以内的进口棉花征收较低的关税（1%的关税），配额以外的进口棉花将不享受此项关税优惠。以优惠关税进口棉花配额数量在2000～2004年从74.3万吨增至89.4万吨。

从棉花进口的主体看，进口棉花配额的33%被分配给国有贸易企业进口，67%被分配给非国有贸易企业进口。2007年开始允许外国企业从事全方位的流通服务，享受国民待遇。中国加入世贸组织后打破了国有贸易企业的进口垄断地位，形成多元的、多渠道的平等的进口竞争关系。

从2004年开始，由于纺织行业发展较快，中国棉花产量无法满足国内消费，所以大量进口棉花弥补国内不足。但考虑到国际棉价较低，同时我国加入世贸组织后取消了农产品的补贴，与美国、澳大利亚等棉花生产国相比，比较效益低，在国际原棉市场中处于不利的竞争地位，所以对关税内配额外进口的一定数量棉花，适用滑准税形式暂定关税。经过市场的不断检验后，滑准税政策也作了较大幅度的调整。

四、国家棉花收储与抛储政策是如何运作的?

棉花收储与抛储政策是国家调控棉花市场供需的重要的调控政策之一，根据棉花市场的基本供需状况，通过收储来缓解市场供给过剩的状态。调控的主要目的是维持棉花市场稳定，保护棉农及涉棉企业的利益，为维护国家农业安全提供保障。

调控办法视情况而定，一般在棉花价格很低或者是市场上流通的棉花数量众多的时候，考虑到棉农以及棉花加工企业的利益，国家会采取收储政策，从而减少市场上流通的棉花数量，提高棉价；与之相对应的，在棉价高企或是市场上流通的棉花数量紧缺时，国家会通过抛储政策的实施来增加市场上的棉花流通数量，使供应较需求偏多进而起到压制高企棉价的作用。

2006年以来，国家先后实施了四次棉花收储政策，在力度方面也是渐强，尤其是2008年，棉花收储的数量超过了年度棉花产量的1/3。

延伸阅读

2008年3月随着贝尔斯登被摩根大通以2.4亿美元低价收购，次贷危机持续加剧震动了华尔街，中国纺织企业在出口受阻、内需不足的状况下生存维艰，国内棉价也从高点一路下滑。为了稳定下滑的棉花市场，支撑阴跌不止的棉花价格，维持棉花企业、纺织企业、棉农的三方利益，国家先后分四批发布收储公告。

（一）第一批

2008 年 8 月 21 日，开始收储新疆棉 15 万吨，标准级（328 级）每吨按 13400 元（指新疆库点）和 13600 元（指内地库点）作为收储的最高到库价格。

特点：(1) 突出支持棉花质量检验体制改革。支持棉花质量检验体制改革，经过仪器化公证检验的新疆棉按净重结算，净重结算价格在相应等级棉花公定结算价基础上每吨加 400 元。(2) 收储新疆棉，第一次明确规定收储棉花全部为新体制下的棉花。

效果：由于仪器化公检的条码棉数量不多，市场上新体制棉不多，虽然收储价格大大高于市场价格，但成交并不活跃，导致收储没有改变棉花市场的弱势。此次收储如扔向平静湖面的一颗小石子，市场所起涟漪很小，棉花期价呈持续下跌趋势。

（二）第二批

2008 年 10 月 21 日，国家再次推出新疆棉 22 万吨的收储计划。

特点：(1) 成交率高，仅 4 天 22 万吨便全部成交。(2) 收储过程中北疆库点成交价明显高于南疆。

效果：收储价格为 12600 元/吨，仅略高于市场价格，而且收储的数量较少，对市场影响不大。虽然完成了计划的收储数量，但是棉花市场依旧没有停止下行步伐，棉花价格也一再下探，国家扔向湖面的这颗石子仍旧不大。

（三）第三批

2008 年 10 月 29 日，国家开始第三批的国家棉花收储计划，力度再次加强，以 12600 元/吨的价格收储新疆和内地棉共计 100 万吨。在如此大的收储力度的拉升下，棉价触底反弹，可价格依旧很低。

特点：(1) 棉花收储数量大幅提高，相当于中储棉公司以往收储量的总和。(2) 价格相当可观。当时棉花价格为 11600 元/吨左右，收储价格比市场价格高1000元/吨，棉花企业利润相当可观。

效果：收储就是为了减少市场上棉花的流通量，以稳定价格。此次收储以来，从各地来看，棉花市场开始企稳，棉花价格触底反弹，但是，因为纺织市场的低迷和远景悲观，棉花价格依旧不高。

（四）第四批

2008年12月23日，第三批棉花收储刚结束，国家接着在24日继续以12600元/吨的价格收储新疆棉和内地棉150万吨。

特点：(1) 国家首次制定籽棉最低保护价，严格规范交储操作。(2) 棉花收储数量再次提高，150万吨是史无前例的收储数量。(3) 价格依旧是12600元/吨，棉花企业利润相当可观。收储持续时间长，延续到2009年4月10日。

资料来源：金石期货研究所：《棉花政策始终贯穿市场运行中》。

五、新疆棉出疆实行什么政策？

2008年6月，财政部印发了《出疆棉移库费用补贴管理暂行办法》（以下简称《办法》）。该政策主要目的是帮助解决新疆棉花远离内地销区移库成本较高问题，促进新疆棉花销售，保护新疆发展棉花产业的积极性。该《办法》明确了补贴费用、对象、期限、周期、享受补贴主体以及领取补贴流程等。享受补贴的棉花包括所有符合国家标准的新疆出疆移库棉花，而且不分品级和长度，补贴费用为400元/吨，时限为4年，享受补贴的主体为拥有出疆棉所有权的棉花收购加工企业、棉花经营企业和纺织企业，即出疆棉所有权人（见表11－1）。

表 11－1　　　　新疆棉出疆移库补贴政策内容

项目	内容
费用	500 元/吨
对象	出疆棉（在新疆生产并通过铁路运输移库到内地销区的棉花）
期限	2011 年度至 2015 年度
周期	棉花生产年度（当年 9 月 1 日至次年 8 月 31 日）
主体	出疆棉所有权人（拥有出疆棉所有权的棉花收购加工企业、棉花经营企业和纺织企业）
审核	新疆专员办（财政部驻新疆维吾尔自治区财政监察专员办事处）
拨付	中央财政（中央企业）/地方财政（其他企业）

资料来源：财政部：《出疆棉移库费用补贴管理暂行办法》。

在《办法》中，明确了补贴资金的申报、审核和拨付运作流程以及注意的问题。出疆棉所有权人在申报补贴时，需要填写相关表格、单据和凭证等资料，并报送财政部驻新疆维吾尔自治区财政监察专员办事处（以下简称新疆专员办）审核。对于隶属一个集团公司的出疆棉所有权人的，出疆棉移库出疆费用补贴由总公司汇总后统一申报。

财政部收到新疆专员办报送的出疆棉移库费用补贴审核文件后，核拨补贴款。中央企业出疆棉移库费用补贴由中央财政直接拨付；其他企业由中央财政通过地方财政转拨，地方财政收到中央财政拨付的补贴资金后，在 15 个工作日内如数转拨到出疆棉所有权企业，并接受财政部驻当地财政监察专员办事处的监督。

新疆棉出疆移库补贴，表面看是补贴给新疆棉中间商了，实际上获得补贴的还有纺织企业和棉农（见图 11－2）。因为有运输补贴，所以中间商在收购籽棉时可以适当调高价格，抵消部分补贴，并将之补贴给棉农，保护了棉农植棉的积极性。在销售给纺织企业时，则可以适度降低棉花价格，将部分补贴给纺织企业，这也是降级滑准税之后的另一个扶持政策。如果纺织企业直接在新疆采购并运输到内地，纺织企业可以适当调高采购价格，让出部分补贴，也算是降低纺织企业采购成本了。这样一来，就形成了棉花产业链补贴分享机制，使棉花产业链上的各个环节共同分享这部分补贴。

图 11－2　出疆棉移库补贴产业链分享机制

新疆棉出疆移库补贴政策影响深远，其补贴费用在棉花产业链上进行再次分配，让棉农和纺织厂都享受到补贴，但其对内地棉和进口棉价格影响呈现利空。这样一来，纺织企业也将获得价格稍低的新疆棉，并促使新疆棉稳定甚至扩大棉花种植面积，保护棉农积极性。其实行时限较长，所以将在未来较长时期内对市场产生重大而又深远的影响。

六、农发行棉花收购贷款实行什么政策？

棉花市场放开之后，农发行在棉花产业链条中，担负着通过信贷政策做好这一关系国计民生的农产品年度收购的重要职责。2007 年农发行总行制定了新的《中国农业发展银行棉花收购贷款办法》，把棉花收购贷款列为“准政策性贷款”进行管理。所谓“准政策性贷款”，就是既要求其具有政策性贷款的刚性需求，又具有商业性贷款自担风险的特征。

这给棉花收购贷款带来双重影响：

一方面，贷款要积极支持棉花收购，确保不因收购资金供应问题而出现区域性农民“卖棉难”，这仍是现阶段农发行的基本职能。这一职责，决定了棉花收购信贷具有很强的政策性，要以执行国家宏观调控政策、保护农民利益、确保收购不出问题为前提。

另一方面，棉花收购贷款的商业性并未因此减弱。自棉花市场放开以来，各种类型的收购企业自主经营、自负盈亏，完全实行市场运作，国家对于企业的经营亏损没有任何风险补偿，由此带来的贷款风险也要由农发行自行承担。

农发行成立以来，棉花信贷先后经历了三个阶段：

一是1999年以前的政策性贷款阶段；

二是1999~2006年的商品棉收购贷款商业化管理阶段；

三是从2007年起，农发行将支持企业自主收购的棉花收购贷款纳入准政策性贷款业务进行管理。

例如，2006年新棉收购在即，农发行总行出台棉花收购贷款政策，继续实行棉花收购贷款上限控制，每担标准级皮棉（328）收购贷款基准暂定为500元/担（新疆480元/担），允许最高上浮50元/担，下浮不限，最高贷款额不得突破550元/担（新疆530元/担）。同时，为有效防控信贷风险，设定了棉花收购价格警戒线。对于企业超过棉花收购价格警戒线收购棉花的，停止发放贷款。

七、什么是纺织品服装出口配额？

配额就是进口国为了保护自己国家的产品不受进口商品的影响而采取的一些保护措施，也可以称为贸易壁垒。纺织品、服装也不例外，所以就有了纺织品与服装出口的配额。

出口配额可以分为“自动”出口配额（被动配额）和主动配额。其中“自动”出口配额是指出口国家或地区在进口国家的要求或压力下，“自动”规定某一时期内（一般为3年）某些商品对该国出口的限制额。在限制的配额内自行控制出口，超过限制额即不准出口。从实质上讲这是不得不实行的被动配额。主动配额是指出口国家或地区根据境内外市场上的容量和其他一些情况而对部分出口商品实行的配额出口。但是配额制度保护国内产业是以限制国际贸易为代价的，因此长期遭到贸易自由主义倡导者的坚决反对。

从 1947 年关贸总协定开始，世界贸易组织各缔约方（成员）为了减少和消除配额制度作出了巨大的努力。在每一轮谈判或者每一个新的国家（地区）缔结或加入时，相关国家（地区）几乎都被要求大幅减少或取消配额。1986 年乌拉圭回合谈判将纺织品贸易列入谈判议程，最后达成逐步废止《多种纤维协定》（MFT），将纺织品与服装贸易纳入关贸总协定体系的纺织品与服装协议（ATC）规定。根据该协议第 2 条第 6 款、第 8 款规定，在 1995 年 1 月 1 日至 2004 年 12 月 31 日的过渡期内，进口方将分三个阶段逐步取消所有数量限制，最终实现纺织品贸易自由化。即从 2005 年起，纺织业迎来“无配额时代”。但是欧美利用我国加入世界贸易组织议定书中的相关条款，根据特定产品过渡性保障机制对我国纺织品出口设限，于是我国部分纺织品服装配额机制又重新启动。

总体来看，纺织品与服装出口的配额对一国纺织品、服装出口的增长具有两面性：纺织品配额对纺织品出口的增长起了促进作用，当一国纺织品行业的劳动力成本低、产品竞争力较强时，在没有配额的情况下，其纺织品和服装出口可以更快地增长；反之，则受到了限制。

延伸阅读

中欧纺织贸易前景明朗，棉花期货获长期利好

中国政府和欧盟于 2005 年 6 月 11 日凌晨就纺织品贸易问题达成协议，双方签署了《中华人民共和国与欧盟委员会关于中国部分输欧纺织品备忘录》（以下简称《备忘录》），这对郑州期棉市场无疑是一个利好消息。

按照《备忘录》，欧盟承诺终止对源自中国的棉布、T 恤衫、套头

衫、裤子、女式衬衫、床单、女连衣裙、胸衣、桌布、亚麻纱十类纺织品的调查，并同意2005年6月11日至2007年年底为过渡期，2008年欧盟市场对中国纺织品全面开放，并在此期间克制使用第242段条款。

以上协议内容的达成为中欧纺织企业进行调整争取了时间，使中欧纺织贸易前景趋于明朗，为中国纺织品企业的生存和发展创造了稳定的出口环境，中国纺织企业在欧盟订单面前不再犹豫。

另外，中欧之间达成纺织品贸易协议是将中国加入世贸组织报告书第242段条款的内容具体化，使其更具可操作性和可行性。双方一致同意，对今后纺织品贸易中出现的问题，将通过磋商予以解决，这样就避免了单方面采取行动解决问题。

八、什么是纺织品与服装出口退税？

出口货物退（免）税，简称出口退税，其基本含义是指对出口货物退还其在国内生产和流通环节实际缴纳的产品税、增值税、营业税和特别消费税。出口货物退税制度，是一个国家税收的重要组成部分。

出口退税主要是通过退还出口货物的国内已纳税款来平衡国内产品的税收负担，使本国产品以不含税成本进入国际市场，与国外产品在同等条件下进行竞争，从而增强竞争能力，扩大出口创汇。

1985年3月，国务院正式颁发了《关于批转财政部〈关于对进出口产品征、退产品税或增值税的规定〉的通知》，规定从1985年4月1日起实行对出口产品退税政策。1994年1月1日起，随着国家税制的改革，我国改革了已有退还产品税、增值税、消费税的出口退税管理办法，建立了以新的增值税、消费税制度为基础的出口货物退（免）税制度。

纺织服装行业作为我国传统支柱产业，在国际贸易中占据重要份额，见证了我国出口退税产生、发展的整个过程。从1985年出口退税元年开始到2009年，历经25年，完整经历了中国出口退税的变革和调整，其中纺织品出口退税政策有13次变化，每次变化都跟当时经济环境和宏观经济政策有着巨大的关系。

延伸阅读

我国纺织品服装出口退税政策调整发展历程

1985年3月，国务院正式发布通知，规定从1985年4月1日起对出口产品实行退税政策。

1995年7月，国家将纺织品服装出口退税率从13%下调至10%。

1996年12月，国家将纺织品服装出口退税率从10%下调至6%。

1998年1月，国家将纺织品服装出口退税率重新上调至11%。

1999年1月，国家将纺织品服装出口退税率由11%上调至13%。

1999年7月，国家将纺织品出口退税率由13%上调至15%；将服装退税率从13%上调至17%。

2001年7月1日起，国家将棉纱、棉布、棉制产品出口退税率由15%上调至17%。

2003年10月13日，财政部、国家税务总局发出通知，规定从2004年1月1日起，纺织品、服装出口退税率由15%、17%下调至13%。同时，出口退税改为由中央地方共同负担，即超基数部分应退税额由中央和地方按75∶25的比例共同负担。

2006年9月14日，财政部、国家发展改革委员会、商务部、海关总署、国家税务总局5部委联合发布通知，2006年9月15日起将纺织品出口退税率由13%下调至11%。

2007年6月19日，财政部、国家税务总局发布通知，规定从2007年7月1日起，将服装出口退税由13%下调至11%。

2008年7月31日，财政部、国家税务总局下发通知，决定将部分纺织品、服装的出口退税率由11%提高到13%，新政策自2008年8月1日起执行。

2009年2月5日，财政部、国家税务总局发布《关于提高纺织品、服装出口退税率的通知》，明确从2009年2月1日起将纺织品、服装出口退税率由14%提高到15%。

2009年3月27日，财政部、国家税务总局发布通知，明确从2009年4月1日起提高纺织品、服装、轻工、电子信息、钢铁、有色金属、石化等商品的出口退税率，其中纺织品、服装的出口退税率提高到16%。

2014年12月31日，财政部、国家税务总局发布通知，调整部分产品的出口退税率，其中包括部分纺织品服装（第50章至第63章，主要是纱线品类，包括部分高档纱线、羊毛纱线等），出口退税率自2015年1月1日起提升至17%。

九、国家棉花产业调控组合政策是如何运行的?

经过探索和实践，国家棉花产业调控已经形成了包括农发行贷款、国家收抛储、进口滑准税、进口配额等在内的一整套的调控策略组合（见图11－3），能够有效保护棉农的利益、稳定市场。在供给紧张、棉价大幅上涨时，为了能够控制风险，农发行贷款降低籽棉收购价格上限或者只发部分贷款，国家储备棉抛售，甚至调低滑准税，增发进口配额；相反，在供给过剩、棉价下跌时，国家调高农发行贷款上限，国家收储棉花，或者上调滑准税，并减少或者不发进口配额（见图11－3）。

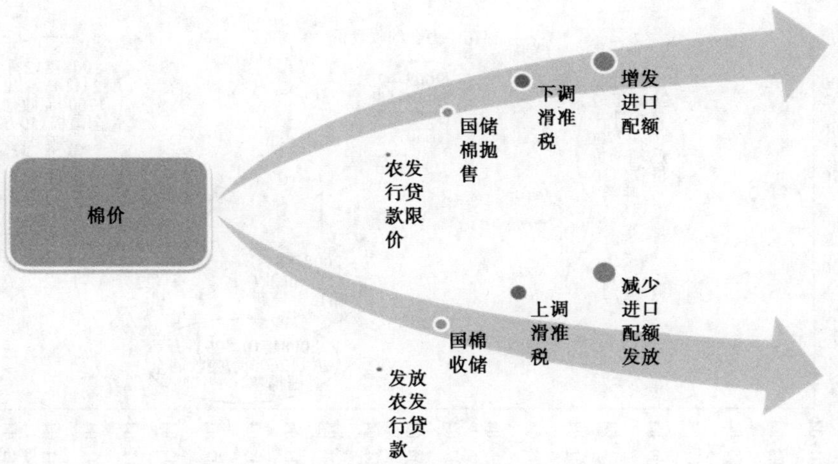

图 11－3　国家棉花市场调控策略组合

案例 11－1

棉花市场调控对棉花价格的影响

2008 年全球遭遇金融风暴引发的经济危机，使中国纺织品服装出口遭受重创，棉花消费萎缩，而产量却为历年最高，供给过剩。2008 年 10 月～2009 年 5 月，国家分三批收购 272 万吨棉花入储。

随着经济好转，棉花消费回暖，棉花价格疯涨，国家再度分三次抛售 260 万吨储备棉，另外增发 40 万吨棉花稳定市场，缓解供给紧张局势。即便这样，也没有阻碍棉价疯狂上涨，主要原因是新棉上市并不顺利，没有成功接替旧棉补给市场。2009 年国家棉花储备还有 150 万吨，尽管对市场供给也将产生一定的调节预期影响力，但在供需没有出现危机之前，国家在 2009 年不会轻易再抛储，即使抛储也不会超过 50 万吨的上限。如果国家储备抛售超出这个量，市场供给预期将会产生重大危机，不利于市场调控（见图 11－4）。

由于消费回暖超出预期，并考虑到国家在 2008～2009 年度收储了 272 万吨以及 140 万吨陈棉库存，2009 年国家只增发了 40 万吨加工贸易配额。进口配额较少，加上国内新棉上市推迟和新疆棉入关困难，导致国内棉花供给紧张。

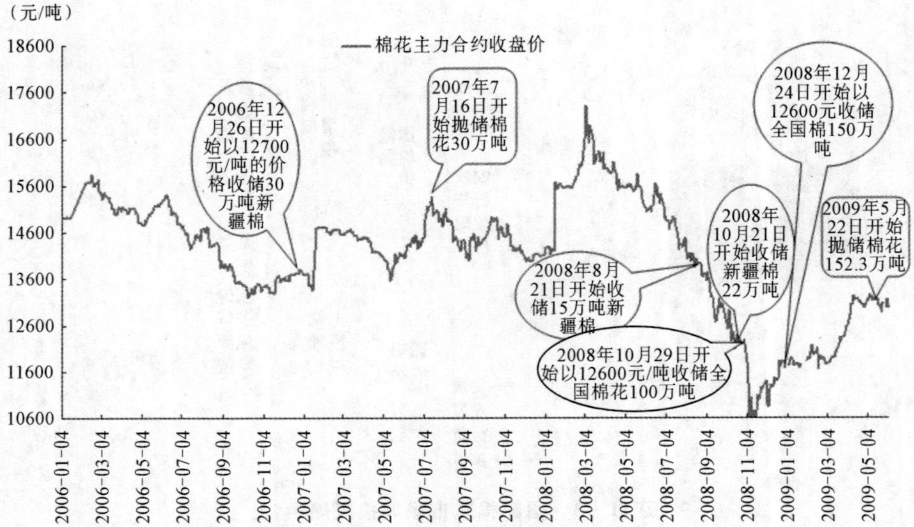

图 11－4　2006～2009 年相关调控政策对棉花价格影响的走势

而在 2008 年收购开始之前，农发行下发了《关于做好 2008 棉花年度收购信贷工作的意见》和《关于做好 2008 年度棉花收购贷款资格认定工作的通知》，共认定收购贷款资格企业 935 家，其中民营企业占比 84%，国有企业占比 6%，供销社企业占比 10%。收购期间，农发行制定下发了《关于认真执行 2008 棉花年度收购贷款上线和贷款风险控制线的通知》，变“双限”为“双线”，确定 2008 棉花年度每担标准级皮棉收购贷款上线基准为 500 元/担，允许最高向上浮动 50 元/担，下浮不限，最高贷款额不得突破 560 元/担。同时，根据中国棉花价格指数扣除合理的费用和利润后，设定贷款风险控制线。

十、国内棉花产业呈现出怎样的发展趋势？

我国加入世贸组织以来，棉花市场化改革成功，多元化结构的市场格局已逐步形成，市场形成价格的机制也已经建立，我国棉业正在走向理性和成熟。但是目前我国棉花最大的矛盾——产不足需也制约着中国棉花产业的发展。因此，建立长效机制、增强棉花产业的可持续发展能力将成为我国棉花产业发展的大趋势。

（一）继续实施目标价格政策

2023 年 4 月，国家发展改革委、财政部发布了《关于完善棉花目标价格政策实施措施的通知》，在新疆继续实施棉花目标价格政策并完善实施措施。此举对保障棉农收益、稳定棉花生产、调动棉农生产积极性、促进产业链协调发展发挥了重要作用。

棉花是重要的大宗农产品，也是国家战略物资。棉花以及与之密切相关的纺织业，在满足人民群众衣着家居需求的同时，也吸纳了大量劳动力，带动地方经济发展，为国家税收和外贸作出重要贡献。我国在全球棉花和纺织品市场上具有举足轻重的地位，是世界上最大的棉花生产国、进口国和消费国，也是全球纺织业产业链最完整、门类最齐全的国家。近几年，我国棉花产量约占全球的1/4，消费量接近全球的1/3。棉花产业蓬勃发展，有力支撑了我国纺织服装行业的发展。

要切实稳定国内棉花生产。稳定的生产是棉花产业高质量发展的基础。新疆作为我国最主要的棉花生产地，产品具有质量好、产量高的优势，扩大新疆棉生产是稳定国内供应的首要任务。在棉花市场价格低位运行的背景下，重视对新疆棉的政策引导，完善棉花目标价格政策，显得格外重要。同时，要鼓励新疆以外的传统棉花产区结合本地实际，以棉花生产保护区为重点完成植棉任务，有效推动棉花扩种。

要促进棉花产业提质增效。推动棉花产业高质量发展要在质量、效益、品牌等方面下功夫。要推动棉花主产区将棉田纳入高标准农田建设范畴，完善机耕道路和灌排沟渠等基础设施，提高棉田综合生产能力。加大人才培养力度，加强科技创新，聚焦棉花产业关键技术，在育种、种植、农机、生产智能化信息化等方面取得突破。要优化棉花市场环境，完善质量标准、认证评价、绿色发展等方面的制度建设，带动行业发展水平提升。进一步提升新疆棉等重点品种的市场认知度和美誉度，建立具有可持续性的品牌。

要推动棉花产业链和供应链协调发展。维护供应链稳定是棉花产业健康发展的重要保障。在棉花全产业链条上，上游是种植，中游包括轧花、流通、纺织、服装服饰加工等多个环节，下游是销售和贸易。要以全产业链协调发展带动行业发展水平提升，不断加强生产、加工、流通、纺织、服装等各个环节的协同性，提升我国棉花质量和市场竞争力。以高品质棉花供给引领市场需求，带动纺织和服装服饰行业品类创新，形成棉农增收、棉业增效、纺织服装行业受益的多赢局面。

要加强棉花市场风险防控。棉花作为重要的大宗商品，既具备商业属性，也有一定的金融属性。近年来，在供给冲击频发、外部需求不稳定、美欧国家货币政策剧烈调整的背景下，棉花价格出现了大起大落。特别是2022年以来棉花价格持续低迷，给棉农和生产贸易企业带来一定风险。必须把防范和化解风险摆在更加突出的位置，在稳定市场供求的基础上，通过加强期现货联动监管，打击恶意炒作，防止棉花价格大幅波动①。

（二）我国棉花供需缺口大

2010年，我国对棉花进口的依存度达到50%左右。近年来我国棉花年均产量为600多万吨，年均消费量为800多万吨，供需缺口高达200万吨左右。为弥补缺口，我国主要采取进口措施，但国际市场能否长久为中国提供足够的棉花资源，仍存在很大的隐患。

（三）棉花加工、流通行业继续洗牌，几家实力强的大棉商控制大部分市场

目前，中国棉花加工和流通领域的企业过多，普遍规模较小，风险抵抗能力弱，没有可持续的经营模式，大量的重复建设导致了棉花加工能力的过剩，开机率不足，同时也造成了棉花收购市场的无序竞争。在国际棉商成熟、先进的运作模式冲击下，大量弱小的中国棉花加工企业将面临淘汰和整合，个别能幸存下来的棉商将会凭借摸索出来的成功经验快速做大做强。除了新疆棉外，内地棉市场一盘散沙终将演变成国际棉商、国内少数大棉商诸

① 资料来源：经济日报，2023年4月22日。

侯争霸的局面。

(四) 国际大棉商在中国取得棉花经营权

国际大棉商在我国拥有不少棉花专业人才，还有相当数量的代理商，加上资金、经验、信誉等方面的优势，正在谋求控制国内更大的市场份额。

(五) 纺织行业发展峰回路转、结构升级，棉花消费增速将放缓

在劳动力成本和资金运营成本不断上升等因素的影响下，中国纺织行业的发展已经达到了顶峰。

(六) 为提高抗风险能力和核心竞争力，涉棉企业产业化运作将成为趋势

由于棉花加工、流通甚至棉花消费企业都面临着巨大的竞争压力，行业利润空间也越来越薄，而风险越来越大。为了做大做强企业，就必须提高企业的盈利能力、竞争能力和抗风险能力，棉花产业化经营就成了首选，并成为未来发展的趋势。棉花产业化经营策略主要分为三种，即由产业链上游往下游延伸、中间往两头延伸、下游往上游延伸。

(七) 期现结合、避险保值将成为涉棉企业做大做强不可或缺的常规经营策略

期货市场具有发现价格和套期保值的功能。在上百年的国际棉花期货和现货市场中，国际棉商利用期货市场来规避风险和用期现结合的经营策略将企业做大做强都是成功的案例。2004 年中国棉花期货在郑商所挂牌交易，标志着棉花市场体系走向完善和成熟，构建了现货市场和资本市场的桥梁，期现结合和保值避险，为中国涉棉企业规模化运营提供了平台和环境。目前，大规模利用这一平台的国内棉花企业还是少数。而国际棉商则已经大胆试水中国棉花期货市场，并借鉴其国际市场的运作模式在中国成功复制，取得了显著的成绩。所以涉棉企业做大做强必须学会借助和灵活利用期货市场，这也是未来一个大的趋势。

针对以上几点，从长计议，我国棉纺织业应立足国内棉花市场，大致维持 2/3 国内、1/3 进口的格局，才能确保产业的可持续发展，才能在国际市场拥有话语权；同时有利于规避棉花市场价格的大起大落，稳定棉农收益。所以要树立忧患意识，尽快建立促进棉花产业发展的长效机制。

自测题

一、填空题

1. 1996 年国发 40 号文，出台了棉花市场交易制度，即以棉花市场交易形式，搞活棉花销售环节，保留原有的棉花______政策，使棉花流通体制改革终于走出了关键的一步。

2. 到目前为止，我国棉花产业政策主要有______政策、农业发展银行棉花收购贷款政策、棉花收储及抛储政策、棉花进口配额政策、新疆出疆移库补贴政策以及纺织品与服装的出口退税政策等。

3. 2004 年以前，我国对棉花的进口实行______，即对配额以内的进口棉花征收较低的关税（1%的关税），配额以外的进口棉花将不享受此项关税优惠。

4. ______主要是通过退还出口货物的国内已纳税款来平衡国内产品的税收负担，使本国产品以不含税成本进入国际市场，与国外产品在同等条件下进行竞争，从而增强竞争能力，扩大出口创汇。

5. ______就是进口国为了保护自己国家的产品不受进口商品的影响而采取的一些保护措施，也可以称为贸易壁垒。

6. ______是指出口国家或地区根据境内外市场上的容量和其他一些情况而对部分出口商品实行的配额出口。

7. 期现结合、______将成为涉棉企业做大做强不可或缺的常规经营策略。

8. 现行棉花流通体制的实质是：加强宏观调控，全面______棉花购销市场，实行社企分开，加强棉花市场管理和质量监督，改进棉花信贷资金管理，实行棉花储备与经营分开，推进棉花产业化经营。

二、选择题

1. 经过几年探索和实践，国家棉花产业调控已经形成了（　　）等在内一整套的调控策略组合，能够有效地保护棉农的利益，稳定市场。

A. 农发行贷款　　　　B. 国家收抛储

C. 进口滑准税　　　　D. 进口配额

2. 出口货物退、免税简称出口退税，其基本含义是指对出口货物退还其在国内生产和流通环节实际缴纳的（　　）。

A. 产品税　　　　B. 增值税

C. 营业税　　　　D. 特别消费税

3. 棉花（　　）政策是国家调控棉花市场供需的重要政策之一。根据棉花市场的基本供需状况，通过收储来缓解市场供给过剩的状态，其主要目的是维持棉花市场稳定，保护棉农及涉棉企业的利益，为维护国家农业的安全提供保障。

A. 关税　　　　B. 收储

C. 抛储　　　　D. 配额

4. 2009 年 3 月 27 日，财政部、国家税务总局发布通知，明确从 2009 年 4 月 1 日起提高纺织品、服装、轻工、电子信息、钢铁、有色金属、石化等商品的出口退税率，其中，纺织品、服装的出口退税率提高到（　　）。

A. 17%　　　　B. 18%

C. 19%　　　　D. 16%

5. 我国棉花产业的政策取向随着形势的变化在不断调整，总是围绕着产业政策三大取向来调整变化，首先是保护（　　）利益，保持棉花种植面积的相对稳定；二要保证纺织用棉的需求；三是促进棉花市场的基本稳定、持续健康发展。

A. 贸易商　　　　B. 纺织企业

C. 棉农　　　　D. 政府

参考答案

一、填空题

1. 收购　2. 良种补贴　3. 比例配额制　4. 出口退税

5. 配额　6. 主动配额　7. 避险保值　8. 放开

二、选择题

1. ABCD　2. ABCD　3. BC　4. D　5. C

第十二章

棉花期权

本章要点

本章简要介绍了棉花期权、棉花期权合约和期权套期保值的基本策略，对棉农、加工企业及贸易商如何利用棉系期货期权投资工具进行了简要说明。

一、什么是棉花期权？

棉花期权合约介绍见表 12－1、表 12－2。

表 12－1　　棉花期权合约

（合约月份小于 CF2401 对应的期权合约适用此版本）

项目	合约内容
合约标的物	棉花期货合约
合约类型	看涨期权、看跌期权
交易单位	1 手棉花期货合约
报价单位	元（人民币）/吨
最小变动价位	1 元/吨
涨跌停板幅度	与棉花期货合约涨跌停板幅度相同
合约月份	标的期货合约中的连续两个近月，其后月份在标的期货合约结算后持仓量达到 5000 手（单边）之后的第二个交易日挂牌
交易时间	每周一至周五上午 9：00～11：30、下午 13：30～15：00，以及交易所规定的其他交易时间
最后交易日	标的期货合约交割月份前一个月的第 3 个交易日，以及交易所规定的其他日期
到期日	同最后交易日
行权价格	以棉花期货前一交易日结算价为基准，按行权价格间距挂出 6 个实值期权、1 个平值期权和 6 个虚值期权。行权价格≤10000 元/吨，行权价格间距为 100 元/吨；10000 元/吨＜行权价格≤20000 元/吨，行权价格间距为 200 元/吨；行权价格＞20000 元/吨，行权价格间距为 400 元/吨
行权方式	美式。买方可在到期日前任一交易日的交易时间提交行权申请；买方可在到期日 15：30 之前提交行权申请、放弃申请
交易代码	看涨期权：CF－合约月份－C－行权价格 看跌期权：CF－合约月份－P－行权价格
上市交易所	郑州商品交易所

注：棉花期权合约月份规定自 2020 年 1 月 1 日起施行。

表 12－2　　棉花期权合约

（合约月份大于等于 CF2401 对应的期权合约适用此版本）

项目	合约内容
合约标的物	棉花期货合约
合约类型	看涨期权、看跌期权

续表

项目	合约内容
交易单位	1手棉花期货合约
报价单位	元（人民币）/吨
最小变动价位	1元/吨
涨跌停板幅度	与棉花期货合约涨跌停板幅度相同
合约月份	标的期货合约中的连续两个近月，其后月份在标的期货合约结算后持仓量达到5000手（单边）之后的第二个交易日挂牌
交易时间	每周一至周五上午9：00～11：30、下午13：30～15：00，以及交易所规定的其他交易时间
最后交易日	标的期货合约交割月份前一个月第15个日历日之前（含该日）的倒数第3个交易日，以及交易所规定的其他日期
到期日	同最后交易日
行权价格	行权价格覆盖标的期货合约上一交易日结算价上下浮动1.5倍当日涨跌停板幅度对应的价格范围。行权价格≤10000元/吨，行权价格间距为100元/吨；10000元/吨<行权价格≤20000元/吨，行权价格间距为200元/吨；行权价格>20000元/吨，行权价格间距为400元/吨
行权方式	美式。买方可在到期日前任一交易日的交易时间提交行权申请；买方可在到期日15：30之前提交行权申请、放弃申请
交易代码	看涨期权：CF－合约月份－C－行权价格 看跌期权：CF－合约月份－P－行权价格
上市交易所	郑州商品交易所

看涨期权是指买方有权在将来某一时间以特定价格买入约定标的物，而卖方需要履行相应义务的期权合约。看跌期权是指买方有权在将来某一时间以特定价格卖出约定标的物，而卖方需要履行相应义务的期权合约。

行权价格是指由期权合约规定的、买方有权在将来某一时间买入或卖出合约标的物的价格。行权价格间距是指相邻两个行权价格之间的差。

二、棉花期权合约和期权套期保值的基本策略是什么?

2019 年 1 月 28 日，棉花期权在郑州商品交易所正式挂牌交易。棉花期权的上市，一方面，将进一步丰富棉花产业风险管理工具；另一方面，也有利于完善棉花“保险 + 期货”试点，探索棉花“保险 + 期权”模式。场内棉花期权交易，不仅可以为涉棉企业提供更为丰富的风险管理策略，而且为“保险 + 期货”试点提供了场内期权对冲工具，降低了风险对冲成本，从而提升“保险 + 期货”运行效率。因此，棉花期权的上市对于棉花产业的发展具有极其重要的意义。

期权套期保值基本策略包括保护性（买入期权）套保、抵补性（卖出期权）套保和双限（同时买卖期权）套保。商品买家需要对冲商品价格上涨风险，而卖家需要对冲价格下跌风险，根据价格变动方向、变动幅度、保值成本及目标需要，买家和卖家可以有多样化的套保选择。

（一）保护性套期保值

这是指通过买入期权，为现（期）货部位进行保值。这种套期保值是最基本的期权套期保值，可以有效地保护现（期）货部位的风险，最大损失是确定的。保护性套期保值为现货价格风险进行保险，所以又称为“保险策略”。

1. 使用动机

如果价格大幅变动，套保者希望在锁定损失的同时保留获得收益的可能，那么保护性套期保值是最优的选择。

2. 利弊分析

保护性套期保值最大优势是在保值的同时拥有增值的可能。如果价格朝着有利的方向变动，那么现货、期货部位会出现盈利，现货朝着有利方向变动的幅度越大，则盈利也越大。弊端是需要付出权利金作为保值成本。

3. 保护性套期保值类型（见表 12－3）

表 12－3　　保护性套期保值类型

套保者类型	动机	套保类型
消费（采购）企业	未来计划买入	买入看涨期权
	防止价格大幅上行风险	
生产（供货）企业	未来计划卖出	买入看跌期权
	防止价格大幅下行风险	

（二）抵补性套期保值

这是指通过卖出期权获得权利金，抵补现（期）货价格不利变动的损失，获得成本降低或销售收入增加的期权套保。可在市场价格有利变动或不利变动较小（即权利金收入大于价格不利变动幅度）时获利。抵补性套期保值从另一个角度看，现货可以作为卖出期权的履约备兑物，所以又称为“备兑策略”。

1. 使用时机

认为未来不会出现大涨或大跌行情，希望获得现货成本降低或销售收入增加的机会，愿意承担价格波动较大的风险。

2. 利弊分析

最大优势在于可以获得权利金，从而降低购买成本或增加销售收入；弊端是当现（期）货价格朝不利方向变动较大时，抵补性套保的期权虽然可以弥补一部分现（期）货损失，但不足以弥补现（期）货的大部分亏损。

3. 抵补性套期保值类型（见表 12－4）

表 12－4　　抵补性套期保值类型

套保者类型	动机	套保类型
消费（采购）企业	未来计划买入	卖出看涨期权
	降低购买价格	
生产（供货）企业	未来计划卖出	买入看涨期权
	提高出售价格	

（三）双限套期保值

这是没有或低保险费的“保险”，在不考虑获得预期外更大盈利的情况下，经常被稳健的经营企业使用。双限套期保值是指企业拥有现（期）货多头（空头）部位后，通过支付权利金，买入一个虚值看跌期权（或看涨期权），以此来保护现（期）货多头（空头）部位下跌（上涨）的风险；同时卖出一个虚值看涨期权（或看跌期权），获得权利金收入，以降低保值所需的权利金。这样，投资者就可以避免价格不利变动带来的风险，并且不需要付出过高的权利金成本。如果卖出的期权价格高于买入的期权，还可以收到权利金。

1. 使用时机

需要较低的成本建立一个套期保值组合，不需要预期外的盈利。

2. 利弊分析

双限套期保值的成本低，既能规避价格不利变化的风险，又能保留一定的获利机会，但放弃了超过预期盈利的机会。这种套期保值的最大损失与盈利都是确定的，或者说盈亏均被限定，因此，被称为双限套期保值。

3. 类型

双限套期保值包括空头双限套保和多头双限套保。

三、如何利用棉系期货期权投资工具？

（一）棉农、加工企业如何利用棉系期货期权投资工具

棉农、加工企业利用棉系期货期权投资工具受到技术水平的限制，大部分棉农的收入往往取决于当年天气环境及政府补贴。这一情况不仅给政府带来巨额财政负担，也无法对棉农基本收入形成保障。在棉花期货上市前，面对瞬息万变的市场价格，棉花加工企业只能冒很大风险在收获季节收购籽

棉，加工后待价而沽，遇上不好的年景往往亏损较大，特别是由于加工能力过剩，常出现抢收籽棉的现象。人为恶意竞争带来的成本上升无疑增加了加工企业亏损的可能和幅度。

1. 棉农从“期货 + 保险”模式中降低成本

2018 年 A 合作社参与郑商所在新疆开展的棉花期货“保险 + 期货”试点项目，保险公司向 A 合作社农户发放银行网卡，结合各项现有和待开发保险业务，提供贷款资金及金融保险等联合服务，合作社以低于市场价优惠提供地膜、化肥、农机作业等生产资料给合作社成员。对困难农户，由村委会担保，合作社提供农资保障其生产，并积极与科研院所合作，推广先进栽培技术，取得较好的实际效果。合作社试点区棉花每亩化肥使用量降低 30 千克，土地利用率增加 10%，棉农植棉成本明显降低。

同时，合作社向保险公司购买棉花目标价格保险用以保障收益；保险公司购买期货公司的场外看跌期权对承保的棉花价格保险进行“再保险”，以对冲棉花价格下跌带来的赔付风险；而期货公司则依据商品期货交易所公布的棉花价格为基础进行卖空操作，对冲向保险公司卖出看跌期权的风险，将风险归于市场。

2. 棉农从“订单 + 期货”模式中增加收入

期货市场独有的“订单 + 期货”模式有助于通过多渠道增加农民收入。订单农业是指在农业生产经营过程中，农户按照与企业或中介组织签订的合同组织安排生产，待农作物成熟后，企业或中介按照合同收购价格收购农产品。企业通过参与期货市场进行套期保值，规避了风险，提高了企业收益，有时甚至可以通过“二次返还”等形式让利于农民。

3. 加工企业利用棉花期货灵活销售

什么时间、什么价格进行皮棉销售是加工企业面临的普遍问题。棉花属于季产年销的品种，每年的 9 月至次年的 2 月是加工企业集中收购籽棉加工皮棉的时间，一旦采购结束，全年销售的皮棉成本也就确定。我们可以根据期货价格信息，对照现货价格进行期现组合销售。

（二）贸易商如何利用棉系期货期权投资工具

对于棉花贸易商而言，其一方面要与加工企业进行博弈，另一方面要与消费企业进行博弈，需要对趋势有较准确的判断，如果判断失误就可能出现现货库存贬值或者“买在天花板，卖在地板砖”的情况。现货库存和未来采购是贸易商风险管理操作的核心。

1. 期货市场助力棉花贸易商锁定利润

2011 年底，G 企业开始对春节后的原料库存制订补库计划，预计 2012 年 3 月前需要采购约 1200 吨的棉花，此时的市场价格为 20500 元/吨，如果当时一次性采购，需要 2460 万元的资金量。G 企业一时无法筹集到大笔资金来买入现货，但是又担心未来价格上涨，于是，G 企业决定通过期货交易进行套期保值。当时棉花 5 月合约期货价在 20500 元/吨左右，G 企业在期货市场上以 20500 元/吨的价格在 5 月合约上买进 1200 吨的期货合约。进入 2 月，棉花现货价格涨至 21000 元/吨，G 企业通过现货市场买入棉花，现货端棉花每吨亏损 500 元，1200 吨总共亏损 60 万元。同时，因期货价与现货价具有同方向波动的特点，期货价也涨至 21500 元/吨，该公司通过卖出 3 月期货合约获利 120 万元。期货、现货盈亏相抵后，该公司不仅没有因为现货价大涨受损失，反而赢利 60 万元，既成功地回避了因现货价格波动所带来的市场风险，又降低了资金占用成本。

2. 利用棉花棉纱套利实现稳定利润

从纺织实体经营角度看，从期货上买入棉花，把生产的棉纱通过卖出棉纱期货实现销售，只需当同期棉纱期货价格和棉花期货价格差大于成本后，即可完成棉花棉纱产业套利操作，锁定了经营两端风险，实现了稳定销售经营。期货投资采用的是杠杆下的保证金制度，原材料棉花购进时可以为企业大幅减轻资金压力，产成品棉纱在期货市场卖出交割时，不存在无销路和赊欠问题。

3. 利用棉花期权降低经营风险

2019 年 1 月初，郑棉 1905 合约从前期低点 14600 元/吨附近持续上涨，现货市场上新疆轧花厂挺价，期现倒挂，此时纺纱企业 H 因为受到成品库存上升和订单不足的限制，流转资金不支持原料库存的批量采购。一般来说，年后 3～4 月为棉花季节性消费旺季，国储棉 2019 年轮出计划尚未公布，低原料库存下企业 H 年后补库存需求较大，面临棉价上涨风险。当时 CF905 价格约为 14800 元/吨，平值看涨期权价格约为 300 元/吨，企业 H 通过买入棉花平值看涨期权。在不考虑基差风险的情况下，当CF905价格上涨时，可以将采购价格最高锁定在15100元/吨；而当CF905价格下跌时，作为看涨期权的买方，纱厂没有追加保证金的资金压力，同时，可以放弃行权转而到市场进行低成本采购。

自测题

一、填空题

1. 棉花期权行权方式为______。

2. 期权套期保值基本策略包括______、______和双限（同时买卖期权）套保。

3. 行权价格是指由期权合约规定的，买方有权在将来某一时间______合约标的物的价格。行权价格间距是指相邻两个行权价格之间的______。

4. ______的成本低，既能规避价格不利变化的风险，又能保留一定的获利机会，但放弃了超过预期盈利的机会。这种套保的最大损失与盈利都是确定的，或者说盈亏均被限定。

5. 保护性套期保值为现货价格风险进行保险，所以又称为“______”。

二、选择题

1. 对于生产企业来说，未来计划卖出，防止价格大幅下行，可（　　）。

A. 买入看涨期权　　B. 期货买入

C. 买入看跌期权　　D. 直接购买

2. （　　）是指通过买入期权，为现（期）货部位进行保值的套保。这种套保是最基本的期权套保，可以有效地保护现（期）货部位的风险，最大损失是确定的。

A. 保护性套保　　B. 双限套保

C. 买入套保　　D. 卖出套保

3. 棉花期权合约月份规定自（　　）起施行。

A. 2020 年 1 月 1 日
B. 2012 年 6 月 3 日
C. 2018 年 12 月 25 日
D. 2013 年 7 月 25 日

4. 双限套保包括（　　）。

A. 空头双限套保
B. 期货套保
C. 期权套保
D. 多头双限套保

5. 棉系期货期权投资工具实际应用有（　　）。

A. 保险 + 期货
B. 订单 + 期货
C. 期货
D. 期权

参考答案

一、填空题

1. 美式　2. 保护性（买入期权）套保、抵补性（卖出期权）套保
3. 买入或卖出；差　4. 双限套保　5. 保险策略

二、选择题

1. C　2. A　3. A　4. AD　5. ABCD

附　录

银丰“公司＋合作社＋期货”模式*

棉花期货推出以后，如何利用期货管理棉花价格风险就成为棉花企业不断探索的新问题。其中，银丰集团所创设的银丰模式就是其中的典型案例。所谓银丰模式具体是指：银丰集团借助“公司＋合作社＋期货”的模式，积极进行棉花套利和套保交易。

银丰集团是湖北省棉花行业的龙头企业，该集团是由湖北省供销社下属的原湖北省棉花公司改制而成的综合性企业集团，集团下属企业主要包括以贸易为主的银丰股份有限公司、银丰纺织有限公司、银丰物流有限公司等。自棉花期货上市以来，银丰集团从事棉花期货套保、套利交易实现了企业的稳健经营，并通过不同的方式“反哺”棉农，服务“三农”。

（一）银丰模式形成的背景及意义

棉花流通体制改革以后，我国棉花经营逐步进入“微利时代”，要取得更好的经济效益，就必须开展规模化经营取得“规模效应”，而规模化经营

* 选自郑州商品交易所：《棉花市场运行报告》。

常常意味着市场风险的放大。因为我国棉花加工能力大大高于棉花的产量，在收购季节“僧多粥少”的状况导致涉棉企业在市场上抢购棉花，企业在“抢”来棉花的同时也“抢”来了风险。假如未来市场价格出现下跌，企业将蒙受损失。棉花行业出现了不“抢”货源，企业等“死”，赌一把去“抢”，可能会被行情呛“死”的局面。在没有棉花期货的时候，一家棉花企业“今天赚两千万，明天亏两千万”不足为奇。

2003~2004年度棉花现货市场的“过山车”行情使银丰集团在棉花贸易上亏损数千万元，现货经营中存在的风险给企业领导留下了深刻的教训和印象。从此，公司一班人对如何化解现货经营风险开始了不懈的探索。当他们得知郑商所将于2004年6月1日推出棉花期货时，就立即决定邀请郑商所的棉花期货专家，对集团中层以上干部进行套期保值知识的培训，并挑选优秀人才去美国进行考察。通过培训学习和考察，坚定了他们参与期货套期保值交易的信心和决心。从2004年开始，银丰集团稳步参与期货市场的套期保值交易，2005年成立了期货部。

2007年以前，银丰集团期货部和现货部是分开的，期现货市场的业务存在脱节。随着对期货市场认识的深入，银丰集团决定进一步完善机制，将期货部和现货部合并成市场部，统一负责期现货经营，在经营模式上完成了现货与期货的真正对接。

通过这种模式和运行机制，公司的经营活动由“被动”变得越来越主动，由过去的“抢”棉花、“赌”市场，到现在通过“订单”稳货源，利用期货“锁”风险和利润。集团有了发展的“资本”，就放开手脚经营，大胆地在湖北省和新疆建立了棉花收购基地，通过在期货市场上套保后，其他企业不敢收购时，银丰敢于放心大胆地收购，不断扩大经营规模。如今的银丰集团已超越了传统意义上“一买一卖”的棉花企业，从昔日的“棉贩”正转变成为灵活运用衍生品工具的现代“棉商”。

（二）银丰模式的具体构架和运作

1. 银丰模式的具体构架

为了掌握稳定优质的棉花资源，银丰集团向农村“渗透”，通过“企业+合作社+棉农”的模式构建货源网络。2005年后该模式有了实质性发展，银丰集团先后在省内外建立了24个棉花收购加工基地，兴建了多个大型收购加工厂。围绕收购基地，采取订单收购、让利、返利等利益联结方式，在黄梅小池、沙洋李市、京山公益、仙桃红阳和潜江金城等地，创办了10多个银丰棉花专业合作社。2008年3月，银丰集团还率先成立了全国首家省级棉花专业合作社联合社，与湖北省7个县市的163个村签订了棉花生产订单合同，覆盖植棉面积58万亩，带动农户53000户，与棉农结成了“互惠双赢，共同发展”的新型合作关系。

产前，合作社与棉农签订订单，让棉农放心种棉，并承诺无论市场如何变化，订单内生产的棉花都按订单价全额收购。

产中，合作社为棉农提供市场信息、生产技术和物资供应服务，帮助棉农科学种棉、种好棉。具体包括：

一是利用广播、社员大会、村组干部会议、订阅报刊等形式介绍棉花流通政策、棉花市场行情和种植信息等。让他们能及时了解各地棉花动态资讯，同时还紧盯郑商所棉花期货行情，召开棉农代表会议和社员大会，为社员分析市场走势，使他们了解市场、参与市场、把握市场。

二是聘请专家传授植棉技术，组织棉农学习植棉技术，为棉农提供生产技术指导。仙桃银丰红阳棉花专业合作社多次聘请仙桃市农业技术推广中心的研究人员到田间为社员讲解棉花早衰的成因及对策、棉花两萎病的预防等植棉知识，还免费为社员发放3000多份病虫害预防知识手册。黄梅银丰石流港棉花专业合作社每年为棉农举办3次植棉技术培训班，学习科学施肥、防虫治病和棉花“四分”的技能，还派代表参加全国合作社交流会议，带回最新棉花种植技术。这些生产技术普及活动深受棉农的欢迎。

三是积极组织物资和资金供应服务，降低生产成本，解决棉农资金短缺的后顾之忧。仙桃银丰红阳棉花专业合作社为植棉大户和困难户送去化肥2.8吨。黄梅银丰石流港棉花专业合作社与江西彭泽良种公司合作，把优良的隆杂一号棉种送到棉农手中，该品种籽棉产量在每亩600斤以上，籽棉衣分率在43%以上，收购价格每公斤高于同级其他品种0.10元，全社一年增产30000多公斤，增收6万元；与中化化肥公司合作，以每吨低于二级批发站50元的价格把优质化肥送到棉农家中；为社员代垫生产资金60万元，共节省利息3万元，解决了社员生产中的资金难题。

产后，合作社加强质量控制和提供各类售棉服务。以往棉农使用低成本的纤维编织袋装收获的籽棉，装好后简单地堆放在自家院里，使很多纤维、毛发等“三丝”混入籽棉，直接影响到了产出皮棉的品质。现在，合作社提前把棉包、棉袋和棉帽等送到棉农家中，指导棉农做好棉花“四分”（分摘、分晒、分存、分售）工作，并组织专人专车为棉农灌包、装车，解决棉农售棉费时费力的问题。

在确定收购价格方面，银丰集团根据期货价格，结合2004年度和当年棉花市场的行情，由集团统一确定略高于其他市场主体的收购价。收购价确定后，各个轧花厂生产的符合“期货棉”交割标准的棉花成本就基本固定了。过去，轧花厂既负责收购籽棉，又负责生产皮棉和销售，现在棉花销售由集团的股份公司统一负责，集团对各个轧花厂只考核商品回收率、符合标准仓单率、盈亏率、成本率四个指标。

轧花厂在收购季节里每天向股份公司报送收购的数量和加工量，市场部根据收购量和期货盘面价格，在基差合理的情况下，寻找合适价位进行卖期保值操作。但是，收购季节常常也是棉价较低的时候，如果期货价格对现货价格贴水，甚至低于棉花仓单成本价格时，公司会通知轧花厂放慢收购进度，然后公司在期货盘上做买期保值，并准备资金进行交割，在现货市场上销售。这种灵活的操作方式，确保了公司的稳步发展，也保护了棉农的利益。

银丰集团根据每年的盈利水平，对棉农进行二次返利。2007年度，京山棉花合作社按每公斤0.12元与35户社员实行二次结算近8000元，户均返利229元，最高的一户为667元。石流港棉花专业合作社和仙桃红阳棉花专业合作社按0.06元/公斤直接向农民返利，仅此一项，这两家合作社的棉农就分别增收9万元和4万元。

2. 银丰模式的具体运作

有了稳定优质的棉花资源，企业还要低风险地将棉花销售出去，才能确保实现盈利。银丰集团结合自身情况，充分利用期货平台，经过4年的探索，在期现结合、套期保值上打造出两种主要的盈利方式。

第一种盈利方式是期现套利、仓单交割方式。

当期货价格相对现货较高时，根据生产成本卖出套期保值合约，银丰集团将从农民手中收购的棉花现货按郑商所的棉花交割标准加工成“期货棉”并注册成仓单，直接交售仓单获利。卖出期现套利量从2005年度的2000吨上升到2007年度的8000吨，通过这一模式有效规避了现货价格风险。

集团下属京山银丰棉业有限公司（以下简称京山银丰公司），2005年成立之初由于规模小、抗风险能力薄弱、周边收购厂多等原因，连续两年出现经营亏损。为扭转经营局面，提高风险防范能力和盈利水平，京山银丰公司开始探索期现结合的经营方式，将收购的棉花加工并转化成仓单进行期现套利，套利量从2006年度的1000多吨上升到2007年度的4500吨。通过期货平台，京山银丰公司不仅经营规模不断扩大，从2006年的2000吨上升到2007年的近万吨，而且平均每吨棉花可增加利润1000元左右，仅此一项，2007年就增加盈利450万元，顺利实现了扭亏为盈。

同时，银丰集团结合每年现货贸易的实际情况，在现货资源短缺或者期货价格对现货价格贴水时，在期货市场上做买期保值，并视现货情况进行实物交割，在交割时，提出现货客户需要并短缺的期货棉品种。例如，有的纺织厂需要新疆棉，但是银丰集团可能只有内地棉；有的纺织企业需要四级棉，但是银丰集团只有三级棉。2007年买进交割量达20000吨。通过利用期货市场购买所缺的棉花品种或等级，弥补品种结构的不合理，拓宽了现货经营渠道，增强了企业竞争力。

第二种盈利模式是基差交易方式。

例如，银丰集团于2008年2月底至3月初发现0807合约与现货的基差近2500点。在迅速分析未来国内棉花产业形势后，期货部提出利用当前的基差水平在CF0807合约上进行大胆的全额套保。

期货部在基差平均2500点大量建仓，当时现货成本为13700元/吨。后来基差逐步缩小，大约在1000点时，银丰集团在销售现货的同时将期货空头平仓，现货平均每吨亏损500元，期货平均每吨赚取1500元。这样每吨棉花可以赚取1000元/吨的基差利润，从而使银丰公司在其他大多数棉花企业亏损的情况下还能保持盈利。

2007年，银丰集团参与郑棉期货成交量达10万余手，合50多万吨，成交量在全国涉棉企业中位居前列，是其棉花现货经营量的2.5倍，其中套保量约10万吨，其余40万吨为套利交易。现货棉花经营量从2005年的

10.82 万吨上升到 2007 年度的 20 多万吨，增长 84.8%，占全省棉花产量的 44%。在棉花期现货结合经营的带动下，2007 年银丰集团净利润增长 42.5%。

3. 银丰模式的风控机制

为杜绝期货投机行为，银丰集团实现了决策和执行分开、资金和操作分离。期货交易由公司成立的期货交易决策委员会成员共同决策，即使是集团总经理和董事长也不能“独断专行”。银丰集团还设立了期货交易执行委员会，根据决策委员会的决策进行具体技术操作，并定期作出执行情况报告，上报集团审阅。每个月公司集中对前期的决策和执行情况进行检测和评价。当现货经营有风险、压力的时候，及时通知期货部。期货部根据现有的现货经营情况拿出方案，交决策委员会讨论后决策。期货部发现商机后也会及时形成操作方案交决策委员会。考虑到商机稍纵即逝，方案提出后，决策委员会迅速商讨，决策效率很高。

（三）银丰模式需要注意的几个问题

尽管银丰模式是比较成功的，但在实践过程中仍有一些问题需要注意：

第一，如何引导企业进入期货市场。作为金融产品，在期货市场中形成的产品价格在多数情况下具有指导性、发现性的作用。但由于期货交易参与者众多，实际交易过程中，在某些阶段由于人为因素、供求关系因素等会使价格背离实际，此时引导企业进入期货市场的选择将是关键。

第二，资金调配问题。期货交易有其严格的交易规则，但由于行情走势的变化，需要企业做好资金准备工作，一旦出现极端行情要有及时的保证金补充，否则将面临强制平仓的风险，套期保值操作将被中断，企业将遭受损失。

第三，棉花收购质量和仓单形成问题。通过交易所进行交割的粮食要符合一定的质量标准，只有达到交易所规定的标准并于交割月前运抵交易所指定的交割仓库才能生成仓单，被交易所认可，允许进入交割环节。所以如果企业想进行套期保值操作，此环节是进行实物交割的前提，必须提醒企业注意。

（四）银丰模式的启示

银丰模式是棉花企业参与期货市场的典型案例，在促进现代交易模式的建立、期现结合经营方式的完善、反哺农业等方面具有借鉴意义。

棉花经营进入激烈的市场竞争时代，棉花经营理念和经营方式面临着巨大的转型需求。银丰集团以棉花专业合作社为载体，以期货市场为平台，积极探索农企合作、期现结合经营模式。“公司+合作社+农户”“订单+期货”的银丰模式，使企业实现了从传统经营方式到农企合作、期现结合的现代棉花经营方式的转轨。农产品期货市场为这些涉农企业的增效和稳健经营提供了有力的保障，农民从中得到了实惠。企业做大、做强的同时，带动更多棉农发家致富，推动了湖北省棉花产业的健康发展。在“订单农业”的实施过程中也实现了农产品种植结构的优化调整，通过有效服务“三农”，进而服务了整个棉花行业的发展。

风险和收益始终并存，期货市场存在的意义就是为企业提供一个管理价格风险的平台，使企业能够通过套保，规避价格风险，实现稳定经营的目标。如今，忧患意识和竞争意识在当代经营者的理念中日益凸显，许多企业需要学会利用期货来把握市场脉搏，转移经营风险，并逐渐实现企业的做优做强。

参考文献

1. 约翰·墨菲著：《期货市场技术分析》，丁圣元译，地震出版社2007年版。

2. 胡俞越，高扬：《期货市场学》，中央广播电视大学出版社2004年版。

3. 中国棉花信息网：http：//www. cottonchina. org。

4. 中国棉花网：http：//www. cncotton. com。

5. 新疆棉花信息网：http：//www. sslrbj. com。

6. 郑州商品交易所：《期货业务实施细则》，2009年12月。

7. 郑州商品交易所：《关于指定棉花交割仓库的通告（2009）》，第28号。

8. 郑州商品交易所：《关于修改一号期棉部分实施细则及管理办法的通知》，郑商发［2009］118号。

9. 郑州商品交易所：《关于调整新疆棉升贴水的通知（2009）》，第26号。

10. 中国棉花协会："1999年以来中国棉花市场化改革以及多哈回合谈判对世界棉花市场的影响"，载于农业部农村经济研究中心编：《2005中国国际棉花会议论文》。

11. 毛树春：《中国棉花生产景气报告2008》，中国农业出版社2009年版。

12. 陶永红，沈红，戴俊生等："国内外棉花市场概况及发展趋势"，载于《新疆农业科学》，2001 年第 2 期。

13. 张琼：《中国棉花进出口贸易研究》，浙江大学硕士论文。

14. 徐玲：《中国棉花进口贸易保护政策研究》，江西财经大学硕士论文。

15. 《农民日报》，2003 年 4 月 29 日。

后 记

本书是专为期货交易者编写的一本普及性读物，适合于棉花产业链企业和普通交易者阅读。

本书注意实用性、趣味性，以通俗易懂的语言、鲜明生动的案例将理论知识简单化，避免了理论知识阐述过程中的呆板僵硬。对棉花产业链企业而言，本书具有指导实务操作的作用，书中包含了大量套期保值、套利、风险管理的应用型案例，对企业应用棉花期货有一定的借鉴意义。对于普通交易者而言，本书通过一问一答的形式，由浅入深地剖析棉花的基本面和技术面，有助于交易者快速了解棉花市场。

与证券、债券等金融工具相比，期货作为风险管理工具，专业性强，杠杆率高，风险大，这在客观上要求交易者具备一定的专业投资知识、经济实力以及风险承受能力。“期市有风险，入市需谨慎！”

本书由于篇幅限制，无法尽述相关实体企业及交易者在期货市场上可能面临的所有具体情况，不管是实体企业还是普通交易者，参与到期货市场中，都务必结合自身需求，制定科学合理的交易策略。企业参与套期保值要避免变成投机，普通交易者要严格评估自身能力，尽可能地熟悉并掌握交易品种的市场特点及操作技巧，并严格控制交易规模，避免遭受不必要的损失。

作为《期货交易者教育系列丛书》之一，本书由中国期货业协会组织编写，长江期货股份有限公司洪润霞、黄尚海、顾振翔、钟舟承担了本书的具体编写任务。郑州商品交易所对本书书稿进行了审阅并提出了宝贵建议。

本书在第一版的基础上修订而来，在此感谢第一版编写人员长江期货股份有限公司谭显荣、黄骏飞、童波、方媛、李其保等同志在上一版编写过程中做出的杰出贡献。本书在编写过程中还得到了中国证监会投资者保护局、期货部、郑州商品交易所和长江期货股份有限公司相关领导的指导和帮助，在此表示衷心的感谢！书中的错误之处，敬请批评指正。

中国期货业协会《期货交易者教育系列丛书》编委会

2023 年 7 月

书单
FUTURES

一、系列

序号	系列
(一)	期货交易者教育系列图书
(二)	金融衍生品系列丛书
(三)	中国期货业发展创新与风险管理研究
(四)	中国期货市场年鉴
(五)	“讲故事　学期货”金融国民教育丛书
(六)	全国期货从业人员资格考试参考用书
(七)	服务实体经济系列
(八)	期货投资者保护丛书
……	……

二、明细

(一) 期货交易者教育系列图书

序号	书名	书号
1	铜期货	978-7-5223-0293-5
2	精对苯二甲酸（PTA）期货	978-7-5223-1405-1
3	玉米	978-7-5095-3193-8
4	铝	978-7-5095-3181-5
5	小麦	978-7-5095-3183-9
6	锌	978-7-5095-3190-7
7	线型低密度聚乙烯（LLDPE）	978-7-5095-3184-6
8	早籼稻	978-7-5095-3076-4

续表

序号	书名	书号
9	棉花期货	978-7-5223-2276-6
10	燃料油	978-7-5095-3034-4
11	菜籽油	978-7-5095-2025-3
12	聚氯乙烯	978-7-5095-2592-0
13	棕榈油	978-7-5095-2589-0
14	黄金	978-7-5095-2532-6
15	白糖期货	978-7-5095-8814-7
16	豆类期货	978-7-5095-8815-4
17	焦煤焦炭期货	978-7-5223-2286-5
18	乙二醇期货	978-7-5223-1645-1
19	铅	978-7-5095-4086-2
20	鸡蛋期货	978-7-5095-5803-4
21	铁矿石期货	978-7-5095-5809-6
22	纤维板、胶合板期货	978-7-5095-5810-2
23	石油沥青期货	978-7-5095-5816-4
24	菜籽系期货	978-7-5095-5743-3
25	白银期货	978-7-5095-5955-0
26	玻璃期货	978-7-5095-5697-9
27	动力煤期货	978-7-5095-5802-7
28	稻谷期货	978-7-5095-5826-3
29	原油期货（第二版）	978-7-5223-2342-8
30	苹果期货	978-7-5223-0455-7
31	花生期货	978-7-5223-0967-5
32	生猪期货	978-7-5223-0851-7
33	天然橡胶期货	978-7-5223-1184-5
34	钢材期货	978-7-5223-1175-3
35	甲醇期货	978-7-5223-1295-8
36	纸浆期货	978-7-5223-1277-4
37	纯碱期货	978-7-5223-2285-8
……	……	……

（二）金融衍生品系列丛书

序号	书名	书号
1	股指期货（第二版）	978-7-5095-9432-2
2	场外衍生品（第二版）	978-7-5095-9596-1
3	国债期货（第二版）	978-7-5095-9601-2
4	金融期权（第二版）	978-7-5095-9598-5
5	外汇期货（第二版）	978-7-5095-9597-8
6	结构化产品（第二版）	978-7-5095-9600-5
7	金融衍生品习题集（第二版）	978-7-5095-9599-2

（三）中国期货业发展创新与风险管理研究

序号	书名	书号
1	中国期货业发展创新与风险管理研究（8）	978-7-5095-6907-8
2	中国期货业发展创新与风险管理研究（9）	978-7-5095-7523-9
3	中国期货业发展创新与风险管理研究（10）	978-7-5095-8144-5
4	中国期货业发展创新与风险管理研究（11）	978-7-5223-0213-3
5	中国期货业发展创新与风险管理研究（12）	978-7-5223-1483-9
6	中国期货业发展创新与风险管理研究（13）	978-7-5223-2215-5
……	……	……

（四）中国期货市场年鉴

序号	书名	书号
1	中国期货市场年鉴（2015年）	978-7-5095-6924-5
2	中国期货市场年鉴（2016年）	978-7-5095-7503-1
3	中国期货市场年鉴（2017年）	978-7-5095-8331-9
4	中国期货市场年鉴（2018年）	978-7-5095-9079-9
5	中国期货市场年鉴（2019年）	978-7-5095-9869-6
6	中国期货市场年鉴（2020年）	978-7-5223-0640-7
7	中国期货市场年鉴（2021年）	978-7-5223-1500-3
……	……	……

（五）“讲故事 学期货”金融国民教育丛书

序号	书名	书号
1	走进期货	978-7-5095-7095-1
2	如何进行期货交易	978-7-5095-7092-0

续表

序号	书名	书号
3	期货的套保和套利	978-7-5095-7093-7
4	期货交易中的“规矩”	978-7-5095-4355-9
5	金属期货	978-7-5095-7087-6
6	农产品期货	978-7-5095-7104-0
7	能化期货	978-7-5095-7088-3
8	金融期货	978-7-5095-7094-4
9	期权	978-7-5095-7217-7
10	场外衍生品	978-7-5095-7091-3

（六）全国期货从业人员资格考试参考用书

序号	书名	书号
1	期货及衍生品基础（第三版）	978-7-5223-1005-3
2	期货法律法规与职业道德	978-7-5223-0997-2
3	期货及衍生品分析与应用（第四版）	978-7-5223-0998-9

（七）服务实体经济系列

序号	书名	书号
1	期货行业主力复工复产案例集	978-7-5223-0168-6
2	期货服务实体经济案例集	978-7-5095-8029-5
……	……	……

（八）期货投资者保护丛书

序号	书名	书号
1	期海导航——期货投资常识与基础知识	978-7-5223-1045-9
2	期海护航——期货交易者合法权益保护	978-7-5223-1531-7

咨询电话：010-88190912

咨询邮箱：jiayanping@cfemg.cn